云南大学"一带一路"沿线国家综合数据库建设项目
中国周边外交研究省部共建协同创新中心 联合推出

"一带一路"沿线国家综合数据库建设丛书 ｜ 林文勋 主编

企聚丝路
海外中国企业高质量发展调查
斯里兰卡

胡潇文 等 著

Overseas Chinese Enterprise and
Employee Survey in B&R Countries
SRI LANKA

中国社会科学出版社

图书在版编目（CIP）数据

企聚丝路：海外中国企业高质量发展调查. 斯里兰卡 / 胡潇文等著.
—北京：中国社会科学出版社，2020. 10
（"一带一路"沿线国家综合数据库建设丛书）
ISBN 978 – 7 – 5203 – 7326 – 5

Ⅰ. ①企⋯　Ⅱ. ①胡⋯　Ⅲ. ①海外企业—企业发展—研究—中国
Ⅳ. ①F279. 247

中国版本图书馆 CIP 数据核字（2020）第 186793 号

出 版 人	赵剑英	
责任编辑	马　明	孙砚文
责任校对	任晓晓	
责任印制	王　超	

出　　版	中国社会科学出版社
社　　址	北京鼓楼西大街甲 158 号
邮　　编	100720
网　　址	http://www.csspw.cn
发 行 部	010 – 84083685
门 市 部	010 – 84029450
经　　销	新华书店及其他书店

印　　刷	北京明恒达印务有限公司
装　　订	廊坊市广阳区广增装订厂
版　　次	2020 年 10 月第 1 版
印　　次	2020 年 10 月第 1 次印刷

开　　本	710 × 1000　1/16
印　　张	19. 25
字　　数	274 千字
定　　价	90. 00 元

总　序

　　党的十八大以来，以习近平同志为核心的党中央准确把握时代发展大势和国内国际两个大局，以高瞻远瞩的视野和总揽全局的魄力，提出一系列富有中国特色、体现时代精神、引领人类社会进步的新理念新思想新战略。在全球化时代，从"人类命运共同体"的提出到"构建人类命运共同体"的理念写入联合国决议，中华民族为世界和平与发展贡献了中国智慧、中国方案和中国力量。2013 年秋，习近平主席在访问哈萨克斯坦和印度尼西亚时先后提出共建"丝绸之路经济带"和"21 世纪海上丝绸之路"的重大倡议。这是实现中华民族伟大复兴的重大举措，更是中国与"一带一路"沿线国家乃至世界打造政治互信、经济融合、文化包容的利益共同体、命运共同体和责任共同体的探索和实践。

　　大国之路，始于周边，周边国家是中国特色大国外交启航之地。党的十九大报告强调，中国要按照亲诚惠容理念和与邻为善、以邻为伴周边外交方针深化同周边国家关系，秉持正确义利观和真实亲诚理念加强同发展中国家团结合作。[①] 当前，"一带一路"倡议已从谋篇布局的"大写意"转入精耕细作的"工笔画"阶段，人类命运共同体建设开始结硕果。

---

　　① 习近平：《决胜全面建成小康社会　夺取新时代中国特色社会主义伟大胜利——在中国共产党第十九次全国代表大会上的报告》（2017 年 10 月 18 日），人民出版社 2017 年版，第 60 页。

在推进"一带一路"建设中，云南具有肩挑"两洋"（太平洋和印度洋）、面向"三亚"（东南亚、南亚和西亚）的独特区位优势，是"一带一路"建设的重要节点。云南大学紧紧围绕"一带一路"倡议和习近平总书记对云南发展的"三个定位"，努力把学校建设成为立足于祖国西南边疆，面向南亚、东南亚的综合性、国际性、研究型一流大学。2017 年 9 月，学校入选全国 42 所世界一流大学建设高校行列，校党委书记林文勋教授（时任校长）提出以"'一带一路'沿线国家综合数据库建设"作为学校哲学社会科学的重大项目之一。2018 年 3 月，学校正式启动"'一带一路'沿线国家综合数据库建设"项目。

一是主动服务和融入国家发展战略。该项目旨在通过开展"一带一路"沿线国家中资企业与东道国员工综合调查，建成具有唯一性、创新性和实用性的"'一带一路'沿线国家综合调查数据库"和数据发布平台，形成一系列学术和决策咨询研究成果，更好地满足国家重大战略和周边外交等现实需求，全面服务于"一带一路"倡议和习近平总书记对云南发展的"三个定位"。

二是促进学校的一流大学建设。该项目的实施，有助于提升学校民族学、政治学、历史学、经济学、社会学等学科的建设和发展；调动学校非通用语（尤其是南亚、东南亚语种）的师生参与调查研究，提高非通用语人才队伍的科研能力和水平；撰写基于数据分析的决策咨询报告，推动学校新型智库建设；积极开展与对象国合作高校师生、中资企业当地员工的交流，促进学校国际合作与人文交流。

项目启动以来，学校在组织机构、项目经费、政策措施和人力资源等方面给予了全力保障。经过两年多的努力，汇聚众多师生辛勤汗水的第一波"海外中国企业与员工调查"顺利完成。该调查有如下特点：

一是群策群力，高度重视项目研究。学校成立以林文勋书记任组长，杨泽宇、张力、丁中涛、赵琦华、李晨阳副校长任副组长，各职能部门领导作为成员的项目领导小组。领导小组办公室设在社科处，由社科处处长任办公室主任，孔建勋任专职副主任，陈瑛、许庆红任技术骨干，聘请西南财经大学甘犁教授、北京大学邱泽奇教授、北京大学赵耀辉教授、北京大学翟崑教授为特聘专家，对项目筹备、调研与成果产出等各个环节做好协调和指导。

二是内外联合，汇聚各方力量推进。 在国别研究综合调查数据库建设上，我校专家拥有丰富的实践经验，曾依托国别研究综合调查获得多项与"一带一路"相关的国家社科基金重大招标项目和教育部重大攻关项目，为本项目调查研究奠定了基础。国际关系研究院·南亚东南亚研究院、经济学院、民族学与社会学学院、外国语学院、政府管理学院等学院、研究院在问卷调查、非通用语人才、国内外资料搜集等方面给予大力支持。同时，北京大学、中国社会科学院、西南财经大学、广西民族大学等相关单位的专家，中国驻各国使领馆经商处、中资企业协会、企业代表处以及诸多海外中央企业、地方国有企业和民营企业都提供了无私的支持与帮助。

三是勇于探索，创新海外调研模式。 调查前期，一些国内著名调查专家在接受咨询时指出，海外大型调查数据库建设在国内并不多见，而赴境外多国开展规模空前的综合调查更是一项艰巨的任务。一方面，在初期的筹备阶段，项目办面临着跨国调研质量控制、跨国数据网络回传、多语言问卷设计、多国货币度量统一以及多国教育体系和民族、宗教差异性等技术难题和现实问题；另一方面，在出国调查前后，众师生不仅面临对外联络、签证申请、实地调研等难题，还在调查期间遭遇地震、疟疾、恐怖袭击等突发事件的威胁。但是，项目组克服各种困难，创新跨国调研的管理和实践模式，参与调查的数百名师生经过两年多的踏实工作，顺利完成了这项兼具开源性、创新性和唯一性的调查任务。

四是注重质量，保障调查研究价值。 项目办对各国调研组进行了多轮培训，强调调查人员对在线调查操作系统、调查问卷内容以及调查访问技巧的熟练掌握；针对回传的数据，配备熟悉东道国语言或英语的后台质控人员，形成"调查前、调查中和调查后"三位一体的质量控制体系，确保海外调查数据真实可靠。数据搜集完成之后，各国调研组立即开展数据分析与研究，形成《企聚丝路：海外中国企业高质量发展调查》报告，真实展现海外中国企业经营与发展、融资与竞争、企业形象与企业社会责任履行状况等情况，以及东道国员工工作环境、就业与收入、对中国企业与中国国家形象的认知等丰富内容。整个调查凝聚了 700 多名国内外师生（其中 300 多名为云南大学师生）的智慧与汗水。

《企聚丝路：海外中国企业高质量发展调查》是"'一带一路'沿线国家综合数据库建设"的标志性成果之一。本项目首批由 20 个国别调研组组成，分为 4 个片区由专人负责协调，其中孔建勋负责东南亚片区，毕世鸿负责南亚片区，张永宏负责非洲片区，吴磊负责中东片区。20 个国别调研组负责人分别为邹春萌（泰国）、毕世鸿（越南）、方芸（老挝）、孔建勋和何林（缅甸）、陈瑛（柬埔寨）、李涛（新加坡）、刘鹏（菲律宾）、杨晓强（印度尼西亚）、许庆红（马来西亚）、柳树（印度）、叶海林（巴基斯坦）、冯立冰（尼泊尔）、胡潇文（斯里兰卡）、邹应猛（孟加拉国）、刘学军（土耳其）、朱雄关（沙特阿拉伯）、李湘云（坦桑尼亚）、林泉喜（吉布提）、赵冬（南非）和张佳梅（肯尼亚）。国别调研组负责人同时也是各国别调查报告的封面署名作者。

今后，我们将继续推动"'一带一路'沿线国家综合数据库建设"不断向深度、广度和高度拓展，竭力将其打造成为国内外综合社会调查的知名品牌。项目实施以来，尽管项目办和各国调研组竭尽全力来完成调查和撰稿任务，但由于主、客观条件限制，疏漏、错误和遗憾之处在所难免，恳请专家和读者批评指正！

《"一带一路"沿线国家综合数据库
建设丛书》编委会
2020 年 3 月

目　　录

第一章

2013 年以来斯里兰卡政治发展概述

2013 年至今，斯里兰卡国内经历政权更迭，虽然其国内局势基本稳定，但未来其国内的政治经济发展局势仍然面临诸多不确定因素。斯里兰卡主要的两个党派——自由党和统一国民党斗争激烈，同时两党内部斗争形势也不容乐观。自由党面临着拉贾帕克萨领导的人民阵线的挑战，人民阵线在国内和党内的威望和影响日益提高，自由党面临极其严重的分裂危机。统一国民党党内斗争也如火如荼，各方势力盘根错节，形势十分复杂。统一国民党与人民自由联盟组成的联合政府也面临诸多危机，地方选举惨败、议会议员退会、内阁部长辞职。近年来，斯里兰卡经济增长低于预期，政府债务危机加重，高额的公共开支让政府财政连年面临赤字。农业受到自然灾害影响，收成并不乐观，工业基础薄弱，加之恐怖主义袭击对安全局势造成的影响，斯里兰卡经济严重依赖的服务业受到严重打击，未来斯里兰卡经济发展将面临一定挑战，政府执政的稳定性和公信力也将面临一定困境。

第一节　斯里兰卡的基本政治态势

2013 年至 2015 年，斯里兰卡由自由党执政，马欣达·拉贾帕克萨（Mahinda Rajapaksa）任斯里兰卡总统。拉贾帕克萨在其总统任期内成功结束斯里兰卡国内持续近 30 年的内战。由于受到党内斗争的影响以及家族腐败的指控，拉贾帕克萨在 2015 年的总统选举中遭遇失败，他的失败一度结束了自由党在斯里兰卡长期执政的局面。

2015 年 1 月，斯里兰卡进行了第七届总统选举，时任斯里兰卡自由党总书记的迈特里帕拉·西里塞纳（Maithripala Sirisena）倒戈成为统一国民党总统候选人，并因此获得了前总统库马拉通加夫人（Chandrika Bandaranaike Kumaratunga）以及斯里兰卡少数民族的支持，最终成功当选为总统。2015 年 1 月 10 日，西里塞纳宣誓就职，并于 21 日开始着手废除独裁的行政总统制，并推行对议会负责的内阁制。2015 年 4 月，斯里兰卡通过第 19 宪法修正案，其内容包括将总统任期从 6 年改为 5 年，任期恢复成两届；强化三权分立制度，规定总统不能在议会任期内解散议会，议会解散只能通过议会投票，并且票数要超过议会总人数的 2/3；取消内阁迅速批准紧急法案的权力，这些改革都有效制止了总统以及内阁进行权力滥用；改革选举制度，增加选举中女性选民的比例。西里塞纳政府还积极采取措施加大国内反腐败的力度，成立专门的调查委员会，打击国内非法获取土地、违规操作证券交易以及公积金等行为。同时还对前总统拉贾帕克萨滥用职权、腐败的行为进行了调查，冻结部门高级官员的海外银行账户。①

2015 年 8 月，斯里兰卡举行了第十五次议会选举。维克勒·马辛哈（Ranil Wickremesinghe）领导的统一国民党在议会选举中获得 106 席位，统一人民自由联盟赢得 95 席位，统一国民党成为议会第一大党。② 维克勒·马辛哈被任命为政府总理。至此统一国民党和人民自由联盟组成联合政府开始上台执政。

西里塞纳总统就职期间，在内政上以废除行政总统制为中心任务，

---

① Jayampathy Wickramaratne："Constitutional Reform In Sri Lanka：Issues And Prospects"，*Colombo Telegraph*，https：//www. colombotelegraph. com/index. php/constitutional-reform-in-sri-lanka-issues-and-prospects/.

② 唐鹏琪：《斯里兰卡新政府执政以来的经济改革框架》，《南亚研究季刊》2016 年第 4 期，第 52 页。

开展为期 100 天的政治改革。① 自由党内部分裂比较严重，围绕谁是党的合法领导者存在诸多争议，按照自由党的章程，党内当选总统的人即为党主席。而当时虽然西里塞纳担任自由党的总书记，但他是倒戈到统一国民党之后竞选成功并担任总统的。在野的拉贾帕克萨在自由党内的威望仍然很高，他带领成立的人民阵线在斯里兰卡政坛日益活跃，在自由党内和人民阵线中拥有双重的影响力。

2017 年 12 月，自由党和人民阵线联合参选的谈判以失败告终，导致两党关系非常紧张。2018 年以来，斯里兰卡联合政府遭遇多重打击，执政地位受到党争影响，艰难维系。地方选举的失利、议员的退会和部长的辞职给自由党的威望重重一击。由于执政理念不同，两党之间摩擦不断，分歧在不断扩大。2018 年 10 月底，斯里兰卡总统西里塞纳将总理维克勒·马辛哈免职并解散议会，随后任命前总统拉贾帕克萨为新总理并更换部分内阁成员，宣布 2019 年初将举行议会选举。由西里塞纳领导的统一人民自由联盟还宣布退出与维克勒·马辛哈领导的统一国民党共同组成的联合政府。然而维克勒·马辛哈仍然坚持认为自己是总理并拥有议会的多数支持，不会轻易卸任。一个政府出现两位总理的局面让斯里兰卡深陷政治危机，各方在总理任免的合法性、宪法解释和总统权力范围等诸多问题上存在矛盾。所幸被提名总理拉贾帕克萨宣布辞去总理职务，被总统西里塞纳解除总理职务的维克勒·马辛哈随后再次宣誓就职总理。

2019 年 4 月，斯里兰卡意外遭受恐怖袭击，西里塞纳因恐袭事件以及未能成功罢免与其不和的总理维克勒·马辛哈导致支持率大跌，在 11 月的大选中，西里塞纳败给前总统马欣达·拉贾帕克萨的弟弟、人民阵线党总统候选人、前国防和城市发展部常务秘书戈塔巴雅·拉贾帕克萨（Gotabaya Rajapaksa），拉贾帕克萨家族再次执掌政权。上任后，拉贾帕克萨政府将国家安全以及提振经济视为"核心关切"，民众

---

① 杜敏、李泉：《斯里兰卡新政府的内政外交政策及挑战》，《南亚研究季刊》2015 年第 4 期，第 15—17 页。

也对政府发展经济、维护社会稳定充满期待。

第二节　斯里兰卡的政党及政治发展特征

斯里兰卡是一个多民族的发展中国家，实行多党民主制度。由于各个党派在执政理念方面存在明显差异，政党斗争频繁发生。政党斗争发生在新兴政党与执政党之间以及执政党与主要在野党之间，同时政党内部斗争也非常激烈。斯里兰卡主要的党派有统一国民党、自由党、泰米尔全国联盟、人民解放阵线以及其他一些小的党派。在斯里兰卡执政的一般是统一国民党或者自由党，或者是两者组成的联合政府。

一　斯里兰卡的主要政党

统一国民党（United National Party）是斯里兰卡历史最为悠久的党派。1946 年 9 月，以森那纳亚克为首的锡兰国民大会党、以班达拉奈克为首的僧伽罗大会党和以贾亚为首的全锡兰穆斯林联盟合并，成立统一国民党。该党现有党员约 140 万。统一国民党曾于 1948 年至 1956 年、1960 年 3 月至 7 月、1965 年至 1970 年、1977 年至 1994 年、2001 年至 2004 年先后独立或与其他政党联合执政。现任党领袖为维克勒·马辛哈，主席为马立克·萨马拉维克拉马（M. Samarawickrema）。独立之前和独立初期，统一国民党是奉行较为保守的政策，通过与英国谈判实现斯里兰卡的独立，统一国民党和平完成斯里兰卡与英国的权力交接。

独立之后统一国民党与宗主国英国之间的关系密切。独立初期，统一国民党的国内政策也比较传统和保守，严重依赖宗主国的政策，使得斯里兰卡对初期经济发展面临诸多挑战。随后，这种政治倾向在统一国民党内基本已经消失。统一国民党主张自由竞争、对外开放的经济政策和不结盟的外交政策。就国内经济发展而言，统一国民党比较主张支持私营经济的发展，鼓励私人资本和外国投资，反对国有化。

1951 年 9 月，所罗门·班达拉奈克由于不满统一国民党内家族政治盛行之风，脱离统一国民党并成立斯里兰卡自由党（Sri Lanka Freedom Party），自由党由此创建。① 目前自由党约有党员 65 万，曾于 1956 年、1961 年和 1970 年三次执政。1981 年、1984 年和 1993 年先后三次分裂。1993 年起联合其他小党组成人民联盟，在 1994 年、2000 年议会选举中获胜。2004 年和 2011 年，该党与人民解放阵线组成统一人民自由联盟在议会选举中获得多数席位，连续上台执政。目前自由党内也面临严重的内部分裂危机。按照自由党党内规定，当选为总统的党员即为党主席，总书记西里塞纳虽然属于自由党党员，但却是以倒戈到统一国民党的身份参选总统并竞选成功的。自由党内拉贾帕克萨的威望和地位仍然很高，其领导成立的人民阵线在斯里兰卡政坛的影响逐渐显现，并在 2018 年的地方选举中获得压倒性的胜利。相比于保守的统一国民党和一些极左的激进政党，自由党的政治倾向更加中庸。自由党主张将国内的银行、保险公司以及种植园等重要行业进行国有化，奉行开放的市场经济政策和不结盟的外交政策。

泰米尔全国联盟（The Tamil National Alliance）成立于 2001 年 10 月，由泰米尔联合解放阵线、伊拉姆人民革命解放阵线、泰米尔伊拉姆解放组织和全锡兰泰米尔大会党四个泰米尔政党组成，总部位于斯里兰卡北部城市泰米尔人聚居的贾夫纳。泰米尔全国联盟主张泰米尔人具有民族自决权，呼吁政府保护泰米尔人权利。2011 年以来该党与斯里兰卡政府就民族问题政治解决方案展开多轮对话。现任党领袖为杉潘坦（R. Sampanthan），秘书长为塞纳提拉贾（M. Senathirajah）。

人民解放阵线（Janatha Vimukthi Peramuna, People's Liberation Front）是斯里兰卡共产主义马克思列宁主义的政党，成立于 1970 年，

① 佟加蒙：《斯里兰卡政党体制与统一国民党的执政政策分析》，《国际论坛》2016 年第 5 期，第 61 页。

主要成员来自当时的锡兰共产党。20 世纪 70 年代至 80 年代，斯里兰卡国内经济发展缓慢，由于对政府当局的政策和经济发展现状严重不满，人民解放阵线领导和实施了两次反政府起义。人民解放阵线与政府军发生大规模的冲突流血事件，造成至少 3 万人丧生，最终政府军收回被人民解放阵线占领的地区，人民解放阵线的起义活动宣告失败。1987 年，人民解放阵线利用印度维和部队和僧伽罗人的民族主义情绪，以南部的马塔拉为基地，以三人小组为单位组织起来，杀害了数千人，并在两年时间里以暴力强迫工人罢工，使国家陷入瘫痪。直至 90 年代初，人民解放阵线一直坚持武装斗争，90 年代以来，人民解放阵线调整政策，选择议会斗争的方式争取自身权利。现任党领袖为阿马拉辛哈（S. Amarasinghe），总书记为席尔瓦（T. Silva）。

其他政党和组织还有全国僧伽罗僧侣党、锡兰工人大会党、穆斯林大会党、高地人民阵线、伊拉姆人民民主党和斯里兰卡共产党等。

二 斯里兰卡的政党政治

2013 年以来，虽然内战已经全面结束，但是斯里兰卡国内政治不稳定性和不确定性又开始逐渐显现。一方面是由于斯里兰卡国内政党之间激烈的斗争，以及各个党派内部的斗争与分裂导致的政府内部不团结，闹剧频出；另一方面是由于斯里兰卡国内经济增长疲软，民族、宗教矛盾凸显导致国家安全、社会稳定受到严重威胁。总体上来看，斯里兰卡的政治稳定性基础非常薄弱，当前政府把控局势的能力较弱，执政经验还有待丰富。另外，2019 年 4 月在斯里兰卡多地发生的暴力恐怖主义袭击让斯里兰卡的政治稳定性雪上加霜。未来不排除斯里兰卡国内政局动荡，不满政府当前执政能力和效果的大规模游行示威事件可能会发生。

统一国民党和自由党是斯里兰卡影响力最大的两个党派，自斯独立以来，一直由这两个党派独立执政或者联合执政。之前由统一国民党和人民自由联盟组成的联合政府面临诸多执政危机。地方选举惨败、议员退出议会、多名政府部长辞职，政府甚至一度出现两个总理的闹剧。党派内部分裂加剧、自由党内人民阵线日益崛起、自由党面临彻底分裂的风险。统一国民党内部各自为政、各派都在积极拉拢其他党员，内部势力暗流涌动。西里塞纳虽然在党内和国内都有一部分支持者，退出议会的议员也没有公开表示反对他，但是自由党内以及国内拉贾帕克萨的影响力依旧很高，自由党和人民阵线面临的分歧还是比较明显的。

2019 年 4 月，斯里兰卡发生连环恐怖主义暴力袭击。斯里兰卡安全部门称，在恐怖袭击发生之前，他们实际上已经得到可靠情报预测未来会发生恐怖袭击，然而政府却没有采取强有力的防控措施，最终造成严重的人员伤亡和财产损失，主要原因不得不归咎于政府的失察和失职。在国内政治局势不稳、安全局势恶化的情况下，政府要维持政局稳定以及高效良治还是非常困难的。因此，斯里兰卡政治稳定性不容乐观，未来政治局势的走向仍然不明朗，还面临诸多不确定性和挑战。

三　斯里兰卡政治发展的特征

（一）自由党与统一国民党两党竞争合作是斯里兰卡基本的政党生态

斯里兰卡沿袭了英国的多党议会制，但目前实际上形成了统一国民党与自由党两党对立的局面，这两个主要党派通过直接参选或者领导党派联盟参选轮流上台执政，这种格局从 20 世纪 50 年代形成一直延续到今天，得到了斯里兰卡各方政治力量和民众的认可。

统一国民党是斯里兰卡独立初期的第一大党，也是斯里兰卡右派政党的代表，该党领袖森那纳亚克带领斯里兰卡实现国家独立，在党内和民众间享有崇高声望，也使得该党在独立初期基本掌控了斯里兰卡的政治局面。吸引外资和对外开放一直都是统一国民党的基本政策。

自由党于 1951 年成立并迅速崛起，打破统一国民党一党独大的态势，使斯里兰卡实际上成为两个主要政党竞选执政的两党制国家。其他为数不少的小党派需要与这两个政党结盟竞选才能参政，都不能对政局形成决定性影响。早期的自由党在民族、语言和对外政策上都是温和的"中偏左"，自执政伊始该党就执行普惠中低层民众的政策，并在国际交往中倾向社会主义国家阵营。自由党与左翼政党的合作关系一直持续，并逐步形成了以自由党为主要力量的政党集团。虽然在不同历史时期，加入联盟的党派成员时有变化，但是总体而言自由党一直是偏左倾并容易与左翼党派结盟的政党。

两个主要政党之外，斯里兰卡还有许多大小不一的政党。在这些政党之中，左翼党派在历史发展中也形成了相当的规模，其中影响比较大的包括斯里兰卡平等社会党、斯里兰卡人民解放阵线和斯里兰卡共产党等。在泰米尔人政党方面，就有几个影响力较大的泰米尔政党合作组成了泰米尔全国联盟。这个联盟曾经获得过十几个议会席位。在穆斯林方面，也有全锡兰穆斯林大会（All Ceylon Muslim Congress）等多个政党。

（二）家族政治根深蒂固，是斯里兰卡政局变动的隐患

家族政治引发政治腐败，导致政党的更迭和政局的变动，进而影响到其对外政策的实施。与其他弱小发展中国家一样，斯里兰卡也是一个在政治上拥有浓厚家族政治色彩的国家。独立前后统一国民党的政治垄断滋生了家族政治的弊端，由于带领斯里兰卡实现国家独立，森那纳亚克在党内和民众间享有崇高声望。这种声望使他得到足够的支持在斯里兰卡建立家族政治，并由此开启在斯里兰卡政坛长期存在的家族政治传统。森那纳亚克之后，他的儿子和侄子都曾代表统一国民党参选并当选总理。

自由党成立之初改变了统一国民党一党独大的局面，一定程度上促进了多元民主的发展，然而，自由党在其后的政治实践中也没能摆脱家族政治影响。班达拉奈克任总理之后，他的夫人和女儿都长期代表自由党参选并执政，在班达拉奈克遇刺身亡之后，妻承夫志，其妻

子班达拉奈克夫人成为世界上第一位女总理，其女库马拉通加夫人成为斯里兰卡第一位民选女总统。女儿任总统期间，再次将年迈的母亲班达拉奈克夫人任命为总理，开创了母女共治的局面。直到2005年11月19日，拉贾帕克萨宣誓就任斯里兰卡第五任总统，班达拉奈克家族才淡出历史舞台。然而家族政治的痼疾并未随着政治家族的淡出而消失，2009年拉贾帕克萨将自己的兄长、两个弟弟、儿子等亲属安排在斯里兰卡政府的核心部门，从而再次形成了家族王朝式的政治统治模式。根据相关报道，仅仅就拉贾帕克萨的3个兄弟来看，他们直接控制的政府部门有94个，涉及费用达到国家预算的70%，这成为马欣达·拉贾帕克萨竞选失败的一个重要原因，也直接给予政治竞争者控诉其贪污腐败的口实，并将贪腐的原因延伸到其对外政策上。前任总统西里塞纳在竞选时就批评称，中国主导的港口和道路建设花费了巨额资金，是导致斯里兰卡政府出现贪污腐败的元凶。他宣称一旦当选就要整治上届政府的腐败问题，宣称将重新审查外国投资和贷款，特别是对由中国企业出资修建的科伦坡港口城项目进行"重新评估"。西里塞纳表示单一依靠某个外部国家是不正常的，斯里兰卡将与印度、中国、巴基斯坦和日本建立"均等关系"。然而应注意到的是，西里塞纳政府的这些行为可以理解为了赢得竞选而使用的政治手段，即将国内政党斗争的矛盾外移以获取民众的信任，西里塞纳政府上任后的外交行为开始回软，并强调要吸纳更多投资，强调与中国的合作。

西里塞纳下台后，拉贾帕克萨家族重回政坛，新任总统戈塔巴雅正式任命自己的哥哥、前总统马欣达出任总理职务，任命另一位兄长查马尔·拉贾帕克萨（Chamal Rajapaksa）出任农业、灌溉、内部贸易和消费者福利部部长，三兄弟执掌政权，在斯里兰卡政坛历史上也属第一次，可见，无论政局怎样变化，斯里兰卡的家族执政模式已然根深蒂固。

（三）与中国保持良好合作关系是传统政治倾向

尽管斯里兰卡经历多次国内政治动荡及党派更迭，但是总体上看，其对中国的政策是友好的，中斯关系保持了常年的稳定与合作。

在 1956 年赢得大选后，自由党就立刻加速与中国建立密切关系。班达拉奈克邀请周恩来总理参加斯里兰卡 1957 年独立日庆祝活动。两国随即宣布在同年建立外交关系。20 世纪 60 年代到 70 年代，自由党执政的斯里兰卡与中国关系实现了稳步发展。斯里兰卡在这一时期的主要外交诉求在于获取外援发展经济以及在不结盟运动的框架内产生国际影响。中斯两国在各自的重大关切问题上几乎不存在分歧，具备发展友好关系的基础。这种和平友好的双边关系基调贯穿整个班达拉奈克家族执政的历史。即便是传统上被认为是偏右倾和亲西方的统一国民党执政时期，中斯关系也没有出现过重大波折。

斯里兰卡从 1994 年开始迎来自由党长达 20 年的执政，这期间中斯关系更加深入发展，有左倾传统的自由党不负斯里兰卡民众的厚望于 2009 年成功结束内战，并开始大规模吸引外资和战后重建，中国在此期间给予斯里兰卡大量的帮助，特别是拉贾帕克萨在位期间，其外交政策都优先考虑发展与中国的关系，来自中国的投资开始快速进入斯里兰卡，机场、港口、发电厂和高速公路等中资主导或参与建设的大型基础设施项目不断上马。对于经济和人口规模都不大的斯里兰卡，这些投资和基建项目对于拉动经济发展和改善民生几乎起到了立竿见影的效果。斯里兰卡经济得到迅速复苏，自由党也获得了大量国内民众的支持，中斯关系在此期间更加稳固。

2015 年西里塞纳执政后提出"平衡外交"，有评论担心这是中斯关系的倒退，实际上"平衡外交"的提出一方面是西里塞纳为对抗拉贾帕克萨而采取的政治策略，另一方面还有来自域外国家的压力。执政后，西里塞纳政府已经开始收回对华的强硬态度，以一种"中立"的立场表达其外交态度，更在多种场合强调吸引外资发展经济的重要性，并屡次提及与中国的关系和来自中国的投资。这种做法不仅符合斯里兰卡传统的对华外交倾向，也贴合其国家目前最重要的利益诉求，即发展经济，将斯里兰卡建设成为印度洋地区的重要枢纽国家。

新总统戈塔巴雅上任后，一度有消息传出斯政府有意收回与中国签订的 99 年港口协议，不过随后又澄清了这一消息，表示斯方与中方签订的港口协议未来可期，并驳斥了西方对中资的"债务陷阱"论。尽管新总统不断在中印之间寻找平衡，但是保持与中国友好这一点是基本不变的。

（四）对国家的政治经济发展利益的诉求逐渐超越政党自身诉求

从拉贾帕克萨提出的"马欣达愿景"，到西里塞纳政府提出的"枢纽外交""印度洋门户"，无一不体现出斯里兰卡已经把国家经济发展作为首要战略目标。政党"左倾"和"右倾"的标签已经逐渐淡化，很多时候，对国家的经济发展利益的诉求已经逐渐超越政党自身的诉求。

统一国民党执政期间的基本政策是吸引外资和对外开放，这基本符合该党右倾和亲西方的党派特征，但是，被贴有左派标签的自由党在其执政期间也大规模吸引外资和发展经济，有评论指出这在传统上并不符合自由党"左倾"的政策特点。这表明，在冷战结束之后，以传统左倾和右倾为标准对斯里兰卡政党政治路线做出判断的做法并不合适，在全球化的今天，斯里兰卡对其政治经济发展利益的追求，已经成为判断其政党政治走势的一个重要考量因素。

（五）主要党派内部斗争趋于复杂化

前总统西里塞纳原属于自由党并曾担任自由党主席，但其在 2015 年的党内倒戈，与来自统一国民党的维克勒·马辛哈组成了独立以来的第一届两党联合政府，并在竞选中取得胜利。西里塞纳摘得总统桂冠之后，按照斯里兰卡自由党党章规定赢得总统职位的人应当成为自由党主席，西里塞纳又重新成为自由党新领导人。统一国民党领导人维克勒·马辛哈率领的"善政统一民主阵线"在后来的议会选举中获得 225 个席位中的 106 个。虽然没有达到 2/3 的绝大多数，但维克勒·马辛哈获得西里塞纳的任命，出任总理职。统一国民党和自由党因此达成谅解备忘录，形成为期两年的合作民族统一政府。

但是，西里塞纳新政府自由党和统一国民党之间的和谐并不能掩盖斯里兰卡政治领域存在的种种冲突、矛盾和对立。大选过后，自由党内出现了以西里塞纳、现任自由党总书记杜明达阵营与穆拉利塔兰等人支持的拉贾帕克萨阵营之间的对立，西里塞纳推行反腐，使得前总统家族中的重要成员纷纷因此锒铛入狱。拉贾帕克萨而后借助团结自己的支持者，组建了由 52 名议会成员构成的"联合反对派"，该反对派参与人数众多，群体类型多样，甚至有支持西里塞纳的"交叉"自由党成员，通过街头行动，集中精力为打败现政府而斗争。

另外，颇有实力的左翼政党也处在政策模糊阶段，它们一方面支持西里塞纳自由党的善政和反腐败、去行政总统改革，但绝不能支持维克勒·马辛哈的右翼政党统一国民党；另一方面支持左翼改革路线，但不包庇拉贾帕克萨前政府的腐败。

（六）政府内部腐败现象凸显

斯里兰卡前外交部长卡鲁纳纳亚克因涉嫌贪腐被迫辞职一事在斯国内引发巨大反响，斯里兰卡民间和舆论一面倒地，对卡鲁纳纳亚克展开口诛笔伐，事件甚至波及执政党的声誉和支持度。虽然卡鲁纳纳亚克已辞去外交部长一职，但该事件所引发的连锁反应并未就此结束。前总统拉贾帕克萨所领导的反对党掀起了一轮新的舆论战，他们称该事件只是"冰山一角"，认为还有不少现任官员存在腐败问题。斯总理在接受卡鲁纳纳亚克的辞呈后表示，部长级官员被查办，这在以前是难以想象的。此间分析人士认为，斯里兰卡现政府 2015 年凭借微弱优势击败前总统拉贾帕克萨，很大程度上得益于"廉政善治"的竞选口号。然而，随着斯里兰卡近两年经济状况不佳，选民对联合政府的支持度日渐被腐败丑闻侵蚀。因此，在该事件的持续影响下，斯里兰卡政府执政面临严峻挑战。

拉贾帕克萨家族再次上台后，仍然面临艰巨的反腐压力。2015 年当选的西里塞纳总统就曾指责前总统拉贾帕克萨腐败，并借此暂时搁置了大量中国投资的基建项目。据法新社报道，在拉贾帕克萨这个政治家族中，包括戈塔巴雅、巴兹尔、纳莫在内的多人都受到腐败、洗钱等指控。不过，在戈塔巴雅就任总统后，他获得了豁免权。兄弟掌控总统和总理职务的局面，也会引发外界对总统、总理权责利分配的关注，为他们未来的执政增添压力。

第 二 章

2013 年以来斯里兰卡经济
社会发展概述

斯里兰卡是一个以种植园经济为主的农业国家，近年来，斯里兰卡经济总体保持正向快速增长态势，2018 年，该国 GDP 总额达 889 亿美元，同比增长 3.2%，居全球第 65 位。贸易与投资规模总体亦呈上升趋势，2018 年斯里兰卡对外贸易总额达 344.4 亿美元，年增长率达 6.5%。据斯里兰卡投资局数据显示，2017 年，斯里兰卡吸引外资总额为 13.8 亿美元，投资领域涉及基础设施、房地产、服务业等诸多领域。此外，斯里兰卡近年来主权信用评级情况良好，整体经济发展环境处于世界中等水平。

与此同时，斯里兰卡经济发展也暴露出一些问题。近十年来，斯里兰卡的外债总额整体呈上升趋势，2018 年外债总额已上升至 523.1 亿美元，十年间增加了近 337 亿美元，而其偿债率基本维持在 20%—30% 的范围内，斯里兰卡外债前景不容乐观。贸易方面，近年来斯里兰卡对外贸易一直处于逆差状态，且有进一步扩大的趋势。2004 年，斯里兰卡对外逆差为 22.2 亿美元，2018 年增至 106.3 亿美元，逆差额增加了近 5 倍。2013 年以来，受国际金融危机影响，斯里兰卡外汇储备大量减少，茶叶、橡胶等主要出口商品收入和外国短期投资下降。斯里兰卡中央银行通过收购大量市场上的美元，使得斯里兰卡外汇储备出现增长。斯里兰卡经济虽然持续增长，但是增长速度逐渐放缓。2016 年斯里兰卡经济增长率为 4.5%，2017 年为 3.4%，2018 年为

3.2%。国内人均生产总值虽然有所上升，但是增长速度正在持续下降，2016 年为 3.3%，2017 年为 2.5%，2018 年降至 1.8%。斯里兰卡的农业、工业和服务业增长速度均减缓。2017 年，斯里兰卡农业受到恶劣气候的影响，增长率只有 0.8%，其中水果、蔬菜、稻米出现负增长的情况，林业、木材以及茶叶都出现不同程度缩水。目前，斯里兰卡是南亚国家中除了阿富汗之外，经济增长最为缓慢的国家。作为工业支撑的建筑业，其在 2015 年和 2017 年都出现下降情况。2017 年，斯里兰卡服务业增长约为 3.2%，这主要受益于国内金融、批发以及零售业增长的驱动，但公共管理、交通运输等都出现疲软趋势。随着战后重建工作的不断推进，斯里兰卡外资不断涌入，斯里兰卡政府面对国外输出资金利息，债务负担进一步加重。

斯里兰卡历届政府都非常重视外贸的发展，近期政府制定了全面的贸易政策框架来促进和深化双多边贸易的发展，对外贸易呈现出机制化和规范化的特点。斯里兰卡目前享受欧盟、美国、加拿大、俄罗斯以及土耳其的普惠制待遇。2014 年，斯里兰卡和中国就开始进行自由贸易协定的相关谈判事宜，两国签订了谅解备忘录，涵盖了货物贸易、服务、投资、经济以及技术合作等相关内容。斯里兰卡还在和孟加拉国、马来西亚、韩国和泰国等国家进行自贸协定的谈判事宜，争取与更多的国家签订自由贸易协定，促进对外贸易的发展。2018 年，斯里兰卡与新加坡签订自由贸易协定，其国内 99% 的产品都可以免费进入新加坡。虽然斯里兰卡政府积极争取对外贸易的优惠政策，但是斯里兰卡出口仍然面临着商品单一、生产制造业基础设施薄弱的问题，未能最大限度地利用自身争取来的优惠的对外贸易政策。

总体上来看，虽然斯里兰卡经济仍然呈现增长趋势，但是增长速度逐渐减缓，其国内政治以及经济面临的不确定性还是让投资面临诸多困境。另外，高额的债务负担、货币和财政赤字导致其宏观经济基础十分薄弱。为了维护国内经济形势的稳定，政府必须用减少税收来偿还高额债务，同时削减膨胀的公共部门开支，并降低历史上最高的预算赤字。

第一节　斯里兰卡的经济增长趋势

一　GDP 和人均 GDP 增长情况

从图 2-1 可见，半个世纪以来斯里兰卡的 GDP 都在持续增加，但是总额一直偏小，直到 1993 年才突破了百亿美元。2001—2013 年，斯里兰卡经济进入了高速增长期，年均增长率达到了 5% 左右。其中，2012 年该国的 GDP 增速甚至达到了 9.1%。此后，斯里兰卡的经济增速开始放缓，到了 2018 年，该国 GDP 总额达到 889 亿美元，全球排名第 65 位，但同比仅增长了 3.2%。从整体增长趋势看，多年来斯里兰卡都保持了正向增长趋势，仅在 1972 年和 2001 年出现过负增长。

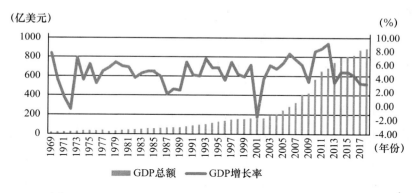

图 2-1　1969—2018 年斯里兰卡 GDP 总额及其增长率情况
资料来源：世界银行数据库。

与此同时，斯里兰卡的人均 GDP 总体上也呈现出上升趋势，已经从 1969 年的 160.9 美元增加到了 2018 年的 4100 美元，50 年间增长了约 25 倍。从图 2-2 来看，2001 年以来该国的人均 GDP 增速明显加快，截止到 2017 年底，该国人均 GDP 突破了 4000 美元，全球排名上升至第 109 位。

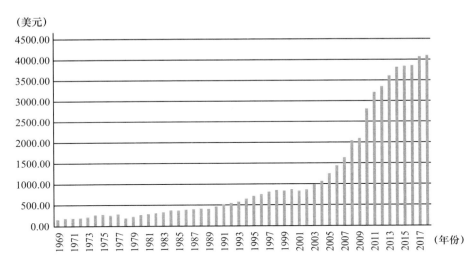

图 2－2　1969—2018 年斯里兰卡人均 GDP 情况

资料来源：世界银行。

二　主要的经济指标与信用评级情况

根据世界银行、全球经济网站的统计数据分析，2017 年斯里兰卡的投资占 GDP 比重为 36.65%，制造业占 GDP 比重为 15.92%；净出口占 GDP 比例为 -7.2%，消费占 GDP 比重为 70.7%。[①]

与此同时，2008 年至 2017 年，斯里兰卡的外汇储备从 26.2 亿美元提高到 79.6 亿美元，十年间增加了约 53 亿美元。但是，从增长情况看，斯里兰卡的外汇储备增长率波动较大，2008 年增长率为 -25.57%，2009 年达到 104.20%，2015 年、2016 年连续两年出现负增长，2017 年增长率又回升至 32.45%（见图 2-3）。

根据斯里兰卡中央银行 2019 年最新数据显示，斯里兰卡全国通胀率为 3.6%，意味着该国的通胀率较为温和。在就业方面，2018 年该国男性失业率比重为 3%，女性失业率为 7.1%，整体失业率为 4.4%。

---

①　中国商务部：《对外投资合作国别（地区）指南——斯里兰卡》（2018 年版），第 16 页。

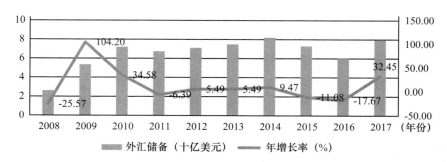

图 2-3 2008—2017 年斯里兰卡外汇储备情况

资料来源：世界银行数据库。

从国家主权信用得分情况看，截至 2018 年 11 月 20 日，国际评级机构穆迪对斯里兰卡主权信用评级为 B2，展望为稳定。截至 2018 年 12 月 3 日，国际评级机构惠誉对斯里兰卡主权信用评级为 B，展望为稳定。截至 2018 年 12 月 4 日，国际评级机构标普对斯里兰卡主权信用评级为 B，展望为稳定。

从整体经济发展环境评估来看，世界经济论坛发布的《2018 年全球竞争力报告》显示，2018 年斯里兰卡的全球排名在第 85 位，比 2017 年下降了 4 位。此外，根据世界银行营商环境便利度报告（2019）显示，斯里兰卡得分为 61.22，同期相比增加 1.8 分，排名居全球第 100 位。

三 外债债务负担水平

近十年来，斯里兰卡的外债总额整体呈上升趋势。2009 年，斯里兰卡外债总额为 186.6 亿美元，2018 年外债总额上升至 523.1 亿美元，十年间增加了近 337 亿美元；与此同时，该国的外债增长率在 2011 年达到了 52.8%，此后基本稳定在 10% 以内，2018 年斯里兰卡外债增长率为 1.4%。

斯里兰卡的偿债率基本维持在 20%—30% 的范围内，2011 年偿债率最低仅为 13.2%，2018 年斯里兰卡偿债率达到了 24.5%，已经在国际警戒线水平左右；此外，斯里兰卡外债占 GDP 的比重处于较高水平且有逐年上升的趋势，2009 年该国外债占 GDP 比重为 44.4%，至 2018 年已达 59%。由此可见，斯里兰卡的外债负担较重前景不容乐观（见图 2 - 4）。

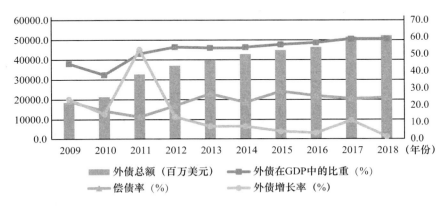

图 2 - 4　2009—2018 年斯里兰卡外债情况

资料来源：斯里兰卡中央银行。

第二节　斯里兰卡的外贸与外资情况

一　贸易现状

（一）贸易总体规模分析

近年来，斯里兰卡对外贸易额总体呈上升趋势，但增长速度较不稳定，波动幅度较大。如表 2 - 1 及图 2 - 5 所示，2004 年，斯里兰卡对外贸易额为 137.3 亿美元，其中出口 57.6 亿美元，进口 79.7 亿美元，贸易总增长率达到了 16.4%；2009 年，由于受国际金融危机影响，斯里兰卡对外贸易总额同比减少 22.4%。此后十年间，斯里兰卡对外贸易总额的增幅波动较大且增速放缓，2018 年斯里兰卡对外贸易总额达到了 344.4 亿美元，其中出口 119 亿美元，进口 225.4 亿美元，贸易总额年增长率为 6.5% 。2004—2018 年的 15 年间，斯里兰卡对外贸易总额增加了约 207 亿美元，其中出口额增加了 61.4 亿美元，进口额增加了 145.6 亿美元。

表 2 - 1　　　　　　　2004—2018 年斯里兰卡对外贸易额　　　（单位：百万美元）

年份	2004	2005	2006	2007	2008	2009	2010	2011
出口	5756.90	6346.79	6885.53	7740.09	8452.10	7345.00	8602.10	10236.00
进口	7972.88	8833.67	10258.20	11300.50	13952.80	10049.20	13511.50	20269.00
贸易总额	13729.78	15180.46	17143.73	19040.59	22404.90	17394.20	22113.60	30505.00
年份	2012	2013	2014	2015	2016	2017	2018	
出口	9380.00	10208.40	11297.70	10504.90	10309.70	11360.40	11900.00	
进口	19190.00	18002.70	19416.80	18934.60	19182.80	20979.80	22535.00	
贸易总额	28570.00	28211.10	30714.50	29439.50	29492.50	32340.20	34435.00	

资料来源：UNCTAD。

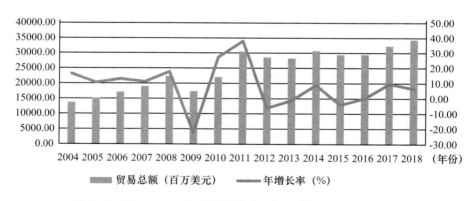

图 2 - 5　2004—2018 年斯里兰卡对外贸易总额及年增长率情况

资料来源：根据 UNCTAD 数据库统计数据制成。

　　此外，由表 2 - 2 可知，近年来，斯里兰卡对外贸易一直处于逆差状态，且有进一步扩大的趋势。2004 年，斯里兰卡对外逆差为 22.2 亿美元，2018 年增至 106.4 亿美元，逆差额增加了近 4 倍。

表2-2 **2004—2018年斯里兰卡贸易差额情况** （单位：百万美元）

年份	2004	2005	2006	2007	2008	2009	2010	2011
贸易差额	-2215.98	-2486.88	-3372.67	-3560.41	-5500.7	-2704.2	-4909.4	-10033
年份	2012	2013	2014	2015	2016	2017	2018	
贸易差额	-9810	-7794.3	-8119.1	-8429.7	-8873.1	-9619.4	-10635	

资料来源：根据 UNCTAD 数据库数据计算制表。

综上分析可知，多年来斯里兰卡的贸易规模总体呈上升态势，但增速有逐渐减缓的趋势。尤其在2009年国际金融危机后，该国对外贸易增幅波动较大，甚至一度出现负增长。此外，斯里兰卡对外贸易一直处于不平衡状态，不仅连年逆差且逆差趋势有进一步扩大的迹象。

（二）主要贸易伙伴情况分析

2007年，斯里兰卡最大的出口对象国为美国，占当年斯里兰卡对外出口总额的25.55%，其次为英国（13.14%）和印度（6.66%）；斯里兰卡最大进口对象国为印度，占当年斯里兰卡对外进口总额的24.61%，其次为新加坡（9.79%），中国内地（大陆）位居第三，占比8.22%。具体排名如表2-3所示。

表2-3 **2007年斯里兰卡前十位贸易伙伴**

出口		进口	
前十位贸易伙伴	总占比	前十位贸易伙伴	总占比
美国	25.55%	印度	24.61%
英国	13.14%	新加坡	9.79%
印度	6.66%	中国内地（大陆）	8.22%
德国	5.66%	伊朗	6.64%
比利时	5.26%	中国香港	6.41%
意大利	5.06%	日本	3.65%
阿联酋	2.71%	阿联酋	3.28%
俄罗斯	2.61%	马来西亚	3.08%

续表

出口		进口	
前十位贸易伙伴	总占比	前十位贸易伙伴	总占比
法国	2.28%	中国台湾	2.33%
日本	2.09%	美国	2.26%

资料来源：根据 UNCTAD 数据库数据计算制表。

到了 2017 年，美国依然为斯里兰卡最大的出口贸易伙伴，占比 25.71%，远远领先于排在其后的英国（9.18%）和印度（6.95%），中国居于第 6 位。进口方面，印度仍是斯里兰卡最大的进口对象国，占比 21.42%，中国内地（大陆）紧随其后占比 19.97%，与 2007 年相比，印度占比略有下降，中国占比增加了近 12 个百分点。具体排名情况见表 2-4。

表 2-4　　　　　　　　2017 年斯里兰卡前十位贸易伙伴

出口		进口	
前十位贸易伙伴	总占比	前十位贸易伙伴	总占比
美国	25.71%	印度	21.42%
英国	9.18%	中国内地（大陆）	19.97%
印度	6.95%	阿联酋	7.45%
德国	4.82%	新加坡	6.16%
意大利	4.68%	日本	4.95%
中国	3.79%	美国	3.88%
比利时	3.06%	马来西亚	3.06%
阿联酋	2.65%	泰国	2.47%
土耳其	2.07%	中国台湾	2.30%
新加坡	2.06%	中国香港	2.09%

资料来源：根据 UNCTAD 数据库数据计算制表。

（三）贸易产品结构分析

国际贸易标准分类（SITC）是将用于国际贸易商品的统计和对比

的标准分类方法，其贸易的商品分成十大类，其中 SITC0 至 SITC4 归为初级产品，SITC5 至 SITC9 归为工业制成品，具体分类如表 2 - 5 所示。

表 2 - 5 国际贸易标准分类

编码	商品类别	分类
SITC0	食品和活动物	初级产品
SITC1	饮料和烟草	
SITC2	非食用原料（燃料除外）	
SITC3	矿物燃料、润滑油及有关燃料	
SITC4	动植物油脂和蜡	
SITC5	化学品及相关产品	工业制成品
SITC6	按原材料分类的制成品	
SITC7	机械和运输设备	
SITC8	杂项制成品	
SITC9	其他商品交易	

资料来源：联合国贸发委数据库 UNCTAD。

根据 UNCTAD 数据库统计数据显示，近 15 年来，斯里兰卡对外出口产品中，工业制成品占据主要地位，初级产品居于次要地位；其中出口的初级产品中，SITC0 类产品为其主要构成，而在出口的工业制成品中，SITC8 类产品则为其主要构成。2003 年斯里兰卡对外出口工业制成品达 37.3 亿美元，占当年对外出口总额的 76.6%，对外出口初级产品额为 11.4 亿美元，占当年对外出口总额的 23.4%；2017 年，斯里兰卡对外出口工业制成品达 81.3 亿美元，占比 69.2%，对外出口初级产品 36.1 亿美元，占比 30.8%。由图 2 - 6 可看出，近年来斯里兰卡工业制成品所占比重呈缓慢下降趋势，初级产品所占比重略有上升，但总体出口产品结构并未有大的变化。

就斯里兰卡对外进口产品结构来看，2003 年至 2017 年，工业制成品仍然占据斯里兰卡对外进口产品的主要地位（见图 2 - 7），SITC6 及 SITC7 类产品占工业制成品进口的主要份额，而 SITC0 及 SITC3 类产品

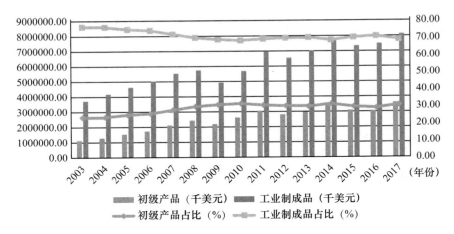

图 2 - 6　2003—2017 年斯里兰卡出口产品结构

资料来源：根据 UNCTAD 数据库数据计算制图。

为初级产品的主要进口对象。2003 年，斯里兰卡对外进口工业制成品 47.5 亿美元，占比 73%，对外进口初级产品 17.6 亿美元，占比 27%，比工业制成品占比少 46 个百分点；2017 年，斯里兰卡对外进口工业制成品 148.5 亿美元，占比 69.7%，对外进口初级产品 64.6 亿美元，占比 30.3%，比工业制成品占比少 39 个百分点。两者比重相差经历了由大到小再到逐渐扩大的变化，但斯里兰卡对外进口产品结构未发生根本性变化，工业制成品仍是该国进口的主要产品。

综上分析可以看出，斯里兰卡主要进出口的产品皆为工业制成品，主要包括劳动密集型产品和资本密集型产品，初级产品在斯里兰卡的贸易产品结构中处于弱势地位，近年来两者差距始终维持在 30—40 个百分点之间，斯里兰卡贸易产品结构始终未发生根本性变化。

（四）贸易竞争性分析

本节使用巴拉萨所提出的显性比较优势指数，详细阐述斯里兰卡商品贸易的比较优势和比较劣势。显性比较优势指数指一个国家某种商品出口额占其出口总值的份额与世界出口总额中该类商品出口额所占份额的比率，用公式表示：

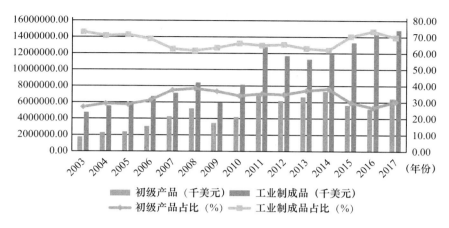

图 2 - 7 2003—2017 年斯里兰卡进口产品结构

资料来源：根据 UNCTAD 数据库数据计算制图。

$$RCA_{ij} = (X_{ij}/X_i)/(X_{wj}/X_w) \qquad (2-1)$$

如（2-1）中，X_{ij} 为 i 国 j 类商品的出口额，X_i 表示 i 国所有商品的出口总额；X_{wj} 表示世界 j 类商品的出口额，X_w 表示世界所有商品的出口总额。RCA_{ij} 值接近 1 表示中性的相对比较利益，无所谓相对优势或劣势可言；RCA_{ij} 值大于 1，表示 j 商品在国家中的出口比重大于在世界的出口比重，则该国的此产品在国际市场上具有比较优势，具有一定的国际竞争力，数值越大，表明竞争优势越强；RCA_{ij} 值小于 1，则表示在国际市场上不具有比较优势，数值越小，国际竞争力越弱；如果 RCA_{ij} 大于 2.5，表明 i 国 j 类商品具有极强的竞争优势；如果 RCA_{ij} 大于 1.25 且小于 2.5，则表明 i 国 j 类商品具有比较强的竞争优势；如果 RA_{ij} 大于 0.8 且小于 1.25，表示 i 国 j 类商品具有中度的国际竞争力，竞争优势较为平均；如果 RCA_{ij} 小于 0.8，则表示 i 国 j 类商品竞争力弱。

如表 2-6 所示，斯里兰卡在 SITC0 及 SITC8 类产品（食品和活动物，杂项制成品）一直具有极强的竞争优势，显性比较优势指数均大于 2.5；就近几年而言，斯里兰卡在 SITC1 及 SITC4 类产品（饮料和烟草，动植物油脂和蜡）具有较强的竞争优势，显性优势指数基本处于 1.25—2.5 之间；斯里兰卡在 SITC2 及 SITC6 类产品（燃料除外的非食用原料，按原材料分类的制成品）具有中度的国际竞争力，而在其余 SITC3、SITC5、SITC7、SITC9 类产品（矿物燃料、润滑油及有关燃料，化学品及相关产品，机械和运输设备，其他商品交易）则长期处于比较劣势，国际竞争力较弱。

因此，斯里兰卡应当增加出口该国具有极强或较强竞争优势的产品，如 0 类、8 类及 1 类、4 类产品，减少出口其国际竞争力相对较弱的产品即 3 类、5 类、7 类、9 类产品。同时不断调整其贸易结构，促进本国对外贸易的可持续发展。

表 2 - 6　　　　　　2003—2017 年斯里兰卡各类产品显性优势指数

年份	2003	2004	2005	2006	2007	2008	2009	2010	2011	2012	2013	2014	2015	2016	2017
SITC0	3.47	3.58	3.66	4.09	4.10	4.49	4.07	4.53	4.31	4.32	4.24	3.92	3.56	3.31	3.52
SITC1	1.05	1.24	1.18	1.06	1.13	1.17	0.95	0.92	1.12	1.26	1.34	1.25	1.27	1.41	1.40
SITC2	0.85	0.95	0.90	0.96	1.06	1.25	1.28	1.09	1.01	0.94	0.76	0.78	0.79	0.83	0.77
SITC3	0.00	0.01	0.00	0.01	0.00	0.00	0.00	0.01	0.02	0.02	0.02	0.16	0.15	0.16	0.22
SITC4	0.29	0.74	5.72	3.50	4.77	1.05	0.30	0.27	0.19	0.29	0.38	1.11	2.26	1.62	1.38
SITC5	0.08	0.11	0.12	0.11	0.10	0.10	0.11	0.13	0.14	0.14	0.14	0.14	0.15	0.15	0.15
SITC6	1.11	1.08	1.26	1.22	1.02	1.13	1.00	1.13	1.20	1.32	1.30	1.12	1.00	1.02	1.01
SITC7	0.13	0.16	0.12	0.14	0.19	0.15	0.13	0.16	0.17	0.19	0.14	0.17	0.18	0.15	0.21
SITC8	4.49	4.58	4.40	4.44	4.30	4.51	4.32	4.25	4.53	4.26	4.40	4.11	3.97	4.05	3.93
SITC9	0.05	0.00	0.45	0.60	0.92	0.67	0.32	0.34	0.00	0.05	0.06	0.00	0.00	0.00	0.01

资料来源：根据 UNCTAD 数据库数据计算制表。

二　直接投资情况

（一）对外直接投资

如图 2 - 8 所示，近年来斯里兰卡对外直接投资存量总体呈上升趋势，对外直接投资流量则变化不大，2003 年斯里兰卡对外直接投资存量为 0.99 亿美元，对外直接投资流量为 0.27 亿美元，至 2017 年对外直接投资存量增加到 12.78 亿美元，对外直接流量达到 0.72 亿美元。

（百万美元）

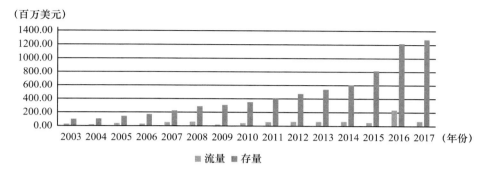

图 2 - 8　2003—2017 年斯里兰卡对外直接投资情况

资料来源：根据 UNCTAD 数据库数据制图。

（二）外商对斯直接投资

斯里兰卡地处印度洋要塞，区位优势明显，吸引外资潜力巨大。2009 年斯里兰卡结束了内战，斯里兰卡政府着手推进实施积极的外商投资政策，努力营造良好的外商投资环境，从而吸引更多的外来投资，推动本国经济发展。

如图 2 - 9 所示，根据联合国贸发委数据库统计数据显示，近 15 年

（十万美元）

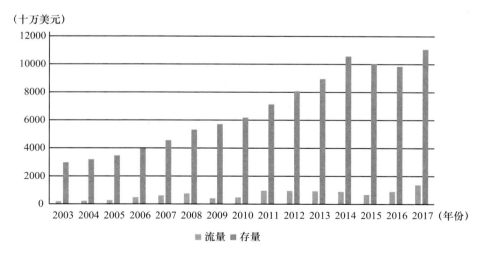

图 2 - 9　2003—2017 年外商对斯里兰卡直接投资情况

资料来源：根据 UNCTAD 数据库数据制图。

间，外商对斯里兰卡直接投资存量总体呈上升态势，由 2003 年的 29.77 亿美元增加到 2017 年的 110.7 亿美元，斯里兰卡吸引外资流量则从 2003 年的 1.99 亿美元变为 2017 年的 13.75 亿美元。外商在斯里兰卡投资领域，主要包括基础设施、房地产、服务业、纺织服装、电子、化工、食品、橡胶、木材、金属制品、皮革等。

此外，根据斯里兰卡投资局数据显示，2017 年，斯里兰卡吸引外资总额为 13.75 亿美元，排名前五位的外资来源地分别为中国内地、新加坡、印度、中国香港和英国，金额分别为 4.07 亿美元、2.41 亿美元、1.81 亿美元、1.25 亿美元和 0.76 亿美元。①

三 外来援助情况

长期以来，外国对斯里兰卡提供的无偿援助和贷款等发展援助，对加快该国经济增长和保持长期债务稳定性具有重要作用。过去几十年中，对斯里兰卡提供援助的多边合作伙伴主要包括世界银行国际发展协会（IDA）、国际农业发展基金（IFAD）、联合国发计划署（UN-DP）、石油输出国组织国际发展基金（OFID）、欧洲投资银行（EIB）、亚洲开发银行（ADB）等，双边合作伙伴主要包括中、日、印度、法、德、荷、丹、美、澳、韩、瑞典、沙特、科威特等国。援助形式包括无偿援助、无息贷款、长期低息贷款、混合贷款等。斯里兰卡获得的援助资金主要用于医疗、减贫、水利、公路、桥梁、港口、航空、农业、灌溉和环保等领域的项目。②

图 2-10 所示为近 15 年来斯里兰卡接受外来官方发展援助情况，2003 年，外来援助额为 6.76 亿美元，至 2005 年达到期间最高水平 11.65 亿美元，此后援助额呈现下降趋势，2017 年，斯里兰卡接受外来援助额为 2.97 亿美元，较 2016 年减少了 0.60 亿美元，为近年来最低水平。

---

① 中国商务部：《对外投资合作国别（地区）指南——斯里兰卡》（2018 年版），第 33 页。

② 同上。

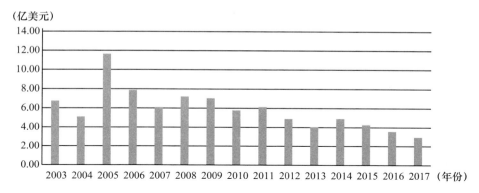

图 2 – 10 2003—2017 年斯里兰卡外来官方援助情况

资料来源：世界银行数据库。

第三节　斯里兰卡的财政与货币政策

一　财政政策

斯里兰卡的财政政策由斯里兰卡财政部负责制定实施，具体包括税收政策的制定、分析政府的收入与支出状况，制定国家中长期财政战略，确保财政政策实施的可持续性。

斯里兰卡财政政策以实现经济进一步稳定、资源的有效再分配和收入的有效再分配为目标，主要通过管理政府支出和收入水平，掌控相关政府资产和负债积累实现。政府当前的中期财政目标是进一步巩固财政政策，减少财政赤字和公共债务，同时加强税收动员。

2017 年，斯里兰卡政府采取多项政策措施加大财政税收动员力度，配合其财政政策目标。斯政府 2017 年进一步推进几项税收改革，缩小直接税与间接税之间的差距，并于 2017 年 10 月颁布了新的《2017 年第 24 号税收法案》（IRA），自 2018 年 4 月 1 日起生效。新税收法预计将通过扩大所得税来增加直接税收入基础和加强税收管理。此外，从 2017 年 4 月 1 日起，在进口时对车辆和 ESC 征收的经济服务费（ESC）

最低限额已从每季度 5000 万卢比减至 1250 万卢比。[①]

斯里兰卡政府所采取的一系列措施将有助于实现"愿景 2025"和政府的中期财政战略。到 2022 年，实现政府财政收入预计将超过 GDP 的 17%，此举将有利于其他主要财政目标的实现，如 2020 年至 2022 年期间，削减预算赤字到 GDP 的 3.5%，到 2022 年中央政府债务降至 GDP 的 69% 左右，公共投资占 GDP 的比重保持在 5.5% 以上。[②]

二 货币政策

斯里兰卡中央银行负责实施货币政策，主要包括制定政策利率，管理经济的流动性。中央银行通过货币运作影响经济中的利率，借款人和贷款人的行为以及相关经济活动，并最终影响通货膨胀率。因此，中央银行使用货币政策来控制通货膨胀，并将其保持在理想的预期上。

货币政策框架：目前，斯里兰卡中央银行在强化的货币政策框架内执行货币政策，其特点是货币目标制和灵活的通货膨胀目标制（FIT）。在这种强化的货币政策框架下，斯里兰卡央行试图在中期内稳定中等个位数的通胀，同时支持经济增长势头和汇率管理的灵活性。在这一框架的业务方面，中央银行利用其政策工具指导短期利率，特别是以加权平均货币利率（AWCMR）作为业务目标。

20 世纪 80 年代初，斯里兰卡中央银行采用货币目标制作为货币政策框架，货币总量成为货币政策实施的关键名义锚。在货币目标框架下，货币供应量的变化被认为是影响价格稳定的主要原因。通常情况下在分析斯里兰卡的货币发展情况时，主要基于货币总量的两个定义，其中一种是"储备货币"，包括央行发行的货币和商业银行在央行的存款。这也被称为基础货币或高能货币，因为商业银行可以通过信贷和存款业务，在储备货币的基础上创造存款。储备货币是广义货币供应

---

① Department of Fiscal Policy, Ministry of Finance & Mass Media, PERFORMANCE RE-PORT, Srilanka2017, p. 6.

② Ibid. .

的组成部分。广义货币是指公众持有的货币和公众在商业银行持有的全部存款的总和。研究表明，分析货币供应量与物价总水平关系的最合适的货币变量是广义货币供应量。由于货币乘数和速度的波动性不断上升，加之货币供应与通胀之间的关系不断减弱，货币目标作为名义锚的作用变得不确定，也使央行的沟通策略变得复杂。因此，在强化的货币政策框架下，央行目前将平均加权看涨汇率（AWCMR）作为其操作目标，而不是储备货币。尽管央行没有明确宣布任何货币目标，但广义货币供应量（M2b）仍是指导货币政策的关键指示性中间变量。

斯里兰卡央行在其政策利率即长期存款利率（前回购利率）和长期贷款利率（前反向回购利率）形成的利率区间内进行公开市场操作（OMO），以实现预期的通胀路径。政府会定期检查政策利率，并在有需要时作出适当调整，以指引经济的利率结构，从而达到预期的通胀水平。[1]

政策工具：斯里兰卡中央银行拥有广泛的工具来作为货币政策的工具。目前，货币政策更加依赖于以市场为基础的政策工具。因此，斯里兰卡目前使用的主要货币政策工具是政策利率和政策利率走廊（PRC）、公开市场操作（OMO）和商业银行利率，法定准备金率（SRR）。[2] 货币政策实施的第一步是流动性预测。此外，根据经济的需要和情况，中央银行可以使用外汇操作、信贷数量限制、利率上限、再融资安排、道德劝导以及某些宏观审慎措施，例如设定保证金要求和贷款与价值比率，以进行货币管理。

第四节　斯里兰卡的社会安全态势

影响斯里兰卡社会安全的第一个因素，是族群冲突。斯里兰卡是

---

① 参见斯里兰卡中央银行官方网站公布的信息（www. cbsl. gov. lk/）。
② 同上。

一个多元民族，多元宗教的国家，持续 20 多年的内战就是源于僧伽罗人和泰米尔人之间由来已久的民族矛盾。2009 年，斯里兰卡内战结束，但是国内民族矛盾、族群冲突还是时有发生。2017 年 11 月，南部加勒地区信仰佛教的僧伽罗人和信仰伊斯兰教的穆斯林之间发生激烈冲突导致政府在当地实施宵禁。2018 年 3 月至 5 月，康提地区又发生多起族群冲突事件导致当地安全局势非常不稳定，政府调集 1000 名警务人员和 200 名特战部队人员在该地区维护社会治安，当地所有公立学校都暂时停课，政府在当地实施宵禁。随着局势的恶化，西里塞纳总统和内阁决定，从 2018 年 3 月 5 日至 3 月 6 日全国实行宵禁，以确保执法机构能够控制当地的暴力冲突。3 月 7 日，斯里兰卡政府下令电信服务提供商封锁部分社交网络，严惩在网络上散布谣言的行为，避免煽动民族仇恨和民粹主义情绪。从 3 月 18 日起国家进入紧急状态，为期 10天，这是自 2009 年斯里兰卡内战结束以来，首次进入全国紧急状态。

　　族群冲突不仅引发国内安全局势动荡，社会混乱，还引发斯里兰卡穆斯林的强烈不满。穆斯林群体认为，政府在处理族群冲突事件时，没有采取强有力的措施来制止暴力冲突的升级。斯里兰卡联合政府在处理族群冲突时实际上也面临诸多困难，一方面需要采取措施制止暴力升级，另一方面联合政府又怕得罪僧伽罗人，从而失去国内主体民族僧伽罗人大量的选票，不利于选举。加之地方选举中，执政党已经处于弱势地位，为了谋求在选举中的利益，政府也不能对僧伽罗人采取太过严厉的强制措施。种族冲突的爆发以及由于族群、宗教矛盾而引发的恐怖主义暴力袭击给斯里兰卡经济、投资以及社会稳定蒙上了一层阴影。

　　影响斯里兰卡社会安全的第二个因素，是地区恐怖主义。2019 年 4月，斯里兰卡复活节连环爆炸案造成重大人员伤亡，事发后，极端组织"伊斯兰国"宣称对斯里兰卡爆炸案负责，政府之后的调查指出，包括 NTJ（National Thowheed Jamath）在内的两个斯里兰卡国内伊斯兰组织对复活节爆炸袭击事件负责。这次恐怖事件给斯里兰卡的社会安全、民众心理、旅游业等各方面造成了冲击，打破了斯里兰卡近十年来相对平静的局面，预示着国际恐怖主义在斯里兰卡及南亚地区的扩散，给斯里兰卡未来的社会安全态势蒙上了阴影。

第 三 章

2013 年以来斯里兰卡外交形势概述

　　斯里兰卡外交政策的目标是维持一个强大、独立和统一的斯里兰卡，在维护国家利益的基础上，斯里兰卡旨在通过经济发展提升国家建设的能力，通过对双边、区域和全球地缘政治和经济环境进行评估，制定相应的外交政策，以应对全球化时代可能面临的机遇和挑战。

　　斯里兰卡历届政府奉行不结盟政策，近年来其推行的全方位外交，外交关系稳中有升，取得诸多外交成果。斯里兰卡不仅和欧美国家保持友好的国家间关系，与东亚、东南亚以及南亚地区国家的关系都取得很大进展和创新。这为斯里兰卡国家的发展创造了良好的外部环境。

第一节　斯里兰卡与周边国家的关系

一　2013 年以来斯里兰卡与印度的关系

　　在南亚地区，斯里兰卡和印度拥有悠久的历史和地缘联系。同印度保持友好关系历来是斯里兰卡外交政策的重点。

　　2013 年以来，斯里兰卡和印度政府高层互访比较频繁。2013 年 1月，斯里兰卡外长佩里斯（G. L. Peiris）访印。2014 年 5 月，斯里兰卡总统拉贾帕克萨应邀出席印度总理莫迪（Narendra Modi）的就职仪式。2015 年 1 月，斯里兰卡外长萨马拉维拉（Malik Samarawickrama）访印，

2月，斯总统西里塞纳访印。3月，印度总理莫迪回访，这是 28 年来印度总理首次对斯里兰卡展开单独访问。9月，斯总理维克勒·马辛哈访印。

2015 年以前，拉贾帕克萨政府执政时期，印度在斯里兰卡问题上随着中国影响力的提升而明显不足，引发了印度方面较大的担忧。2015 年斯里兰卡新总统西里塞纳就职后，迅速调整其与印度的外交关系，开展"以亚洲为中心的平衡外交"（Asia-centric balanced），并在上任后的第五天就出访印度；他在出访前就同印度达成了一项核能协议，按照协议，印度将帮助斯里兰卡建设核能基础设施，包括人员培训等。斯里兰卡一位官员及印度一位分析人士称，印度随后还可能向斯里兰卡出售小型核反应堆。印度总理莫迪还称，两国还同意扩大防务合作。[①] 同时，为了安抚印度，西里塞纳政府还限制中国军事船舶在斯里兰卡港口停靠。2014 年中国潜艇两次停靠斯里兰卡科伦坡港。中国海军潜艇在执行护航任务过程中在斯里兰卡进行技术性停靠，被印度解读为对印度在印度洋主导地位的挑衅。为此，斯里兰卡领导人在各种场合，一方面强调中斯关系的重要性，另一方面对中国海军出现在斯里兰卡港口的可能性做出了限制。[②] 2015 年，印总理莫迪访问斯里兰卡时表示，对斯里兰卡的访问是印度"与邻国保持频繁接触的目标的重要一部分"。传达出要加强与斯里兰卡关系的强烈意愿。2019 年，印度莫迪政府连任后，不久就再次访问斯里兰卡，强调"邻国优先"政策。

2019 年 11 月，斯里兰卡新总统戈塔巴雅上任十天后就出访了印度，开启其上任后的第一个外访。他指出，希望斯里兰卡成为一个"中立国家"，而不卷入任何"超级大国间的权力争斗"。他希望与印度和中国都保持密切合作。同时，斯里兰卡也认识到印度利益的重要性，

---

① 《印度同斯里兰卡达成核能协议》，2015 年 2 月 28 日，环球网（http://www.cnnc.com.cn/cnnc/300555/mtjj77/375083/index.html）。

② 杜敏、李泉：《斯里兰卡新政府的内政外交政策及挑战》，《南亚研究季刊》2015 年第 4 期。

因此不会从事任何可能威胁到印度安全的活动。

斯里兰卡是印度在南盟国家中最大的贸易伙伴之一。同时，印度也是斯里兰卡全球最大的贸易伙伴。印斯双方重视经济合作，两国于1998年签署自由贸易协定并于2000年起开始实施，贸易协定有效促进了两国间的贸易增长。自2000—2004年，印度—斯里兰卡贸易额增长了128%，到2006年翻了两番，达到26亿美元。之后两国的贸易额持续攀升。截至2017年，两国贸易额较2006年再次翻番，达到51.89亿美元。在双方的贸易中，印度处于贸易顺差地位，如2017年，斯里兰卡对印度的出口额约为6.89亿美元，而印度对斯里兰卡的出口额则约为45亿美元。解决两国间的贸易不平衡，重点需要解决非关税壁垒和市场准入等问题。两国间的投资涉及多个领域，包括石油零售，IT，金融服务，房地产，电信，酒店和旅游，银行和食品加工（茶和果汁），金属工业，轮胎，水泥，玻璃制造和基础设施开发（铁路），电力，供水等。值得注意的是，印度还在斯里兰卡的北部和东部省份进行了大量的投资，以促进该地区基础设施的发展。印度还计划建立亭可马里港，以配合汉班托塔港的发展。

多年来，印度还为斯里兰卡的经济发展提供了大量的官方发展援助，两国在能源、住房、农业以及港口和机场、公路和铁路等领域，都有正在实施的或正在谈判的经济项目。印度国家火电公司（NTPC）也计划在Sampoor（Sampur）建造一座500兆瓦的火力发电厂，NTPC声称该计划将把印度—斯里兰卡关系提升到一个新的水平。

印度和斯里兰卡还是多个南亚区域和多边组织的成员国，如南亚区域合作联盟（SAARC）、南亚环境合作署（South Asia Cooperative Environment Programme）、南亚经济联盟（South Asian Economic Union）和环孟加拉湾多领域经济技术合作组织（BIMSTEC），两国通过多边合作框架，不断加强文化和商业关系。

印度—斯里兰卡关系的另一个重要方面是军事和安全联系。由于需要共同应对恐怖主义、宗教原教旨主义、人口走私和其他非传统安全，两国在军事领域保持紧密联系。印度和斯里兰卡常年进行名为"Mitra Shakti"的联合军事演习，两国还举行代号为 SLINEX 的海军联合演习。印度同时还为斯里兰卡部队提供防御训练。在海洋安全方面，印度、斯里兰卡和马尔代夫签署了一项三边海上安全合作协定，三方商议通过采取联合行动，共同对加大对印度洋地区的安全监控，打击海盗、减少海洋污染做出努力。2019 年 4 月，印度和斯里兰卡还签署了打击毒品和人口贩运的协议。

而从更深远的战略层面来看，印度和斯里兰卡在印度洋地区拥有长远的、共同的利益交集。从拉贾帕克萨的"马欣达愿景"开始，斯里兰卡政府就立志将自己的国家建设成为印度洋地区的重要交通枢纽，而这个战略追求必然会和印度在印度洋地区的权力和利益产生交汇。在这个基础上，无论是斯里兰卡还是印度，都会寻求彼此间的相互合作与协调，保持彼此在印度洋地区的利益与安全；而对印度来说，其在印度洋的主导地位更是不容挑战的，斯里兰卡作为印度在印度洋上战略意义十分重要的一个邻国，必定是印度的海洋战略中不可或缺的一部分，从这个角度看，印度一定会积极寻求与斯里兰卡建立稳定和友好的双边关系。

影响印度—斯里兰卡关系的两个悬而未决的问题是印度渔民的偷猎和海底拖网捕鱼行为，以及继续生活在泰米尔纳德邦难民营的近61000 名斯里兰卡人的问题。目前双方正在就这些问题展开研究，以达成双方都能接受的解决方案。

旅游业也是印度和斯里兰卡之间的重要纽带，印度是斯里兰卡旅游业的最大客源市场，斯里兰卡的外国游客中，每五个游客就有一个来自印度。

总体上来说，印度—斯里兰卡双边关系拥有非常深厚的历史、地理和文化连接，几年前，由于政权更迭，国际化人权问题等的指控，印斯关系变得紧张，西里塞纳上台后积极修复印斯关系，推进商业和人文交流。在此基础上，两个国家正在积极地修复双边关系。印斯关系是斯里兰卡对外关系中非常重要的一个双边关系。虽然两国之间没有发生过敌对行动，但印斯关系如果处理不好，那将导致斯里兰卡长期陷入国内冲突。[1]

二 2013 年以来斯里兰卡与其他周边国家的关系

斯里兰卡与巴基斯坦的关系近年逐渐升温。2015 年 4 月，斯里兰卡总统西里塞纳访问巴基斯坦，双方签署了 6 项协议，其中包括一项民用核能技术领域的协议，旨在为斯里兰卡建造核电站的计划服务。此外，两国还签署了其他 5 项协议和 4 个谅解备忘录，涉及能源、船运和灾难管理等方面。2016 年 1 月，巴基斯坦总理谢里夫访问了斯里兰卡，双方签署了涉及贸易、国防、商业和区域稳定等领域的 8 个合作谅解备忘录。双方已就如何进一步加强全面合作达成广泛共识，同意未来频繁举行两国间高层会晤，并促进议会间交流。双方还讨论了自由贸易协定的执行，并就双边自贸协定中的服务和投资章节达成一致，未来巴基斯坦和斯里兰卡可组成合资企业向第三国进行出口。

2018 年 3 月，斯里兰卡总统西里塞纳访问巴基斯坦，访问期间，西里塞纳出席了眼角膜捐献仪式和在伊斯兰堡成立的国际佛教中心揭牌仪式，并签署了三份合作备忘录，包括班达拉奈克国际外交培训学院和巴基斯坦外交事务对外交官的联合培养；斯里兰卡发展管理学院和巴基斯坦公共政策国家学院之间的行政管理专业联合培养。

经贸方面，巴基斯坦是斯里兰卡在南亚的第二大贸易伙伴，斯里兰卡是第一个与巴基斯坦签署自由贸易协定的国家，该协定于 2005 年 6 月 12 日生效，在贸易协定的框架下，两国间的贸易额也在稳步增长，预计到 2020 年，斯里兰卡和巴基斯坦的双边贸易额将达到 10 亿美元。

在安全防务方面，斯巴两国也有很密切的合作。斯里兰卡从 1999 年开始从巴基斯坦大量购买武器和弹药。由于印度不愿与斯里兰卡签

---

[1] H. M. G. S. Palihakkara, *Sri Lanka's foreign policy challenges*, http：//www. ft. lk/opinion/Sri-Lanka-s-foreign-policy-challenges/14 – 680951.

署国防合作协议，也不愿向其提供武器，斯里兰卡在军事防务领域越来越多地转向巴基斯坦。2018 年 1 月 16 日，巴基斯坦陆军总参谋长卡马尔·贾维德·巴伊瓦（Qamar Javed Bajwa）抵达斯里兰卡进行为期两天的正式访问，并与斯方军队高级官员开展会谈，就反恐和防务安全问题进行了讨论。

2014 年 11 月，斯里兰卡总统拉贾帕克萨访问了尼泊尔，参加在加德满都举行的第 18 届南盟峰会。2017 年 5 月，尼泊尔总统班达里（Bidya Devi Bhandari）访问了斯里兰卡，并参加了在康提举行的国际卫生节闭幕仪式。2018 年 9 月，斯里兰卡总统西里塞纳访问了尼泊尔佛陀的出生地蓝毗尼，并表示斯里兰卡政府愿意协助尼泊尔开发蓝毗尼地区，完成蓝毗尼总计划。

尽管早在 1979 年 4 月两国就签署了双边贸易协定，但两国之间的贸易量仍然很小。斯里兰卡出口到尼泊尔的产品包括铅、橡胶和矿物燃料，而从尼泊尔进口的产品包括生皮和毛皮、地毯、鞣制和染色提取物，在近年的双边贸易中，斯里兰卡长期处于贸易顺差地位。

在投资方面，斯里兰卡和尼泊尔于 1999 年 7 月签署了"避免双重征税协定"。斯里兰卡已经对尼泊尔的银行和保险业开展了合资形式的投资。在 2015 年尼泊尔发生地震之后，斯里兰卡迅速派出了救援队和输送了救援物资，积极参加了尼泊尔灾后重建国际会议。

斯里兰卡与孟加拉国的关系在近年也逐渐升温。经贸合作方面，2013 年，孟加拉国—斯里兰卡成立了联合工作组，旨在促进两国间贸易。2013 年，两国之间的双边贸易额突破 1 亿美元大关，两国之间的双边经济关系已从单纯的贸易伙伴关系扩大到包括自由投资的伙伴关系。最新统计数据显示，目前，已经有 45 家斯里兰卡的公司在孟加拉国的各个部门开展投资，总投资额约 3 亿美元，有 6 家孟加拉国公司在斯里兰卡开展了投资，总投资额约 2000 万美元。斯里兰卡对孟加拉国的大部分投资领域为服装制造，而孟加拉国对斯里兰卡的最大投资领域则是药品。斯里兰卡几家大型的纺织品制造公司，如 Brandix Casualwear、MAS Holdings 和 Hirdaramani，已在孟加拉国设立了分支机构。除了服装部门的合作外，两国还需要进一步加强和加速卫生和制药领域的密切合作，2017 年，斯里兰卡在医药和医药产品领域从孟加拉国的进口总额为 5.2 亿美元。

在互联互通方面，斯里兰卡国家航空公司在科伦坡和达卡之间开设了定期直航，为居住在马尔代夫的 25 万名孟加拉国工人和居住在孟加拉国的 25000 名斯里兰卡籍公民提供经济实惠的航空服务。除了空中连接外，两国也在积极探索加强海上连通。孟加拉国的吉大港以及斯里兰卡的科伦坡和汉班托塔港彼此距离约为 1515 海里，如果能连通这些港口，那么港口间的连通和航运将极大地促进两国之间的旅游和投资的经济发展。[①]

双方在海洋军事领域一直在探讨增加双边合作，斯里兰卡计划派遣海军人员到孟加拉国学习。在这个背景下，许多孟加拉国海军舰艇对斯里兰卡进行了友好访问。

2014 年 6 月 25 日，斯里兰卡总统拉贾帕克萨访问马尔代夫。2015 年 7 月 25 日，斯里兰卡总统西里塞纳再次对马尔代夫进行访问，并参加为纪念马尔代夫独立 50 周年举行的活动。两国在安全防务上也开展了一些合作，斯里兰卡军队帮助马尔代夫训练其国防军。马尔代夫海岸警卫队的船队的船只是由科伦坡造船厂制造的。

在东南亚地区，斯里兰卡与新加坡签订自由贸易协定；2016 年，西里塞纳总统访问印度尼西亚；2018 年，印度尼西亚总统佐科·维多多访问斯里兰卡，两国在高等教育、科研、打击毒品和犯罪等领域签订多项合作协定。

斯里兰卡与泰国由于拥有共同的宗教信仰，因此两国之间拥有天然的亲缘关系。历史上两国就通过宗教联系密切。自斯里兰卡独立以

---

① Srimal Fernando and Mizly Nizar, *45 Years of Sri Lanka-Bangladesh Diplomatic Relations: A Solid Partnership for Progress*, https://foreignpolicynews.org/2018/06/27/45 - years-of-sri-lanka-bangladesh-diplomatic-relations-a-solid-partnership-for-progress/, June 27, 2018.

来，两国一直保持着友好的国家关系，2015 年西里塞纳总统访问泰国，并签署了《战略经济伙伴协定》。2018 年，泰国总理巴育访问斯里兰卡。此外，斯里兰卡和越南关系也比较友好，2013 年，两国在河内举办第二届斯越政治咨询会，2018 年斯越两国在科伦坡举行第三次政治咨询会。

第二节　斯里兰卡与其他大国的关系

2015 年前，拉贾帕克萨执政期间，由于其加紧了对国内政局的控制，引发了西方对其的不满，联合国人权理事会对其施加压力，使得其国际环境急剧恶化。这期间，一方面，拉贾帕克萨政府与西方国家反目。西方国家批评拉贾帕克萨的"强人政治"将斯里兰卡民主引入歧途，并质疑内战时期政府军与猛虎组织严重践踏人权的行为。联合国还出台了一份报告指出，斯里兰卡政府军和猛虎组织存在严重违反国际人道法和人权法的行为，建议就此战争罪行展开独立的国际调查。另一方面，与印度疏远。拉贾帕克萨上台后便将此前军事打击猛虎组织失败的原因归结于印度的干预和对印政策的失误，导致斯印关系出现裂痕。①

尽管如此，斯里兰卡与欧美日澳等大国还是有长久的联系。2014 年 1 月和 2015 年 2 月，美国南亚和中亚助理国务卿妮莎·比斯瓦尔访问斯里兰卡。2015 年 2 月，斯里兰卡外长萨马拉维拉访美。5 月，美国国务卿克里访斯。经济方面，美国是斯里兰卡最大的出口市场，占斯里兰卡每年出口的近四成。从 2018 年起，斯里兰卡从美国进口的商品总额为 27 亿美元，比 2017 年下降 6.4%。美国 2018 年对斯里兰卡的出口价值为 3.72 亿美元，比上年增长 10.7%。2014 年，美国与斯里兰卡

---

① 吴琳:《不对称合作中的政治风险与关系维持——以新世纪以来的中斯关系为例》,《太平洋学报》2017 年第 3 期, 第 26—34 页。

的商品贸易逆差总额为 23 亿美元，比 2017 年减少了 8.6%。美国从斯里兰卡进口的产品主要是服装，但也包括橡胶、工业用品、宝石、茶叶和香料。美国对斯里兰卡的出口最多包括动物饲料、医疗设备、大豆、塑料、乳制品、小麦、布料和纺织品。自 2016 年 6 月以来，斯里兰卡还从国际货币基金组织获得了约 12 亿美元的贷款，并于 2019 年 5 月商定了新的 1.641 亿美元的支付额。

自斯里兰卡 1948 年独立以来，美国对斯里兰卡的援助总额超过 20 亿美元。美国在农业、企业发展、教育、医疗保健、能源和自然资源以及人道主义活动方面进行了大量投资。在 2019 年 4 月复活节恐怖袭击之后，美国派遣 FBI 专家赴斯里兰卡支持调查，并期待继续与斯里兰卡开展反恐合作。美国和斯里兰卡也正在讨论一项价值 4.8 亿美元的"千年挑战合作"（Millennium Challenge Corporation，MCC）协议，以支持斯里兰卡的经济发展。美国还提供了 3900 万美元的外国军事融资，以提高斯里兰卡的海洋权益意识。

自斯里兰卡 2015 年选举以来，斯里兰卡和美国之间的双边军事和海上合作有了显著的增长。主要内容包括美国海军与斯里兰卡海军合作建立斯里兰卡海军陆战队，美国海军与斯里兰卡海军和空军开展合作，同时两国还在人道主义援助、救灾以及海上安全问题上建立安全合作。美国近年加强了对"印太地区"的介入，并宣布向该地区提供 3 亿美元的安全援助。在这笔资金中，有 4000 万美元专门用于斯里兰卡。

2013 年，斯里兰卡总统拉贾帕克萨访问了日本并会见了日本首相安倍晋三（Shinzō Abe），还在皇宫与皇帝和日本皇后进行了会谈。2015 年 10 月，斯里兰卡总理维克勒·马辛哈访问日本。

经济方面，从 1950 年开始，斯里兰卡就成为日本的经济受援国。此后两国之间的贸易和投资联系得到发展，直到 2007 年，日本一直是斯里兰卡最大的海外援助国，并且是斯里兰卡基础设施发展的主要贡献者。

近年，日本开始将关注重点转移到斯里兰卡的港口建设上。2018

年 8 月，日本防卫大臣小野寺（Itsunori Onodera）访问了斯里兰卡的三个主要港口，包括日本认为十分有战略意义的亭可马里港，双方谈及日本可能帮助斯里兰卡建设亭可马里港的计划。在抵达科伦坡之前，小野寺还在印度新德里与印度国防部长希塔拉曼（Nirmala Sitharaman）举行了会谈，双方同意就收购和跨境服务协议展开谈判。

此外，斯里兰卡同欧盟、韩国以及东盟等国家和国际组织也拥有密切的交往。在外交上，斯里兰卡保持中庸立场，在中印大国之间寻求平衡，重视同地区国家之间的关系，同时逐渐改善与欧美国家的关系，重新塑造自身的国际形象。

第三节　近年斯里兰卡的对华外交

一　西里塞纳政府的对华政策

2015 年 1 月，斯里兰卡现任总统迈特里帕拉·西里塞纳在大选中击败了主政近十年的前总统马欣达·拉贾帕克萨，成为斯新任总统。在竞选期间，西里塞纳就认为斯里兰卡从中国借债过多，并指出新政府会重新审议科伦坡港口城项目。西里塞纳上台后主张外交政策的核心是要降低对中国的依赖，加强与原本就有联系的日印的关系。并推行"百日施政计划"，旨在为包括中方企业在内的外国投资者营造一个更加透明、稳定、法治的投资环境，使斯成为更有吸引力的投资目的地。围绕这一计划，斯新政府在成立之后即开启对外国投资项目的复审。虽然包括澳大利亚、伊朗等国以及斯里兰卡本国的一些项目，但由于中国目前是斯里兰卡最大的外资来源国，因此有舆论认为，斯新政府的这一措施旨在针对中国。

近年，西里赛纳政府开始强调斯里兰卡的长治久安和长远利益，这也是其提出"平衡外交"的基础；同时，西政府还展示了其意欲融入国际社会、力争扮演更重要角色的战略抱负。斯里兰卡前财长及外交部长拉维·卡鲁纳纳亚克（Ravi Karunanayake）在 2017 年 7 月的一次有关印度洋议题的会议上指出了斯里兰卡的两个战略定位，即"印度洋的中心"（Centre of the Indian Ocean）以及"通往南亚次大陆的大门"（Gateway to the Subcontinent），拉维提出斯里兰卡要开展"枢纽外交"（hub diplomacy），力争成为区域内跨国企业总部的聚集地，正如新加坡是连接东盟与世界的纽带，斯里兰卡希望成为印度洋地区连接南亚与东南亚的纽带。他特别指出，斯里兰卡要注意吸收新兴的投资来源，包括丝路基金、中国进出口银行以及亚洲基础设施发展银行。

因此，自 2016 年起，被中止的 20 多个中国建设项目已经完全复工，时任中国驻斯里兰卡大使易先良也表示，科伦坡港口城实际上已经复工了，下一步要做的就是进一步完善企业在法律上和程序上的手续。2017 年 7 月 29 日，中国与斯里兰卡最终签署了 11 亿美元的交易，斯方向中方出售了战略性港口汉班托塔港的 70% 股权。虽然汉班托塔港项目被指导致斯里兰卡财政陷入债台高筑的窘境，而且港口的使用率不高等，对于这些质疑，斯里兰卡发展部长马里克·萨马拉维克拉玛称，这笔交易能给"斯里兰卡减轻很大负担"，"是实现国家经济增长的宏伟任务"，中方可以让"这些新建项目产生经济效益"。时任中国驻斯里兰卡大使易先良也表示，中斯工业园区是斯国政府最为珍视的经济发展计划，"如果一切进展顺利"，中国将在未来三年中投资 50 亿美元，创造 10 万个工作机会。可见，斯里兰卡新政府在对待中国投资上已经收回原先的强硬态度，以经济利益为先，保持了对华政策的合作与友好。

二 拉贾帕克萨政府上任初期的对华政策

总统戈塔巴雅在选举期间，其顾问就曾表示："如果戈塔巴雅·拉贾帕克萨成功当选总统，将与中国恢复关系。"戈塔巴雅上任后，虽然一度提出要收回与中国签订的港口协议，但是最终其友华的态度是没有改变的。拉贾帕克萨家族一直被视为亲华的代表，现任总理马欣达·拉贾帕克萨担任总统期间，就与中国建立了良好的关系，马欣达愿景下，中斯双方签署了多项条约，开展了多项合作，中国对斯里兰卡投资的热潮也是从那个时候开始的。在中斯密切合作下，斯里兰卡的基础设施建设得到了极大提升。兄弟两执政后，斯政府多次对外表示要继续推进与中国的合作，同时多次驳斥"债务陷阱论"，明确中国对斯里兰卡的投资为斯里兰卡带来了发展和繁荣。

在 2020 年中国发生疫情期间，斯里兰卡也在第一时间给予中国支持。中国驻斯里兰卡大使程学源发文表示："2020 年 2 月中国发生新冠肺炎疫情后，戈塔巴雅总统向中方捐赠锡兰红茶，希望能温暖战斗在抗疫一线人员的心；拉贾帕克萨总理率领近千名各界民众，裸足素衣，共同为中国人民抗击疫情诵经，情义满满；贾亚苏里亚议长经常致电使馆了解形势，嘘寒问暖、加油鼓劲，并慷慨解囊捐款。"夸赞斯里兰卡展现了真道义，是中国的真朋友。

总之，在拉贾帕克萨家族执政期间，中斯关系发展的前景是较为乐观的。

三　印度及其他外部大国因素的影响

印度作为南亚第一大国，对南亚地区各个国家都有深厚的影响力。经济上，印度是斯里兰卡最大的贸易对象国，政治上，印度参与了斯里兰卡打击猛虎组织的活动，对斯里兰卡有深厚的政治影响。中国在斯里兰卡进行投资特别是参与兴建汉班托塔港和科伦坡港之后，印度反映强烈，斯里兰卡大型港口目前的主要功能是转运印度货物，印度担心如果中国参与这些港口的建设和运营，可能对印度产生不利影响，同时印度担心如果斯里兰卡政府最后没有能力向中国政府偿还这些港口等基础设施的建设贷款，这些港口会被中国掌控甚至成为中国的军事基地。这些都显示出印度对中国极大的政治疑虑，中印关系进而影响到两国与斯里兰卡的关系。

斯里兰卡在外交中不可避免地要考虑平衡中印关系，西里塞纳就指责拉贾帕克萨过于亲中，因此开始实施"平衡外交"，甚至有传闻称西里塞纳的胜选也是受到印度的暗中支持，可见印度对于斯里兰卡外交的深刻影响，斯里兰卡迫于印度方面的压力，在未来实施对中国的外交政策时也会有所考量。

　　拉贾帕克萨政府上台后，印度对此"亲中"政府更是十分担忧，多次提出要重新加强与斯关系，并第一时间为斯方提供4亿美元信贷限额。戈塔巴雅因此表示，斯里兰卡会成为一个中立国，与印度一起塑造和平的印度洋。未来，斯里兰卡定会在中印间实施"大国平衡"战略。

第 四 章

2013 年以来中斯关系发展态势评估

第一节　中斯政治、经济关系发展

中斯两国最初的交往始于晋代，晋代高僧法显曾前往斯里兰卡进行游学，并依据自己在斯里兰卡的游学经历写成《佛国记》一书。明代著名航海家郑和七下西洋时曾经多次造访斯里兰卡，并在当地留下珍贵的时刻碑文。15 世纪，斯里兰卡王子也曾到访福建泉州并在当地定居过一段时间。中斯两国于 1952 年 2 月开始正式建立外交关系。虽然国际经济风云变幻，但是两国一直保持着友好关系。双边高层领导人的交往非常频繁。同时，随着两国经济的发展，特别是 2013 年之后，随着中国"一带一路"倡议的提出，斯里兰卡成为我国 21 世纪海上丝绸之路经济带上重要的节点国家，两国的经济关系也取得长足发展。

一　中斯政治关系发展

中国和斯里兰卡自建交以来，政治关系友好。特别是"一带一路"倡议提出后，中斯双方就携手共建"21 世纪海上丝绸之路"达成广泛共识。2013 年至今，中斯双方有多位政府高层领导实现互访。2013 年，中共中央常务委员刘云山、全国政协副主席罗福和、全国人大常委会副委员长严隽琪访问斯里兰卡。2013 年，时任斯里兰卡总统拉贾帕克萨、时任总理贾亚拉特纳访问中国，斯财政计划部与中国商务部签署《关于在中斯经贸联委会框架下共同推进"21世纪海上丝绸之路"和"马欣达愿景"建设的谅解备忘录》。随后，在云南召开的第六届中斯经贸联委会上，双方就共建"21世纪海上丝绸之路"、双边自贸区谈判、基础设施建设、经济技术合作等深入交换意见，并达成一系列共识。2014年习近平主席对斯里兰卡进行了国事访问，这是中国元首时隔28年首次访问斯里兰卡。习主席强调，斯里兰卡要建设海事、航空、商业、能源、知识五大中心，同中国提出的建设"21世纪海上丝绸之路"倡议不谋而合。中方愿以建设"21世纪海上丝绸之路"为契机，同斯方加强在港口建设运营、临港工业园开发建设、海洋经济、海上安全等领域合作。斯总统拉贾帕克萨表示，中方提出的倡议与斯方打造印度洋海上航运中心的设想不谋而合，斯方愿意同中方共同建设和运营好汉班托塔港和科伦坡港等重点合作项目，加强经贸、能源、农业、基础设施建设、卫生医疗等领域合作。双方签署《中斯关于深化战略合作伙伴关系的行动计划》以及经贸、基础设施建设、海洋科研、文化、教育等领域合作协议。

2015年3月，西里塞纳总统对中国进行国事访问期间，习近平主席指出中斯双方要积极共建"21世纪海上丝绸之路"，充分利用丝路基金等融资渠道，推进大项目建设和产业合作。西里塞纳总统表示，丝绸之路是斯中两国共同的历史遗产，斯将在"21世纪海上丝绸之路"框架内加强同中方合作。2016年4月，维克勒·马辛哈总理访华期间，再次表示斯方愿积极参与"一带一路"倡议，中斯双方签署了《关于全面推进投资与经济技术合作谅解备忘录》，明确双方将重点推进在能源、航空、水务、建材生产、航运、电信、陆路和航空运输、渔业及水产加工、种植业及食品加工、旅游、工业园建设等方面的投资合作，并锁定汉班托塔地区综合开发和科伦坡港口城等一系列重大合作项目，成为中斯未来一段时间里投资和经济技术合作的重要指导性文件，为广大投资者在斯合作提供了更多机遇。8月，维总理再次率高级经济团队访问重庆和深圳，表示"21 世纪海上丝绸之路"建设将产生广泛的协同效应，斯里兰卡将积极参与，同中国携手实现共同发展，斯方将学习借鉴重庆和深圳经验，加快推进斯城市化和工业化进程，使斯里兰卡成为"南亚经济中心"及"21 世纪海上丝绸之路"在印度洋上的枢纽。10 月，习近平主席与西里塞纳总统在印度果阿会晤时，双方就在"一带一路"框架内深化务实合作的有关内容再次达成共识。2017年，国务委员兼国防部部长常万全、全国政协主席俞正声等访问斯里兰卡。2017 年，斯里兰卡总理维克勒·马辛哈再次对华进行正式访问。2019 年，斯里兰卡总统西里塞纳再次来华出席亚洲文明对话大会。两国长时间的友好交往让两国在许多政治问题上拥有共识。中国就斯里兰卡人权问题多次在国际会议上为其辩护，斯里兰卡也就台湾问题、西藏问题以及人权问题给予中国很多支持，反对"台独""藏独"以及"疆独"，坚持一个中国原则。

可以说，从政府层面看，中斯两国在"一带一路"框架下的合作是顺畅的，斯里兰卡政府在政策和政治层面上总体支持与中国的合作。虽然 2015 年西里塞纳政府上台后，叫停了一系列中国投资建设的项目，一时间引发各界对于中斯关系倒退的担忧，但随着新政府政权的巩固，其对中国的态度逐渐回正，中国的投资项目也全部复工，此前的行为可以解释为其为了竞选成功而采用的政治手段。虽然整体上中斯关系没有受到影响，但是许多中资企业在停工期间还是蒙受了经济损失，在"一带一路"的框架下，中斯未来的合作必将迈上一个新的台阶，如何在未来的投资和经营中降低风险、预见困难，更好地把握斯方的政治经济局势，成为"一带一路"建设中必须研究的议题。

二　中斯经济关系发展

（一）中斯经济发展概述

2013 年，习近平主席提出"一带一路"倡议，斯里兰卡地处印度洋的核心位置，重要的战略位置使得斯里兰卡成为我国"一带一路"

倡议沿线重要的节点国家。在"一带一路"倡议合作框架之下，斯里兰卡和中国在经贸、金融、基础设施建设等方面的交流和合作日益增多。中国企业在斯里兰卡完成多个大型基础设施建设，为两国经济关系发展注入了新的活力。截至 2018 年，斯里兰卡吸引的外国直接投资金额达到 16.3 亿元，其中中国投资占 35%，2018 年当年中国对斯里兰卡直接投资流量 1 亿美元。截至 2018 年末，中国对斯里兰卡投资存量约 20 亿美元。中国已经成为斯里兰卡最大的外国投资国。2013 年以来，中斯两国贸易额上涨趋势较大，下降幅度较小。2014 年和 2015 年是近年来中斯两国贸易增长较高的两年，增长率分别达到 11.7% 和 12.9%。此后，2016 年至 2017 年底，中斯两国贸易出现下降趋势，这主要是由于中国对斯出口额减少造成的。2018 年，中斯双边贸易总额为 45.8 亿美元，同比增长 4.1%，其中中国对斯里兰卡出口 42.6 亿美元，同比增长 4.1%，中国自斯里兰卡进口 3.2 亿美元，同比增长 3.8%。

中斯双边贸易中，斯里兰卡长期处于贸易逆差地位，2017 年起斯对中国出口大幅增长有利于逐步改善其对中国贸易不平衡问题，目前中国已退居斯里兰卡贸易逆差第二大来源地。

但是同时应该注意到的是，中斯贸易增长波动较大，近年来增长率不断下滑。其中，斯里兰卡对中国的出口增长波动较大，但进口增长率相对平缓。中国对斯里兰卡的贸易贡献逐年提高。对中国进口在斯里兰卡总进口中的比重从 2006 年的 8.2% 上升到 2016 年的 19.9%（加上香港的总比重可达 21.9%）。

表 4 - 1   2014 年至 2018 年中斯双边贸易情况

年份	贸易总额（亿美元）	增长率（%）	中国出口（亿美元）	增长率（%）	中国进口（亿美元）	增长率（%）
2014	40.42	11.7	37.93	10.4	2.49	35.8
2015	45.64	12.9	43.05	13.5	2.59	4.2
2016	45.60	-0.1	42.90	-0.4	2.70	5.7

年份	贸易总额（亿美元）	增长率（%）	中国出口（亿美元）	增长率（%）	中国进口（亿美元）	增长率（%）
2017	44.00	−3.6	40.90	−4.7	3.1	13.4
2018	45.80	4.1	42.6	4.1	3.2	3.8

资料来源：中华人民共和国驻斯里兰卡民主社会主义共和国大使馆经济商务参赞处：《中斯经贸合作情况》，http：//lk. mofcom. gov. cn/article/zxhz/201905/20190502865934. shtml。

在"一带一路"合作框架下，中斯在经济方面的合作日益密切。中国在斯里兰卡投资项目主要包括招商局集团投资的汉班托塔港、科伦坡港南集装箱码头、中国交通建设集团有限公司投资的科伦坡港口城、中航国际（香港）集团公司投资的科伦坡三区公寓等项目。中国民营企业赴斯里兰卡投资发展迅速，涉及酒店、旅游、农产品加工、渔业、家具制造、纺织、饲料、生物质发电、自行车、仓储物流等多个领域。此外，中国在斯里兰卡承建的大型项目处于竣工或者进展顺利的阶段。比如中国承建的斯里兰卡最大的水利项目莫拉格哈坎达水库已经竣工并交付使用。法显石村学校项目改造工程也已经竣工。南亚最高的莲花塔也如期建造完成。斯里兰卡百年以来的第一条新建铁路，南部铁路也已经建成通车。米尼佩水坝加高工程顺利进行，中国首家金融机构中国银行科伦坡分行也在科伦坡顺利揭牌营业。

（二）中斯两国贸易的发展

1. 贸易总体规模

中国与斯里兰卡自建交以来，两国经贸发展顺利，贸易额逐年增长。近年来，随着中国"一带一路"倡议的推进实施，中国与斯里兰卡的贸易呈现出一些新态势新变化，2013 年，中国对斯里兰卡贸易额为 36.2 亿美元，年增长 14.5%，其中出口 34.4 亿美元，年增长14.5%，进口 1.8 亿美元，年增长 12.7%，贸易顺差达 32.6 亿美元；2017 年，中国对斯里兰卡贸易额为 44 亿美元，较 2013 年有所提升，但同比下降 3.6%，其中出口 40.9 亿美元，同比下降 4.7%，进口 3.1

亿美元，同比增长 13.4%，贸易顺差达 37.8 亿美元，同比减少 2.4 亿美元。具体如图 4-1 和图 4-2 所示。

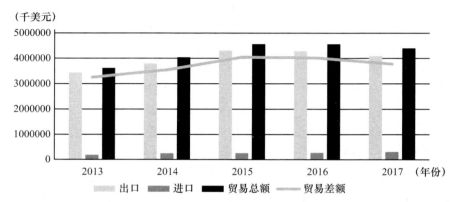

图 4-1 2013—2017 年中国对斯里兰卡贸易情况

资料来源：根据 UNCTAD 数据库数据制图。

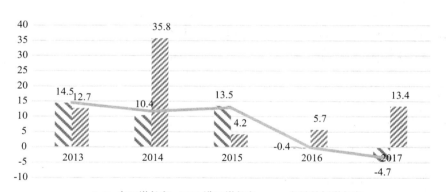

图 4-2 2013—2017 年中国对斯里兰卡贸易增长情况

资料来源：根据 UNCTAD 数据库数据计算制图。

这表明近几年来，中斯两国贸易总额在进一步增加，贸易规模在逐渐扩大，但绝对值偏小，贸易增速有所放缓，两国贸易差额较大但其年增速呈现出减缓迹象，中国对斯里兰卡的进口增长速度高于出口增长速度。这将有利于进一步优化两国的贸易结构，推动两国贸易朝着更加健康长远的方向发展。

根据联合国贸发委统计数据，我们可以看出 2013 年以来，中国对斯里兰卡的贸易贡献率是在逐年上升的。2013 年，斯里兰卡对中国出口占斯里兰卡当年对外出口总额的 1.22%，2015 年超过日本，至 2017 年占比达 3.67%，逐渐接近该国对印度的出口占比。进口贡献率方面，2013 年斯里兰卡从中国进口额占当年该国总进口额的 16.51%，远超出同期的美国（1.97%）、英国（1.57%）、日本（3.73%）等国，且仅落后印度约 0.9 个百分点并且在 2016 年超越印度成为斯里兰卡第一大进口国。2017 年，斯里兰卡从中国进口占比达到 19.65%，与印度不相上下。因此可以预见中国与斯里兰卡贸易关系将进一步提升，中国在斯里兰卡主要贸易伙伴国中的地位将越来越重要。如图 4－3、图 4－4 所示。

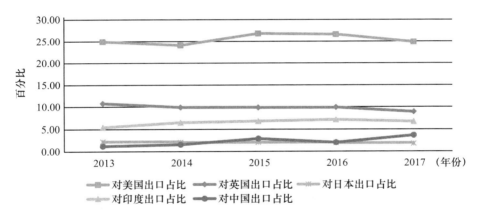

图 4－3 2013—2017 年斯里兰卡对主要贸易国出口占其总出口额的比重情况

资料来源：根据 UNCTAD 数据库数据计算制图。

2. 贸易产品结构

根据国际贸易标准分类 SITC，由表 4－1、图 4－2 可知，近年来中国对斯里兰卡出口商品中，工业制成品为主要出口产品，2013 年中国对斯里兰卡出口工业制成品 30.6 亿美元，其中主要包括 SITC6、SITC7 类产品（按原材料分类的制成品、机械和运输设备），至 2017 年中国向斯里兰卡出口工业制成品达 37.2 亿美元，较 2013 年增加了约 6.6 亿美元，SITC6、SITC7 类产品依然是工业制成品中的主要出口产品。相

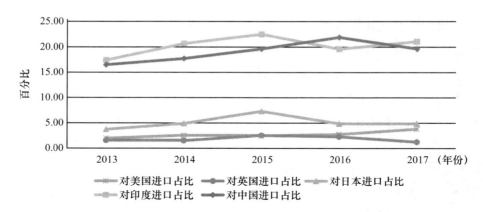

图 4 - 4 2013—2017 年斯里兰卡对主要贸易国进口占其总进口额的比重情况

资料来源：根据 UNCTAD 数据库数据计算制图。

比之下，中国向斯里兰卡出口的初级产品份额较少，2013 年出口额为 3.7 亿美元，2017 年为 3.6 亿美元，跟 2016 年同比下降 28.2%，SITC0、SITC3 类产品（食品和活动物，矿物燃料、润滑油及有关燃料）为初级产品中主要出口对象。

表 4 - 2 　　　　　　　　　2013—2017 年中国对斯里兰卡出口产品结构 　　（单位：千美元）

		2013	2014	2015	2016	2017
	总产品	3436548.8	3792797.4	4304045.3	4286880.2	4087996.0
初级产品	SITC0	123327.4	162702.8	268173.2	268594.8	218493.5
	SITC1	624.8	632.1	777.4	2491.7	3609.6
	SITC2	10029.2	19341.2	9416.0	11165.5	11781.0
	SITC3	239303.7	297518.2	171428.7	224827.7	130002.4
	SITC4	77.6	101.7	70.2	67.2	108.7
工业制成品	SITC5	270664.2	338679.2	399620.1	280719.5	269270.5
	SITC6	1369966.8	1507621.3	1770985.9	1754319.2	1707299.6
	SITC7	1009540.7	1042887.7	1127735.1	1226828.2	1234888.9
	SITC8	413014.4	423313.2	555838.7	517153.4	509347.3
	SITC9	0.0	0.0	NA	712.8	3194.5

注：NA 表示该数据不可获得或未公布。

资料来源：UNCTAD 数据库。

进口方面，中国从斯里兰卡进口产品中，初级产品与工业制成品份额差距相对不大，2013 年中国从斯里兰卡进口初级产品 0.8 亿美元，工业制成品约 1 亿美元，主要包括 SITC0、SITC2、SITC6、SITC8 类产品（食品和活动物、除燃料外的非食用原料、按原材料分类的制成品、杂项制成品）；2017 年中国从斯里兰卡进口初级产品约 1 亿美元，工业制成品 2.1 亿美元，主要包括 SITC0、SITC2、SITC8 类产品（食品和活动物、除燃料外的非食用原料、杂项制成品）。中国从斯里兰卡进口的工业制成品在逐年增加，但初级产品有减少趋势，2014 年至 2016 年连续下降，2017 年略有回升。

表 4—3　　　　　2013—2017 年中国对斯里兰卡进口产品结构　　（单位：千美元）

		2013	2014	2015	2016	2017
	总产品	182564.1	248273.0	258515.9	273444.2	310030.4
初级产品	SITC0	29292.9	34316.4	40944.1	43840.2	57320.1
	SITC1	6850.4	864.1	4.3	37.8	0.8
	SITC2	47347.3	57577.1	46810.9	36375.3	45671.3
	SITC3	150.6	5333.9	NA	0.2	0.1
	SITC4	325.7	69.3	76.4	340.3	698.7
工业制成品	SITC5	5548.5	8491.1	7224.2	10399.9	13517.8
	SITC6	35330.4	47736.6	46310.7	30972.9	34618.0
	SITC7	16022.4	16243.1	17763.0	32122.7	39023.3
	SITC8	41695.9	77641.4	99382.3	119007.7	118301.7
	SITC9	NA	NA	NA	347.2	878.6

注：NA 表示该数据不可获得或未公布。

资料来源：UNCTAD 数据库。

3. 双边贸易的竞争性与互补性

（1）竞争性

第二章第二节斯里兰卡的外贸与外资部分已经分析了斯里兰卡贸易产品中具有比较优势和比较劣势的产品类别，我们知道 2013 年以来斯里兰卡在 SITC0 及 SITC8 类产品（食品和活动物、杂项制成品）具有极强的竞争优势，在 SITC1 及 SITC4 类产品（饮料和烟草、动植物油脂和蜡）具有较强的竞争优势，在 SITC2 及 SITC6 类产品〔非食用原料（燃料除外），按原材料分类的制成品〕具有中度的国际竞争力，而在其余 SITC3、SITC5、SITC7、SITC9 类产品（矿物燃料、润滑油及有关燃料，化学品及相关产品，机械和运输设备，其他商品交易）则长期处于比较劣势，国际竞争力较弱。

对于中国而言，中国在 SITC6、SITC7、SITC8 类产品（按原材料分类的制成品、机械和运输设备、杂项制成品）具有较强的竞争优势，即中国在劳动密集型产品上仍具有较强竞争优势，而在其余产品上竞争优势较弱。

两国接下来可以进一步加大对具有竞争优势产品的出口，同时弥补短板，加大开发竞争力较弱产品的力度，优化贸易结构，使两国在国际贸易中处于有利地位。表 4 - 4、表 4 - 5 为近五年中国和斯里兰卡各产品显性优势指数。

表 4 - 4　　　　　　　2013—2017 年中国各类产品显性优势指数

年份	2013	2014	2015	2016	2017
SITC0	0.43	0.41	0.40	0.43	0.43
SITC1	0.15	0.15	0.17	0.19	0.16
SITC2	0.17	0.18	0.17	0.18	0.17
SITC3	0.09	0.09	0.11	0.13	0.11
SITC4	0.05	0.06	0.06	0.05	0.05
SITC5	0.51	0.53	0.51	0.51	0.51
SITC6	1.35	1.39	1.36	1.35	1.38
SITC7	1.47	1.38	1.30	1.28	1.27
SITC8	2.39	2.28	2.05	1.99	2.12
SITC9	0.01	0.02	0.02	0.05	0.01

资料来源：根据 UNCTAD 数据库数据计算制表。

表 4 - 5   2013—2017 年斯里兰卡各类产品显性优势指数

年份	2013	2014	2015	2016	2017
SITC0	4.24	3.92	3.56	3.31	3.52
SITC1	1.34	1.25	1.27	1.41	1.40
SITC2	0.76	0.78	0.79	0.83	0.77
SITC3	0.02	0.16	0.15	0.16	0.22
SITC4	0.38	1.11	2.26	1.62	1.38
SITC5	0.14	0.14	0.14	0.15	0.15
SITC6	1.30	1.12	1.00	1.02	1.01
SITC7	0.14	0.17	0.18	0.15	0.21
SITC8	4.40	4.11	3.97	4.05	3.93
SITC9	0.05	0.06	0.00	0.00	0.01

资料来源：根据 UNCTAD 数据库数据计算制表。

（2）互补性

贸易互补指数衡量一国某种产品出口和另一国该种产品进口之间的吻合程度，可使用公式计算（$C_{ijk} = RCA_{xik} \times RCA_{injk}$），当某国出口的主要商品类别与另一国进口的主要商品类别相一致时，两国间的贸易互补性指数（C_{ijk}）就越大；反之则越小。一般来说，当 C_{ijk} 的值大于 1 时，表明两国在 k 商品上存在很强的贸易互补性；当 C_{ijk} 值大于 0.5 小于 1 时，意味着两国在 k 产品存在较强的贸易互补性；当 C_{ijk} 小于 0.5 且大于 0 时，意味着两国在 k 商品上存在较弱的互补性；当 C_{ijk} 的值接近于 0 时，表明两国在 k 商品上互补性很弱。

如表 4 - 6 所示为 2013 年至 2017 年斯里兰卡出口与中国进口的贸易互补指数。两国在 SITC0、SITC2、SITC4、SITC8 类产品（食物和活动物，除燃料外的非食用原料，动植物油脂和蜡，杂项制成品）一直具有极强的贸易互补性，尤其是 SITC2 类产品的贸易互补指数近几年逐年递增，表明中斯两国在该类产品上的互补性在逐渐增强；反之，中斯两国在 SITC3、SITC5、SITC7、SITC9 类产品（矿物燃料、润滑油及有关燃料，化学品及相关产品，机械和运输设备，其他商品交易）互补性比较弱，其贸易互补指数均低于 0.5。

表 4 - 6　　　　2013—2017 年斯里兰卡出口与中国进口的贸易互补指数

	2013	2014	2015	2016	2017
SITC0	1.53	1.53	1.67	1.53	1.85
SITC1	0.39	0.41	0.51	0.60	0.57
SITC2	2.78	2.82	2.80	2.97	3.06
SITC3	0.02	0.16	0.16	0.19	0.28
SITC4	0.40	1.02	2.03	1.35	1.31
SITC5	0.13	0.13	0.13	0.14	0.14
SITC6	0.81	0.80	0.63	0.63	0.68
SITC7	0.16	0.19	0.20	0.17	0.22
SITC8	2.83	2.51	2.50	2.51	2.33
SITC9	0.05	0.06	0.00	0.00	0.01

（三）中斯两国直接投资的发展

1. 投资规模

据《2017 年度中国对外直接投资统计公报》数据显示，"一带一路"倡议实施以来，中国对斯里兰卡直接投资流量和存量出现不同情况的变化。中国对斯里兰卡直接投资流量波动较大，2016 年、2017 年连续两年出现负值。2013 年，中国对斯里兰卡直接投资流量为 0.72 亿美元，占当年中国对亚洲总投资的 0.09%，占对世界总投资的 0.07%，2017 年中国对斯里兰卡直接投资流量 - 0.25 亿美元。具体数据如图 4 - 5 所示。

中国对斯里兰卡直接投资存量出现先增后减的趋势，2013 年中国对斯里兰卡直接投资存量为 2.93 亿美元，亚洲占比 0.07%，世界占比 0.04%，至 2015 年中国对斯里兰卡直接投资存量达到期间最高 7.73 亿

美元, 亚洲占比 0.10% , 世界占比 0.07% , 随后两年出现略微下降,
至 2017 年, 中国对斯里兰卡直接投资存量达 7.28 亿美元, 亚洲占比
0.06% , 世界占比 0.04% 。具体数据如图 4 – 6 所示。

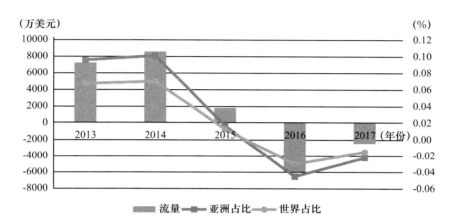

图 4 – 5 2013—2017 年中国对斯里兰卡直接投资流量情况

资料来源: 根据《2017 年度中国对外直接投资统计公报》数据计算制图。

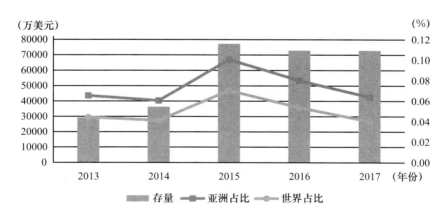

图 4 – 6 2013—2017 年中国对斯里兰卡直接投资存量情况

资料来源: 根据《2017 年度中国对外直接投资统计公报》数据计算制图。

由此可见, 中国对斯里拉卡投资目前仍较不稳定, 投资额处于相
对较低水平, 投资规模较小, 双方合作前景广阔, 投资合作潜力有待
于进一步开发。

2. 一亿美元以上大型投资及投资领域

2013 年至 2018 年，中国对斯里兰卡大型投资额累计达 32 亿美元，2013 年大型投资额为 2.6 亿美元，2018 年达到 11.2 亿美元，增加了近 3 倍。建造合同额从 2013 年的 22.0 亿美元减少为 2018 年的 10.4 亿美元。投资失败额为 14.3 亿美元，主要集中在中国交通建设集团有限公司投资的交通领域项目。具体数据如表 4-7 所示。

表 4-7　　　　　中国对斯里兰卡一亿美元以上大型投资情况　　（单位：亿美元）

年份	2013	2014	2015	2016	2017	2018
投资额	2.6	3.9	无	无	14.3	11.2
建造合同额	22.0	29.5	5.1	6.0	1.0	10.4
失败投资额	无	无	14.3	无	无	无

资料来源：The Heritage Foundation。

投资领域方面，近几年的大型投资主要集中在地产、交通、物流等领域，其中 2013—2018 年，对地产领域的大型投资额达 16.9 亿美元，交通领域达 11.2 亿美元，物流领域为 3.9 亿美元，投资企业主要为中航工业、招商局集团、中国交建集团等国有企业。建造合同中涉及的领域较多主要有交通（42.3 亿美元）、农业（11.7 亿美元）、旅游（5.4 亿美元）、地产（5.1 亿美元）、公益（3.3 亿美元）、物流（3 亿美元）、健康（2 亿美元）、能源（1.2 亿美元）等相关领域，涉及企业主要包括中国保利、中国交建集团、国机集团、五矿、中国长城等企业。

三　中斯人文社会关系发展

"一带一路"倡议推进 7 年多来，中斯两国文明交流互鉴进一步加深，各领域人文合作深入开展，两国人民民心相通，民意相连，积极参与"亚洲命运共同体"的构建。

旅游方面，斯里兰卡自然风光优美，人文景观极具特色，被誉为"印度洋上的珍珠"，每年吸引着大量来自中国的游客，中国目前已成为斯里兰卡第二大旅游客源国。

文化交流方面，中斯两国自古以来就交流频繁，尤其在佛教交流上甚是密切，2014 年由中国佛教协会承办的第 27 届"世佛联"大会在中国举办，斯里兰卡善法长老带团参加。2015 年中斯正式成立佛教友好交流协会。2017 年中国僧侣团对斯里兰卡成功进行友好访问。佛教以其独特的地位和作用极大地促进了中斯两国之间的文化、经济、政治等领域的友好交流。

2019 年 5 月 5 日亚洲文明对话大会在北京召开，时任斯里兰卡总统迈特里帕拉·西里塞纳出席大会，成为中斯文明交流的新丰碑。

四　主要大工程项目的进展

（一）汉班托塔港项目

汉班托塔港位于斯里兰卡南部海岸，处于印度洋国际航运线的黄金位置，也是中国"一带一路"建设的重要节点，拥有得天独厚的地缘优势和明显的竞争优势。[①] 汉班托塔港是距国际东西航线最近的深水良港，距离国际主航线仅 10 公里，海岸线及土地资源丰富，建港条件优越，从其目前的建设规模看，它将至少达到年集装箱吞吐量 1400 万标准箱，接近 2016 年全球十大集装箱港"俱乐部"1450 万标准箱的入门门槛。目前汉班托塔港已基本构建集疏运网络体系，完全具备发展集装箱中转业务的基础优势条件。此外，汉班托塔港已具备较为完备的多式联运的条件。高速公路网络即将把汉班托塔与斯里兰卡南部、中部和东部地区连为一体。从本地需求来看，汉班托塔地区处于工业化准备阶段，即将迎来工业化的快速发展。汉班托塔港口背靠大片的

---

① 朱翠萍：《汉班托塔深水港：重塑斯里兰卡海上丝路地位》，《世界知识》2017 年第 20 期。

工业园区，随着工业园区招商引资工作的不断推进，将会产生更多的运输需求。根据斯里兰卡港务局的预测，建成后的港口将能提供6000个直接就业机会以及5万—10万个间接就业机会，为当地民众和经济发展带来益处。

2007年10月，斯里兰卡政府在中国的援助下开始了汉班托塔港的建设。2012年6月，汉班托塔港开始投入使用，成为印度洋至太平洋地区水运航线最重要的中转补给中心，每天约有300艘船只到港。2017年7月，斯里兰卡与中国签署关于汉班托塔港的管理开发协议，中国招商局控股港口有限公司向斯里兰卡政府支付11.2亿美元购得汉班托塔港口70%的股权，并将租用该港口以及周边1.5万英亩（约合60.7平方公里）土地建设工业园区，租期为99年。2017年12月9日斯里兰卡政府正式把汉班托塔港的资产和经营管理权移交给中国招商局集团。中方提出将汉班托塔港建成"斯里兰卡的蛇口"。2018年，汉班托塔港全年的货物吞吐量较上年增长了1.6倍，已有多家企业、银行、代理机构陆续在这里设立办公机构或分支机构。目前，汉班托塔港的港务工人有90%来自本地。2019年3月23日，斯里兰卡汉班托塔港招商引资一站式服务中心正式启用。服务中心将为投资者提供投资咨询、企业注册登记、相关签证办理等多方面服务，加快各国物流、工业企业入驻的速度。①

一方面汉班托塔港为当地创造了数量可观的就业岗位，极大地激发了当地的经济活力，也为斯里兰卡的发展营造了重大机遇与条件，受到当地政府和民众的支持；但另一方面，汉班托塔港在斯里兰卡也遭遇了阻力和波折，主要是一部分反对者基于地缘政治安全和对债务风险的担忧，以及对当前该港口经济效益的质疑和农民失去土地后生计等问题的担心，此外，港口建设还受到外部因素的干扰，主要是来自印度方面的干扰以及西方媒体恶意炒作。但无论如何，汉班托塔港

① 《一带一路进行时：斯里兰卡汉班托塔港成为中斯合作典范》，2019年4月14日，央视网。

的建设惠及各方，汉班托塔港无疑成为"一带一路"倡议中中斯合作的典范。

目前，中国招商局港口控股有限公司以 11.2 亿美元的投资独家获得汉班托塔港 99 年特许经营权，将对该港口进行开发、运营和管理。如何挖掘港口未来的发展，将成为中国企业面临的重要任务。

根据斯里兰卡的国家发展规划，科伦坡港和汉班托塔港通过铁路连通之后，将形成以科伦坡和汉班托塔为"两翼"、科伦坡—汉班托塔经济带为核心的"两翼一带"国家发展战略。加上科伦坡港集装箱吞吐量达 573.4 万标准箱（2016 年），斯里兰卡的港口集装箱吞吐量将能提高至 2000 万标准箱。

两大港口互动将形成巨大的"协同效应"，不仅能够促进整个国家社会与经济的快速发展，更能够强化斯里兰卡在国际航运中的战略地位。

（二）科伦坡港口城等项目

科伦坡港是世界上最大的人工港口之一，也是欧亚、太平洋、印度洋地区的世界航海线的重要中途港口之一。科伦坡港港口在西南面、东北面、西北面分别有三道防波堤，一面向海，位置绝佳，方便船只进出。港区面积达到 24000 平方米，共有 2 个港区入口，该港的集装箱码头水深达 18 米，能容纳当今世界最大的 18000—20000 标准箱集装箱船满载进出港。2014 年科伦坡港的集装箱吞吐量达 491 万标准箱，增长 12.3％，是全球最大的 30 个港口中吞吐量呈两位数增长的仅有的三个港口之一。随着货运需求的快速增长，科伦坡港的集装箱码头利用率高达 90％以上，远高于行业通常的拥堵警戒线（70％左右），因而拥堵严重，港口亟待开发。

同香港、新加坡一样，科伦坡港是一个中转型枢纽港。斯里兰卡是一个岛国，无论从人口还是国土面积来说，其陆上腹地的货运量需求十分有限。科伦坡港的吞吐量中中转运量大约占 3/4。由于印度缺少深水港，所以科伦坡港的中转运量绝大部分是印度中转货物。作为中转型枢纽港，必须发展强大的港口相关产业，比如铁路与公路基础设施、金融服务业、商贸业（包括自由贸易区）、物流业、邮轮服务业和房地产业等。正所谓"港以城兴，城以港兴"。

科伦坡港口城是斯里兰卡"大西部省"战略规划的标志性项目，由中国交建集团与斯政府共同开发，于 2014 年 9 月动工，预计整体建设时长 25 年。2019 年 1 月 16 日，科伦坡港口城项目填海土地工作已全部形成。预计 2019 年 6 月底水工施工将全面完成；2020 年底，市政工程将全面完成。作为中斯两国"一带一路"建设的重点合作项目，该项目既是中资企业在斯里兰卡最大的投资项目，也是斯里兰卡单体最大的外商投资项目，项目两级投资预计将超过 140 亿美元，为当地百姓带来数万个稳定就业岗位。作为中斯两国在"一带一路"建设中务实对接的重点项目，科伦坡港口城的建设无疑将使中斯两国合作再上一层阶梯。

按照项目的官方信息，项目直接投资 14 亿美元，将带动二级开发投资 130 亿美元。在印度洋上，这个项目将填海 269 公顷——几乎与伦敦市中心一样大，以建设国际金融中心、会展中心、购物中心、酒店、公寓、国际学校、医院等。按照规划者的蓝图，港口城建成后可供约 27 万人居住生活，创造超过 8.3 万个就业机会。

斯里兰卡科伦坡国际集装箱码头是斯里兰卡重要外商投资项目之一，总投资逾 5.6 亿美元，由中国招商局集团旗下的招商局港口控股有限公司持股 85%、斯里兰卡港务局持股 15%。自 2014 年提前竣工投入运营以来，该项目经济社会效益明显。数据显示，2016 年，斯里兰卡科伦坡国际集装箱码头集装箱吞吐量突破 200 万标准箱大关，比前一年增长 29%，为拉动科伦坡港整体增长发挥了重大作用。预计未来 3 年，这一码头吞吐量有望超过 320 万标准箱。

（三）其他投资项目

除上述两大标志性在建工程项目外，中国在斯里兰卡还有一些其他重大投资项目。

南部高速延长线项目。斯里兰卡南部高速公路延长线是中斯两国共建"一带一路"的重要工程项目。共分四个标段,全长约 97 公里,由中航技、中建、中港三家公司承包建设,2016 年 1 月陆续开工,2020 年 2 月 23 日全线通车。建成后,该路段实现从科伦坡到汉班托塔的高速公路贯通,对斯南部省经济发展提供助力,并为当地提供 2 万余人次就业。

莫哈格哈坎达水坝(M 坝)项目。M 坝水库项目于 2012 年 7 月开始建设,2017 年 7 月全部完工,2018 年 1 月 8 日,由中国电建承建的斯里兰卡最大水库项目莫哈格哈坎达水坝项目举行工程竣工移交仪式。作为斯里兰卡史上最大规模的水利枢纽工程,其蓄水能力为 5.7 亿立方米,是一个集灌溉、给水和发电于一体的多功能建筑,M 坝水库项目建成既结束了该国中东部相关地区农业靠天吃饭的状况,又提升了当地农业种植精细化耕作的水平。

中斯物流与工业园。中国—斯里兰卡工业园于 2017 年 1 月 7 日在斯里兰卡南部的汉班托塔开始动工,标志着两国又一重大合作项目正式启动。汉班托塔中斯工业园以商贸物流业为切入点,积极发展相关加工制造业。工业园区的开发建设将大力推动斯里兰卡南部地区整体发展,进一步促进和深化"一带一路"背景下中斯双边投资和产能合作。

此外,中国民营企业在斯里兰卡的投资发展迅速,涉及酒店、旅游、农产品加工、渔业、家具制造、纺织、饲料、生物质发电、自行车、仓储物流等多个领域。[①] 比如华为、中兴等技术型民营企业,已占据了当地的基础电信市场,华为、OPPO 等手机也逐渐成为当地市场主流品牌。

---

① 中国商务部:《对外投资合作国别(地区)指南——斯里兰卡》(2018 年版),第 34 页。

第二节　影响中斯关系的主要议题

一　中斯印三国关系问题

（一）中斯关系

中国与斯里兰卡的传统友谊源远流长可追溯至 2000 多年前。近年来，斯里兰卡积极响应习近平主席提出的"一带一路"倡议，明确表示愿积极参与"21 世纪海上丝绸之路"建设。两国领导人就"一带一路"框架下深化和加强经贸领域务实合作达成广泛共识，双边经贸合作迅速发展，成果显著。中国已成为斯里兰卡最大的投资来源国之一，最大的发展援助国，第二大贸易伙伴，第二大游客来源国。当前，一系列公路、铁路、水利、灌溉等项目正在稳步实施。

政治方面，2013 年两国建立战略合作伙伴关系，致力于进一步发展友好互助的双边关系。2014 年 9 月 16 日，国家主席习近平对斯里兰卡进行国事访问，两国元首在亲切友好气氛中举行会谈，高度评价中斯友谊，并共同规划两国合作，宣布启动中斯自由贸易谈判，推动中斯战略合作伙伴关系深入发展。① 2015 年 1 月斯里兰卡国内大选，拉贾帕克萨总统连任失败，总统西里塞纳上台后声称要重新审视所有大型项目的协议，防止占用本国战略重地的外国或外国企业危害国家经济安全。此言论一出一度引发外界质疑中斯友好关系将生变。随后 2015 年 3 月，总统西里塞纳访华，在与习主席的会晤中表示感谢中国投资对斯里兰卡经济所做的贡献并同意积极落实两国达成的大型基建项目协议。2017 年，总理维克勒·马辛哈率团参加首届"一带一路"国际合作高峰论坛。2019 年 5 月 14 日，国家主席习近平会见来华出席亚洲文

---

① 《习近平抵达科伦坡对斯里兰卡进行首次国事访问》，2014 年 9 月 16 日，人民网。

明大会的斯总统西里塞纳，双方均表示愿意推进共建"一带一路"，推动两国大项目合作，深化发展与安全合作。

经济方面，2013 年以来，中斯经济关系进入重塑期。首先，两国经济合作取得新的突破，中国（包括香港）已经成为斯里兰卡的第一大投资来源国、第二大贸易合作伙伴；其次，中斯经济关系在 2015 年遭遇挫折，中方 20 多个工程项目被新一届政府叫停，中斯合作的标志性项目——汉班托塔港建设曾一度遭到当地民众的抵制；再次，中国贷款、承建的基础设施项目开始陆续交付运营，为双边深化合作奠定了基础；最后，中斯经济合作开始从基于资源禀赋的模式有意识地转向帮助斯里兰卡提高独立发展能力方面。[①]

（二）印度因素

一直以来，印度将印度洋视为"印度之洋"，主导印度洋关系到印度海洋安全战略的实施及核心海洋利益的实现。[②] 而斯里兰卡位于印度洋中心位置，紧邻亚欧国际主航线，因此印度更加看重斯里兰卡的战略价值，将斯里兰卡视为"战略后院"。2014 年印度总理莫迪上台以来，开始更加积极地谋求印度的世界大国地位，一方面想通过次大陆战略构想实现区域经济一体化和互联互通，另一方面莫迪提出"邻国优先"政策以重塑印度在南亚次大陆的影响力。事实上近年来，印度一直是斯里兰卡第一大贸易进口国和重要的投资援助国，印度对斯里兰卡各方面的影响都举足轻重，斯里兰卡也一直与印度保持了友好关系。但不可否认的是印度与斯里兰卡间也存在诸多问题，例如印度的大国沙文主义，泰米尔与僧伽罗人问题以及在关税等方面都存在诸多矛盾，两国合作也面临众多考验。

---

① 李艳芳：《"21 世纪海上丝绸之路"框架下中斯经济关系的重塑与发展》，《南亚研究》2017 年第 2 期。

② 王历荣：《印度海洋安全战略及其对中国的影响》，《印度洋经济体研究》2018 年第 4 期。

（三）中印在斯的战略竞争

随着"一带一路"的不断推进，南亚次大陆越来越多地出现中国"身影"，尽管中国一再强调与各国的合作都是经济和人文领域不涉及政治和军事企图，但印度似乎并未信服，印度认为中国在斯里兰卡的各项动作会侵占印度在斯里兰卡一直以来的既得利益，削弱印度在斯里兰卡乃至南亚次大陆的影响力。在中国与以斯里兰卡为代表的南亚各国经济合作尤其是大型投资项目的合作中，印度总是试图干涉，显然，印度已将中国视作其谋求世界大国地位过程中的主要战略竞争对手。

中印在斯里兰卡的竞争尤其体现在经济方面，一方面印度对斯里兰卡有着大量的投资和经贸往来，另一方面中国在斯里兰卡亦有着众多投资项目，主要涉及基建领域，这些项目不同程度受到了印度的干涉和插手，比较典型的如汉班托塔港项目，印度一直质疑中国在该项目上的军事目的，起初斯里兰卡也邀请过印度共同参与该港口的建设，但由于缺乏资金，印度心有余而力不足。

此外，中印两国在斯里兰卡亦存在政治博弈与军事竞争。[1] 针对中国"海上丝绸之路"的提出，印度着手加强了与环印度洋联盟国家的关系，以维护印度的印度洋战略利益。军事方面，中国舰艇和潜艇到访斯里兰卡令印度不安，印度近年来进一步加大了从俄罗斯、美国等国的武器装备进口力度。总体来看，学界大多认为在平衡斯中、斯印关系问题上，斯里兰卡可能会在安全战略上更多依赖近在咫尺的印度，而又在经济发展上不拒绝中国的支持，从而实现其所谓的"平衡"外交。[2]

---

[1] 王聪：《中印在斯里兰卡的战略竞争》，硕士学位论文，华中师范大学，2015 年，第 20 页。

[2] 宋志辉、马春燕：《斯里兰卡政局变化对中斯关系的影响》，《国别和区域研究》2017 年第 1 期。

二 斯里兰卡债务困境问题

(一) 斯里兰卡债务危机

近年来，斯里兰卡国家收支长期不平衡，债务负担严重。主要表现在外债总额迅速攀升，2013 年斯里兰卡外债总额为 399.1 亿美元，外债占 GDP 比重为 53.7%，至 2018 年外债总额升至 523.1 亿美元，外债占 GDP 比重达 59%，而偿债率方面，2013 年至 2018 年基本维持在 25% 左右。

斯里兰卡外债来源形式多样：既包括外国政府如日本、中国和印度等为其提供的政府贷款，又包括国际或区域金融机构为其提供的贷款；此外，政府也通过在国际金融市场上发行债券进行融资。如图 4 - 7 所示，斯里兰卡主要外债来源构成中市场借款占比 39%，其余依次为亚洲发展银行（14%）、日本（12%）、世界银行（11%）、中国（10%）、印度（3%）、其他（11%）。

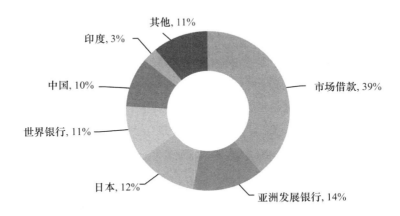

图 4 - 7　截至 2017 年底斯里兰卡主要外债来源

资料来源：斯里兰卡中央银行。

斯里兰卡债务问题如此严重，主要由其自身的经济结构缺陷和独特国情导致。首先，从斯里兰卡经济增长模式来看，其通过不断借入外债的方式来满足国内资金需要的做法并不具备可持续性。其次，内战的爆发加重了斯里兰卡的外债负担，外国直接投资大幅降低，贸易逆差的逐年增加使得斯里兰卡无能力偿还债款，陷入借新还旧、不断累积的困境之中。

（二）中斯债务问题

斯外债问题并非因中国而起，但斯里兰卡国内对中国投资"债务焦虑"声音不断亦是事实，影响到中斯的进一步合作，可以说斯里兰卡外债问题既与中国有关，又与中国无关。[①]

一方面，斯里兰卡债务问题与中国无关。这主要在于中国并非斯里兰卡首要债权国，由上文分析可知斯里兰卡主要外债来源为市场借款、亚发行等金融机构以及日本。且上文在分析斯外债原因时也提到，斯里兰卡外债由包含其经济增长模式在内的多重原因导致。同时，中国对于斯里兰卡的投资不附加任何政治条件，不干涉其内政，仅出于经济合作考量。

另一方面，斯里兰卡债务问题又确实跟中国有联系。中国的确向斯里兰卡提供了一定的贷款，2017 年斯里兰卡外债来源中，中国占比 10%，中国成为斯里兰卡主要援助和投资来源国亦是事实。此外，斯方提出的所谓的"债务陷阱"问题其背后还是对中国的"外债焦虑"。斯方认为，当前斯中贸易逆差巨大，一些由中方主导的投资项目，斯方参与度低，再加之斯里兰卡国内政党竞争炒作，西方舆论的负面报道，更加助长了斯里兰卡国内的不良情绪。

因此，中国应继续坚持对斯里兰卡的友好政策，在"一带一路"框架下推进中斯合作和各领域的互联互通，同时中国应帮助斯里兰卡将外债资金转化为生产能力和创汇能力，从根本上消除斯里兰卡国内对中国存在的"外债焦虑"。

---

① 宁胜男：《斯里兰卡外债问题现状、实质与影响》，《印度洋经济体研究》2018 年第 4 期。

三　斯里兰卡国内政治问题

斯里兰卡实行总统共和制，三权分立，多党竞争。目前斯里兰卡国内主要政党包括斯里兰卡自由党、统一国民党、泰米尔全国联盟、人民解放阵线以及人民阵线党。现任政府为"民族团结政府"，系总统西里塞纳领导的自由党和总理维克勒·马辛哈领导的统一国民党联合执政。

2015 年，斯里兰卡大选结果出炉，西里塞纳击败前任亲中派总统拉贾帕克萨成功当选斯里兰卡新一任总统。西里塞纳上台后，为了兑现竞选时的承诺，采取了针对前任的一系列大动作，致使中斯关系一度受到影响。

2018 年 10 月 26 日，总统西里塞纳宣布解除拉尼尔·维克勒·马辛哈的总理职务并解散政府，任命前总统拉贾帕克萨为新总理。然而，维克勒·马辛哈及其支持者认为该举违宪，并上诉至最高法院，该场党派之争一时成为斯里兰卡政治僵局，最终维克勒·马辛哈通过议会支持重新就任斯政府总理一职。

但是，斯里兰卡国内党派之争形势严峻，宪政改革困难重重，再加上连续的自然灾害、人民生活水平的下降以及政府的腐败不作为等问题严重影响了人民对新政府治理能力和推行改革的信心。① 长期以来，斯里兰卡的国内政治处于不稳定状态，主要原因在于总统与总理的权力之争。早在斯里兰卡独立之初，曾效仿英国的议会内阁制度，总理及总理领导下的内阁拥有国家权力的实际控制权。1978 年统一国民党领导人贾亚瓦德纳实施了修宪，将斯里兰卡变成了类似法国的总统制国家，总统成为国家和政府的首脑，从而削弱了总理和议会在国家政治生活中的地位，将权力集中至总统手中。然而随着总统制的实施，权力的天平过度向总统倾斜，引发斯里兰卡国内相关势

---

① 裴圣愚、余扬：《慈悲善治：斯里兰卡民族政策的转型》，《国别和区域研究》2019 年第 2 期。

力不满，甚至有提议要求重新实施总理内阁制。为此斯里兰卡宪法也进行了相关修改，虽一定程度削弱了总统权力，但其绝对权力核心的地位并未改变，任命总理、改组内阁、解散议会仍是宪法赋予总统的权力。此外，党派之间的利益博弈也是斯里兰卡国内政局不稳的重要因素，一方面，现任总统领导的斯里兰卡自由党与维克勒·马辛哈领导的统一国民党因宪法改革问题导致两党分歧日益扩大；另一方面，宪法改革的停滞又引起泰米尔全国联盟以及人民解放阵线等党派的不满。各党派间关系错综复杂，矛盾突出，致使斯里兰卡国内政治生态进入困局。

2009 年 5 月，斯里兰卡政府彻底击败泰米尔伊拉姆猛虎解放组织，结束了数十年的内战，此举也标志着该国进入战后重建的新阶段，民族关系的和解成为民族政策的首要目标。2015 年新总统西里塞纳上台后，组建了民族团结政府，开始推行"慈悲善治"的执政理念，并提出一系列措施以求实现民族和解，最终推动民族政策的转型。尽管新政府在民族政策转型中取得了一定的成绩，但依然困难和挑战重重。首先在于以僧伽罗佛教民族主义和泰米尔地方民族主义为代表的极端民族主义的存在。2016 年 9 月，数万名泰米尔人在北方省的贾夫纳（Jaffna）组织大规模示威活动，反对政府在泰米尔地区进行僧伽罗化和佛教化活动等。此外，恐怖主义问题则成为斯里兰卡发展面临的又一大非传统安全议题。2019 年 4 月 21 日至 22 日，斯里兰卡发生连环爆炸案，造成 300 余人丧生，500 余人受伤。此次袭击是由极端组织"伊斯兰国"（IS）精心策划的、追求广泛国际影响的大规模恐怖袭击。尽管 2009 年内战结束后，斯里兰卡国内曾一度呈现出和平的迹象，但此次恐怖袭击再次表明恐怖主义在斯里兰卡乃至全球范围内并未远去，且有进一步恶化的趋势。对于偏居印度洋的非热点非焦点国家斯里兰卡而言，无论是反恐认知还是反恐力量都严重不足的情况下，其很有可能成为恐怖分子发动恐怖袭击的"新战场"。恐怖主义和地区安全问题成为斯里兰卡不可轻视的重要议题。

在海洋和地区安全方面，斯里兰卡同样面临着来自外部的压力。随着美国推行的"印太战略"，印度洋地区再次成为世界关注的焦点，而位于印度洋中心的斯里兰卡其战略重要性自然不言而喻，因此也成为大国在各领域角逐的要地。一方面，美国、印度、日本等国欲进一步加大对印度洋地区的掌控力度，尤以斯里兰卡为甚；另一方面，中国在印度洋地区尤其是斯里兰卡不断增强的存在感引发了美印等国的担忧，各方势力在印度洋地区的竞争越发明显，而诸如斯里兰卡的小国只能寻求战略投机权力寻租的方式平衡大国影响，缺乏稳定的外部环境则在某种程度影响着斯里兰卡的进一步发展。

第三节 中国在斯里兰卡的投资风险

一 政治风险

随着"一带一路"倡议和"走出去"战略的不断推进实施，越来越多的中方企业在斯里兰卡进行投资建设，涉及各地区各领域，但由于斯里兰卡国内政治形势严峻，民族问题突出，政府治理能力不足等一系列问题，中方的投资也面临着诸多风险，较典型的如科伦坡港口城的建设，可谓一波三折，从被"叫停"到"重启"，背后既有斯里兰卡国内政治形势的变化因素，又有中印大国博弈的影子，而斯里兰卡作为小国，选择了平衡外交来保证自身利益。而科伦坡港口城之所以能再次启动，一个重要原因就在于该项目给企业、东道国政府和人民都带来了巨大的收益，实现了共赢。这也给今后我国企业对外投资提供了启示，让企业投资行为更多地置于经济行为的框架下，更多地惠及各方利益。

二 法律风险

斯里兰卡法律遵循英国法律体系，法律较为成熟健全。斯里兰卡贸易管理和法律体系大致与世贸组织的货物贸易、服务贸易和知识产权一致。

其主要的贸易法律包括：1969 年颁布并又多次修订的"进出口管制法"，对斯里兰卡进出口商保护法，消费者保护法，知识产权保护法，反倾销/反补贴措施/保护措施法，估价法等。

1986 年，中斯签署《中华人民共和国政府和斯里兰卡民主社会主义共和国政府关于相互促进和保护投资协定》，为双向投资创造良好的环境，并保护投资者利润汇出等相关利益。2003 年 8 月 11 日，中斯签署避免双重征税协议。协议于 2005 年 5 月 22 日生效，2006 年 1 月 1 日开始执行。此外，中斯两国签署有互免国际航空运输和海运收入税收的协议。总体来说，中国企业在斯投资，面临的法律环境是较为良好的。

三 经济金融风险

（一）经济增速放缓，近年缓慢回升

表 4 - 8　　　　　　斯里兰卡 GDP 增长情况：2006—2016

年份	2006	2007	2008	2009	2010	2011	2012	2013	2014	2015	2016
GDP（亿美元）	282.80	323.50	407.14	420.66	567.26	652.93	684.34	743.18	793.56	806.12	813.22
GDP 年增长率（%）	7.67	6.80	5.95	3.54	8.02	8.40	9.14	3.40	4.96	4.84	4.38

总体上，斯里兰卡 GDP 逐年增长，但是增速波动较大，从 2006 年的 7.67% 增至 2012 年的最高点 9.14%，近年增速放缓，自 2013 年起增速跌至 3.40%，2016 年略回升至 4.38%。随着经济稍为回稳，预计 2017 年该国 GDP 增长率为 4.50%。

（二）外贸逐年增长，贸易逆差逐年加大

表 4 - 9　　　　　　　斯里兰卡货物服务贸易进出口总额　　　（单位：亿美元）

年份	出口	增长率	进口	增长率	进出口差额	外商直接投资存量			
						流入	占 GDP 比重	流出	占 GDP 比重
2005	78.9		100.7		-21.8	34.7	14.2	1.43	0.6
2006	85.1	7.9%	116.2	15.4%	-31.1	39.5	14.0	1.72	0.6
2007	94.1	10.6%	127.7	9.9%	-33.6	45.6	14.1	2.27	0.7
2008	101.1	7.4%	156.9	22.9%	-55.8	53.1	13.0	2.89	0.7
2009	89.8	-11.2%	117.1	-25.4%	-27.3	57.1	13.6	3.09	0.7
2010	111.0	23.6%	152.2	30.0%	-41.2	61.9	12.5	3.51	0.7
2011	136.4	22.9%	222.5	46.2%	-86.1	71.5	12.1	4.11	0.7
2012	135.7	-0.5%	236.5	6.3%	-100.8	80.9	13.6	4.75	0.8
2013	150.8	11.1%	233.1	-1.4%	-82.3	89.6	13.3	5.4	0.8
2014	167.4	11.0%	250.1	7.6%	-83.1	105.7	14.1	6.07	0.8
2015	169.0	1.0%	249.0	-0.7%	-80.0	99.7	13.1	6.6	0.9

资料来源：根据 IMF 数据库整理。

过去十年，斯里兰卡的货物贸易和服务贸易出口总额从 2005 年的 78.9 亿美元增长至 2015 年的 169.0 亿美元，增长了 76%，进口总额从 2005 年的 100.7 亿美元增至 2015 年的 249.0 亿美元，十年翻了一倍多。但是斯里兰卡长期处于对外贸易逆差的地位，进出口逆差额从 2005 年的 21.8 亿美元增至 2015 年的 80.0 亿美元。而外商直接投资存量流入额从 2005 年的 34.7 亿美元增至 2015 年的 99.7 亿美元，占 GDP 的比重则处于较为稳定的比例，在 13% 左右。中国是斯里兰卡港口和铁路的主要投资者。

（三）财政赤字严重，信用评级降低

斯里兰卡面临严重的金融危机，其债务问题严重，到 2015 年底，斯里兰卡的公共债务占 GDP 比重高达 74%。2014 年末以来，斯里兰卡

外汇储备下降 1/3，2016 年 3 月底降至 62 亿美元。与 IMF 达成协议之前，评级机构穆迪（Moodys Investors Service）在报告中指出，斯里兰卡 2015 年整体债务约占 GDP 的 76%，较五年前增长 71.6%。而政府债券被赎回及偿还外债等因素促使大量资金流走，令该国经济备受打击。严重的债务危机已迫使斯政府向国际货币基金组织申请援助。2016 年 4 月，IMF 宣布将向斯里兰卡提供三年期 15 亿美元贷款，以避免其国际支付危机。评论认为，高额的贷款和金融的动荡将使得斯里兰卡未来几年的经济增长进一步放缓，斯里兰卡一度是南亚地区的增长之星。2009 年结束长达 25 年的内战后，斯里兰卡经济增长明显提速，成为南亚经济增速最快的经济体。但多年来，斯里兰卡公共外债远高于国际储备。2010 年至 2015 年，斯里兰卡经济平均增速为 6.4%。但是今明两年经济或仅增长 4.5% 左右。

鉴于此，国际评级机构惠誉已将斯里兰卡信用评级下调至 B＋，评级展望为负面。并指出该国再融资风险加大、债务到期显著、外汇储备下滑且公共财政下滑。其他机构则担忧，斯里兰卡政府可能无法支出以刺激经济。

对此，斯里兰卡政府一方面提出税改，通过提高增值税税率等措施，来增加财政收入，减少赤字，2016 年 11 月，增值税率由 11% 上调至 15%。港口及机场发展征费率亦由 5% 增加至 7.5%。在 2017 年的财政预算案中，该国政府建议上调多个行业（包括出口、农业、中小企及单位信托基金）的企业所得税率，由 10% 至 12% 增至 14%。预算案亦建议向不动产的销售收益征收资本增值税。

另一方面对国有企业进行改革，包括部分国企的私有化。锡兰石油公司、斯里兰卡航空公司、斯里兰卡港务局等国企的贷款都纳入了政府债务。

斯里兰卡政府请求北京方面取消其 80 亿美元的债务，要求改换以将一系列斯里兰卡公司股份卖给中国。同时，斯里兰卡发展战略与国际贸易部部长马利克表示，斯里兰卡向中国国家开发银行和中国进出口银行提出，希望它们继续帮助斯里兰卡为规划中的新项目提供融资。对于斯里兰卡债务状况的改善和可持续性，这（改善斯里兰卡债务）也是斯里兰卡希望通过邀请中国企业和中国投资者考虑持有一些斯里兰卡的企业特别是一些国企的股份的初衷，从而减少当前斯里兰卡的债务。这为斯里兰卡创造更多机会利用中国资金。

（四）西里塞纳政府的新自由主义经济政策存在隐患

拉贾帕克萨执政时期的斯里兰卡经济发展依托基础设施建设投资，但是缺乏原始积累的斯里兰卡经济，缺乏建设的实力，因而拉贾帕克萨通过国际融资和举债来实现高速经济增长。

维克勒·马辛哈的统一国民党上台后，推行私有化进程，他提出的斯里兰卡经济发展理念是"出口和国外直接投资发挥着至关重要的作用情况下，让私营部门成为增长的引擎"。新政府组建后，开始了增值税为重点的税收体系和税法设置，并在 2020 年前实现税收比重占GDP 总量的 15%；加强贸易部门改革以实现增长；在农业部门实施多层次改革；解决食品安全和农业生产率低的问题；等等。

但是，新政府时期，斯里兰卡的经济形势并没有本质上的好转，2015 年的财政收入不足 GDP 的 12%，财政赤字达到 GDP 的 6%，2016年情况也是如此。维克勒·马辛哈试图通过调整税收体系，增加增值税和国家建设税来提高财政收入，到 2018 年使财政收入达到 GDP 的18%。2015 年 12 月 19 日，议会通过了财政部提交的 2016 年财政预算，取消了股票交易税、旅游税等税种，降低了 11 项居民基本消费必需品的价格，给民众带来了一定的实惠，但是税收体系改革，尤其是增值税的增加 15%，以及向国际货币基金组织的高利率贷款等措施，变相地增加了人民生活成本。此外，应税最低额的提高和间接税比重的增加实际上使富人得以合法逃税，从而加剧了社会的贫富两极分化。

左翼政党代表人民解放阵线认为斯里兰卡自由党和统一国民党不但增加了人民的生活负担，而且使斯里兰卡陷入 5 万亿斯卢的债务困境，并主张将在不久的未来建立一个与"拉尼尔—西里塞纳"阵营相对抗的另一个阵营。

四　营商环境风险

在经商环境方面，世界银行《2017 年经商报告》中斯里兰卡排名仅列第 111 位，在几个主要的指标中，保护中小投资者（Protecting Minority Investors）的排名最为靠前，为全球第 43 名，其次是获得建设许可证的难易度（Dealing with Construction Permits），排名第 76 位，再下来就是跨境贸易（Trading across Borders）排名 86 和电力获得（Getting electricity）排名 93，可以说这些指标已经较为靠后；但是，在另外三个关键指标，注册财产（registering property）、合同执行（enforcing a contract）和纳税（Paying taxes）方面，排名则更为落后，分别为 157 名、165 名和 158 名，体现出斯里兰卡整体经商环境不佳。

根据全球贸易便利指数显示，斯里兰卡在参评的全球 136 个经济体中位居 103 位，排名较为靠后，在阻碍进口的几个指标中（以总分为 32 分衡量，分值越高问题越大），排名最靠前的几项问题指标分别为关税和非关税壁垒（Tariffs and non-tariff barriers），分值高达 29 分，繁杂的进口流程（Burdensome import procedures）24.9 分，边境腐败（Corruption at the border）15.8 分。在阻碍出口的几个指标中，以总分为 24 分衡量，排名最靠前的几项问题指标分别为：识别潜在市场和买家的能力（Identifying potential markets and buyers），分值高达 22.8 分，能够以优惠价格获取进口原材料的能力（Access to imported inputs at competitive prices），分值为 13.1 分，海外关税（Tariff barriers abroad）为 10.6 分。可见，对于商品进口到斯里兰卡，面临的问题主要还是关税和非关税壁垒，以及进口流程的繁杂。

斯里兰卡税收体系和制度比较健全，税收监管比较严格，当地实行属地税制，同时税收政策也经常发生变化。斯里兰卡没有营业税，但有企业所得税、预提税、个人所得税、增值税、经济服务税、关税、印花税等，其中，斯关税为 30%—300%，特别是为进口替代制定的关税税率饱受争议。

斯里兰卡的消费物价指数升幅由 2015 年的 0.9% 上升至 2016 年的
3.7%。由于能源价格趋升、旱灾灾情严重以及信贷持续增长,该国于
2017 年面对强大的通胀压力。失业率则由 2015 年的 4.7% 缓和至 2016
年的 4.4%。

五　治安环境风险

根据 2007 全球和平指数(Global Peace Index)报告显示,斯里兰
卡安全排名位于全球 163 个国家中的第 80 名,是南亚国家中排名最靠
前的国家。从 2008—2016 年间,共有 8 个国家从低安全性国家上升到
中等安全性国家,斯里兰卡就是其中之一,其在过去十年中的安全状
况大为改善。这主要源于 2009 年 5 月斯里兰卡结束了内战,其安全形
势整体趋于稳定。2011 年 8 月,全国范围内的紧急状态法取消,虽然
尚有部分检查站在工作,北部原冲突地区的扫雷工作仍在进行,但斯
社会秩序整体较好。另外,由于当地居民普遍信仰佛教,社会治安状
况得以较好地维持。

斯里兰卡有合法赌场,但一些不法分子混迹于此,主动套近乎借
钱,最后利用威胁、暴力等手段,迫使受骗者陷入高利贷深渊。同时,
斯里兰卡近年刑事犯罪有所上升,近年也发生多起涉中国公民的人身
伤害事故和涉女性中国公民的猥亵事件,酒店、旅社、交通工具等场
所不时发生失窃案(仅 2015 年上半年在中国驻斯使馆登记的财物被盗
案即达 30 多件)。

第四节　影响未来中斯关系发展的
几个关键因素及启示

一　中国—斯里兰卡—印度三边关系

从西里塞纳政府开始,斯里兰卡就开始调整其外交政策,采取一

种中立的、大国平衡的外交手段，在中印之间周旋。因为斯里兰卡从过去的经验中认识到，忽视这些国家中的任何一个都将意味着为自己带来麻烦。因此，西里塞纳政府在最初调低与中国关系的姿态和做法只是一种现实的外交策略，其最终目的是希望在与所有国家发展关系的过程中实现自身经济安全。[①] 现任拉贾帕克萨政府上台后，也采取了同样的方式，首访印度并承诺不在中印之间选边站，要做中立国家，目的仍然是为了保全斯里兰卡自身的利益，不成为大国角力的牺牲品。由此可以看出，斯里兰卡的外交策略正在趋于稳定，即是用大国平衡战略，维护自身的发展。

在这种背景下，斯里兰卡和中国的关系仍将会受到印度的影响，特别是中国在南亚大力推进"一带一路"，引发了印度的不安，印度学者最先抛出"债务陷阱论"就可看出未来中斯关系的发展必将面临来自印度的压力。因此，中斯关系的发展必然会受到中斯印三边关系的影响，中印是否能在斯里兰卡共存共赢，对中斯关系有深远的影响。

二 中斯自贸区谈判

2015 年 12 月，国务院印发了《关于加快实施自由贸易区战略的若干意见》（以下简称《意见》），提出了我国加快实施自由贸易区战略的总体要求，《意见》对我国自由贸易区建设的布局在周边、"一带一路"和全球三个层次做出了规划。其中之一就是加快构建周边自由贸易区。力争和所有与我国毗邻的国家和地区建立自由贸易区，不断深化经贸关系，构建合作共赢的周边大市场。之二是积极推进"一带一路"自由贸易区。结合周边自由贸易区建设和推进国际产能合作，积极同"一带一路"沿线国家商建自由贸易区，形成"一带一路"大市场，将"一带一路"打造成畅通之路、商贸之路、开放之路。

2014 年 9 月，中斯正式启动双边自贸区谈判，2017 年中斯自贸区

---

① 王腾飞：《西里塞纳政府执政以来的中斯关系变化述评》，《国际研究参考》2018年第 3 期。

进入第五轮谈判。有分析指出，建筑部门和其他商业服务部门，中国的竞争力相对是两国中最强的，建筑业在中国推动经济发展中具有重要作用，中国建筑业在中国加入 WTO 后在国内外市场都取得很大的发展，中国在其他商业服务方面具有较强的国际竞争优势，在中斯自贸区服务贸易谈判中，应要求斯里兰卡对中国最大限度地开放相关市场。另外，中国在运输、旅游、通信、保险、金融、计算机和信息服务部门方面的竞争力相比斯里兰卡是较弱的，对于这几个部门中国在进行中斯自贸区服务贸易谈判时应格外重视，可相应提高斯里兰卡这些服务部门进入中国市场的门槛，通过制定严格的准入机制和一定保护期，来给我国这些发展相对缓慢的部门提供一个缓冲的发展空间。

三　对斯投资领域，拓展旅游、文化、教育方面的投资

目前中国对斯里兰卡的投资主要集中在基础设施领域，大型项目主要集中在公路、港口等方面，而对其他领域如旅游、教育、卫生等方面较为缺乏。

医疗领域是中国企业值得探索的领域。斯里兰卡秘书长阿杰特·佩罗拉最近就表示，健康产业在斯里兰卡经济发展中占有很大比重，斯里兰卡面临人口老龄化的问题，希望中国投资者能够积极到斯里兰卡进行医疗方面的投资。中国在医疗技术方面有较为成熟的技术，同时也在世界多个国家开展过医疗援助和合作，医疗领域能够提升当地民生、为当地人民造福，能够提升援助和合作对象国的社会责任形象，中资企业应该进一步研究斯里兰卡医疗健康领域。

教育领域也是未来能够开展合作的优质领域。斯里兰卡历来重视教育事业，受教育人口比例是发展中国家里面最高的国家之一，适龄人员小学入学率达到100%，中学教育入学率达到80%，整个国家的识字率达到91%左右。但是，斯里兰卡教育公共开支在南亚地区国家中明显落后，为了促使教育质量和教育选择等方面得到改善，斯里兰卡政府正设法鼓励私有因素参与，吸引国外教育机构开展合作办学。

随着中国经济的不断增长，以及与中国关系的不断发展，斯里兰卡对汉语教育的需求越来越强烈。汉语教育在斯里兰卡的普及将有助于搭建中斯交流的沟通桥梁。目前，中国已在斯里兰卡建立了三所孔子学院（课堂），作为汉语教学的前线阵地，未来，中斯两国教育主管部门可以设立专项资金，合作开发适用于中小学的教材、教辅材料和辞书等。在这方面，在斯孔子学院的汉语教师和汉语教师志愿者拥有第一线的教学经验，又拥有汉语教学的专业知识，可以成为本土教材编写的主力军。除此之外，中国政府相关部门和机构可设立更多的专门项目，设立专门面向斯里兰卡的专项丝路奖学金，以斯里兰卡学者"中国行""研访团"等形式，定期邀请斯里兰卡的中国问题研究学者和中高级管理人才来华实地考察和研究，让他们及时了解和掌握中国最新发展状况，以便他们客观公正地向斯里兰卡民众传播中国形象。

中斯在其他领域也开始尝试合作，如 2015 年 10 月，中国—斯里兰卡成立了合作研究中心，并举办了中斯佛教合作与人文交流座谈会。2017 年 1 月，中斯就拟建南亚中国文化合作出版中心签署协议。可以说，在基础设施领域之外，中斯合作的深度和广度在未来有较大的提升空间。

四 与斯里兰卡在技术标准、监理方面的协调沟通

斯里兰卡的技术标准是以英国标准为基础的，在英标无法达到的时候，则以印度标为准。在与中资企业的沟通中，得知在一些大型基础设施建设项目中，中国的项目由于无法通过监理审核，即一些技术标准达不到英国标准，而被延期，有的项目甚至被延期两年，造成了巨大的人力和成本的增加，最终导致工程项目的亏损。

中国在与斯里兰卡进行相关合作谈判时，应该细化一些技术规则，统一技术标准，减少非技术壁垒，甚至进行一些技术交流与合作，在未来的建设中，才能实现互利共赢。

五　与斯里兰卡在双边和多边机制下的合作

除了与斯里兰卡进行双边合作外，还应该积极推动斯里兰卡参与中国主导的多边合作机制，通过多边合作缓解来自印度的压力。目前，斯里兰卡参与了多个合作机制，如积极参加亚投行（AIIB）、孟加拉湾经济合作组织（BIMSTE）等，且已成为上合组织（SCO）对话伙伴国，斯里兰卡已经具备了通过次区域、区域合作实现基建、贸易投资便利化的塑造能力。在未来"一带一路"框架下，中国可以积极推动斯里兰卡参与多边合作，在多边框架下加大合作的领域和广度。

以上四章主要对斯里兰卡的政治经济发展做了简单回顾，对中斯关系和一些热点问题进行了梳理。文中大部分的分析和数据，都是基于已有文献资料和数据库，意在从较为宏观的角度，对斯里兰卡的整体情况进行介绍。

在此基础上，下文则是在实地调研的一手数据基础上展开的分析，第五至第八章内容落脚在中资企业的营商环境、企业运营情况等方面，对在斯里兰卡的中资企业进行相对中观层面的了解；第九至第十一章则深入斯籍员工层面，调研员工的认知情况和对各国的投资认同情况，是较为微观层面的分析。

第 五 章

中资企业视角下的斯里兰卡投资环境

投资环境是投资活动过程中各种周围境况和条件的总和，它主要包括影响投资活动的自然要素、社会要素、经济要素、政治要素和法律要素等。对进入外国投资的企业来说，目的地国的投资环境对企业生产经营影响是非常巨大的，企业进入一国市场成功与否的一个重要基础，就在于是否了解、熟悉并能有效利用该国的投资环境，规避环境中的不利因素，保证企业海外投资的正常开展。

本章聚焦在斯里兰卡基础设施供给、斯里兰卡公共服务供给、中资企业对斯里兰卡公共服务治理的评价以及在斯中资企业投资风险分析这四方面内容。基于"海外中资企业营商环境调研"斯里兰卡部分的数据，本章试图通过两个变量交叉对比的方式，从不同角度分析斯里兰卡的投资环境，为中资企业赴斯里兰卡进行投资提供更多参考和建议。

第一节 中资企业对斯里兰卡基础设施供给的评价

基础设施是指为社会生产和居民生活提供公共服务的物质工程设施，它主要包括电网、通信（电话、网络）、供水、交通（道路如公路、铁路，机场、港口）等公共设施，从广泛的意义上讲，也包括教育、科技、医疗卫生、文化及体育等社会事业。对于在国外进行投资的中资企业来说，目的地国的基础设施是否完善，是企业能否成功进入该国投资的第一道门槛。

本次调研选取了基础设施中对于海外投资企业最基础也最有代表性的四个方面：水、电、网、建筑展开调查，检测斯里兰卡基础设施的完备程度；同时，先后加入"是否在经济开发区"及"是工业还是服务业"两个变量，检测斯里兰卡经济开发区的基础设施情况，以及不同行业在共同的基础设施环境下，是否会面临不同的问题。

一　斯里兰卡基础设施供给分析——按是否在经开区划分

本部分以"水、电、网、建筑"四个因素作为主变量，以"是否在经开区"为中间变量，通过"企业是否提交水、电、网、建筑申请""企业在提交申请过程中是否有非正规支付"以及"企业是否发生断电、断网、断水的情况"等三个问题，检测斯里兰卡经济开发区的基础设置配套及管理是否合规合理。

表5－1反映了是否位于经开区的企业提交水、电、网、建筑申请的比例。从表格数据可以看出，不在经开区区域内的企业有42.86%、50.00%、71.43%、35.71%分别提交了用水、电、网以及建筑申请；57.14%、50.00%、28.57%、64.29%的企业分别没有提交用水、电、网以及建筑申请。在经开区的企业当中，有超过六成（66.67%）的企业都提交过用水、电以及网申请，剩余的企业都没有提交过用水、电以及网申请；33.33%的企业提交过建筑申请，剩余的企业没有提交过建

表5－1　　　　　　企业提交水、电、网、建筑申请比例　　　　（单位：%）

	水		电		网		建筑	
	是	否	是	否	是	否	是	否
不在经开区	42.86	57.14	50.00	50.00	71.43	28.57	35.71	64.29
斯里兰卡经开区	66.67	33.33	66.67	33.33	66.67	33.33	33.33	66.67

筑申请。数据表明，相比于非经开区，经开区在水、电、网络使用方面的申请数量更多，管理更加规范。

表5-2反映的是按照企业是否位于经开区来划分，企业提交用水、电、网、建筑的非正规支付比例情况。在不位于经开区的中国企业中，有不到两成（16.67%）的企业提交过用水申请的非正规支付，其余的企业没有提交过用水申请的非正规支付；接近三成的企业提交过用电申请的非正规支付，其余企业未提交过；没有企业提交过用网申请的非正规支付；两成（20.00%）的企业提交过建筑申请的非正规支付。在位于斯里兰卡经开区的中国企业中，企业均没有提交过用水、网、建筑的非正规支付，只有一半的企业提交过用电申请的非正规支付。相比于非经开区，经开区非正规支付比例较小，在提交水、网、建筑申请时管理比较规范，但在提交用电申请时的非正规支付比例还比较高，说明经开区内对这方面的管理还不够完善。

表5-2　　　　企业提交水、电、网、建筑申请时的非正规支付比例　　（单位：%）

	水		电		网		建筑	
	是	否	是	否	是	否	是	否
不在经开区	16.67	83.33	28.57	71.43	0.00	100.00	20.00	80.00
斯里兰卡经开区	0.00	100.00	50.00	50.00	0.00	100.00	0.00	100.00

表5-3反映的是以企业是否位于经开区为标准，企业面临的断水、断电以及断网情况。从表格数据可以看出，不在经开区的企业当中，有28.57%的企业面临过断水情况，有85.71%的企业面临过断电的情况，有50.00%的企业面临过断网情况。在经开区的企业当中，没有企业面临过断水状况，但仍然有66.67%的企业遭遇过断电状况，没有企业发生过断网状况。

表5-3   企业发生断水、断电、断网情况   （单位：%）

	断水		断电		断网	
	是	否	是	否	是	否
不在经开区	28.57	71.43	85.71	14.29	50.00	50.00
斯里兰卡经开区	0.00	100.00	66.67	33.33	0.00	100.00

通过以上数据表格对经开区以及非经开区基础设施供给的分析可以看出：相较于非经开区，经开区的水、电、网供应更加可靠，出现断水、断电和断网的情况相对较少。斯里兰卡经开区内在水、电、网和建筑申请使用的管理上更加规范和合理。

二　斯里兰卡基础设施供给分析——按行业类型划分

本部分以"水、电、网、建筑"四个因素作为主变量，以"是工业还是服务业"的行业划分作为中间变量，查看行业不同在面对基础设施服务时是否也会表现出不同。

表5-4反映了从企业行业类型来看，企业提交用水、电、网、建筑申请的情况。从工业企业来看，其中有六成的企业提交过用水申请，其余未提交过申请；一半的企业提交过用电申请，剩余一半未提交过申请；七成的企业提交过用网申请，剩余三成企业未提交过申请；40.00%的企业提交过建筑申请，60.00%的企业没有提交过申请。从服务业企业来看，其中有30.00%的企业提交过用水申请，其余70.00%未提交过申请；一半的企业提交过用电申请，剩余一半未提交过申请；80.00%的企业提交过用网申请，剩余两成企业未提交过申请；30.00%的企业提交过建筑申请，剩余的70.00%的企业未提交过申请。

可以看出，工业和服务业企业在电、网、建筑申请上差异不大，但是在用水申请数量上，工业企业明显比服务业企业要多，这也符合企业工作性质。

表5-4　　　企业提交水、电、网、建筑申请比例——按行业划分　　（单位：%）

	水		电		网		建筑	
	是	否	是	否	是	否	是	否
工业	60.00	40.00	50.00	50.00	70.00	30.00	40.00	60.00
服务业	30.00	70.00	50.00	50.00	80.00	20.00	30.00	70.00

　　表5-5反映的是按照行业来划分，企业发生的断水、断电、断网情况。在工业企业当中，有20.00%的企业发生过断水情况，80.00%的企业发生过断电情况，30.00%的企业发生过断网情况。在服务业企业当中，30.00%的企业发生过断水情况，90.00%的企业发生过断电情况，60.00%的企业发生过断网情况。从数据来看，工业和服务业企业断电和断网的比例都较高，说明斯里兰卡电力供应存在较大缺口，网络基础设施也有待提高。

表5-5　　　企业发生断水、断电、断网情况——按行业划分　　（单位：%）

	断水		断电		断网	
	是	否	是	否	是	否
工业	20.00	80.00	80.00	20.00	30.00	70.00
服务业	30.00	70.00	90.00	10.00	60.00	40.00

　　表5-6反映的是按照行业来划分，企业提交用水、电、网、建筑的非正规支付比例情况。在工业企业当中，没有企业提交过用水、电、网、建筑申请的非正规支付；在服务业企业当中，超过三成（33.33%）的企业提交过用水申请的非正规支付，其余的企业没有提交过用水申请的非正规支付；八成的企业提交过用电申请的非正规支付；所有企业都没有交过用网申请的非正规支付；超过三成（33.33%）的企业提交过用建筑申请的非正规支付。从数据来看，工

业企业都没有交过非正规支付，而服务业企业有相当一部分企业提交过用水、电和建筑的非正规支付，说明服务业在申请基础设施供给时面临更多压力。

表5-6　　　　　企业提交水、电、网、建筑申请的非正规支付
比例——按行业划分　　　　　　　　（单位：%）

	水		电		网		建筑	
	是	否	是	否	是	否	是	否
工业	0.00	100.00	0.00	100.00	0.00	100.00	0.00	100.00
服务业	33.33	66.67	80.00	20.00	0.00	100.00	33.33	66.67

第二节　中资企业对斯里兰卡公共服务供给的评价

本节主要是从中资企业的角度来分析斯里兰卡公共服务供给的情况。公共服务主要包括通过国家权力介入或公共资源投入，为公民及其组织提供从事生产、生活、发展和娱乐等活动需要的基础性服务。下文主要从企业接受税务机构检查与进行非正规支付比例、企业进出口许可申请与非正规支付比例、劳动力市场规制政策等方面进行分析，并同样引入"是否在经开区"及"是工业还是服务业"两个中间变量。

一　斯里兰卡公共服务供给分析

表5-7反映的是按照行业类型来划分，企业税务机构检查与非正规支付的比例情况。工业企业当中，四成的企业有税务机构走访或者检查，其余的没有税务机构走访或者检查；没有企业有税务机构非正

规支付的情况。在服务业企业当中，一半的企业有税务机构走访或者检查；两成企业发生过税务机构非正规支付。总体上来看，企业接受税务机构走访或检查的比例不低，但对税务机构的非正规支付不高，服务业有两成企业遇到过此情况，这说明斯里兰卡税务部门对企业税收的管理总体上较为规范。

表5-7 企业接受税务机构检查与进行非正规支付比例——按行业划分 （单位：%）

	税务机构走访或检查		税务机构非正规支付	
	是	否	是	否
工业	40.00	60.00	0.00	100.00
服务业	50.00	50.00	20.00	80.00

表5-8反映的是按照是否位于经开区来划分，税务机构检查与非正规支付的比例。不在经开区的中国企业当中，42.86%的企业有税务机构走访或者检查，其余57.14%的企业没有税务机构走访或者检查；不在经开区的中国企业，两成企业有过税务机构非正规支付经历。位于斯里兰卡经开区的中国企业当中，所有企业都没有税务机构检查或者走访，也没有企业通过税务机构非正规支付的经历。这说明，斯里兰卡经开区，相对于非经开区，有较为规范的税收管理机制。

表5-8 企业接受税务机构检查与进行非正规支付比例——按是否位于经开区划分 （单位：%）

	税务机构走访或检查		税务机构非正规支付	
	是	否	是	否
不在经开区	42.86	57.14	20.00	80.00
斯里兰卡经开区	0.00	100.00	0.00	0.00

　　表5－9反映的是按照是否位于经开区来划分，中国企业进出口许可申请与进口许可申请中非正规支付的比例情况。不在经开区的中国企业当中，85.71%的企业申请了进出口许可，其余14.29%的企业没有申请进出口许可；没有企业在进口许可申请中有非正规支付；在经开区内的中国企业当中，66.67%的企业进行了进出口许可申请，没有企业进行进口许可申请中非正规支付。

表5－9　　　　企业进出口许可申请与非正规支付比例——按是否
位于经开区划分　　　　　　　　　　（单位：%）

	进出口许可申请		进口许可申请中非正规支付	
	是	否	是	否
不在经开区	85.71	14.29	0.00	100.00
斯里兰卡经开区	66.67	33.33	0.00	100.00

　　表5－10反映的是按照行业划分，中国企业进出口许可申请与进口许可申请中非正规支付的比例情况。在工业企业中，所有的企业都进行了进出口许可申请，没有企业在进出口许可申请中有非正规支付；在服务业企业当中，七成的企业有进出口许可申请，其余三成企业没有进出口许可申请；没有企业在进口许可申请中有非正规支付。

表5－10　　　企业进出口许可申请与非正规支付比例——按行业划分　　　（单位：%）

	进出口许可申请		进口许可申请中非正规支付	
	是	否	是	否
工业	100.00	0.00	0.00	100.00
服务业	70.00	30.00	0.00	100.00

　　图5－1反映的是劳动力市场规制政策对不同行业类型企业的影响。

在斯里兰卡工业类型的中国企业当中，大部分企业都认为劳动力市场规制政策对行业有所妨碍，只是妨碍的程度不同，其中20.00%的工业企业认为劳动力市场规制政策对企业有较大妨碍，另外20.00%的企业认为劳动力市场规制政策对企业会有中等妨碍，一半的企业认为劳动力市场规制政策对企业会有一点妨碍，仅有10.00%的企业认为会没有妨碍。在服务业企业当中，有10.00%的企业认为有较大妨碍，认为中等妨碍、有一点妨碍的各占三成，认为没有妨碍的也有三成。总的来说，无论是工业企业还是服务业企业，认为劳动力市场规则政策对企业的影响较大或中等的，都占到四成，说明斯里兰卡劳动力市场规则政策对企业的影响还是较大的。

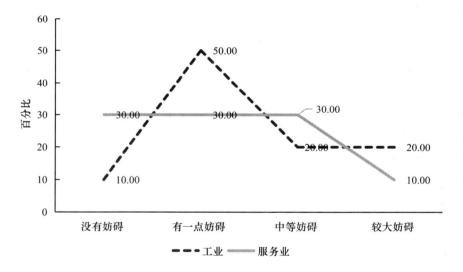

图 5-1 劳动力市场规制政策对企业的影响程度——按行业类型分

图 5-2 反映的是不同行业中员工素质妨碍生产经营的程度。可以明显看出，无论在工业还是服务业企业当中，认为专业技术人员对生产经营有较大妨碍的比例，均超过半数甚至六成，可见员工素质对于企业生产经营有较大影响。也反映出，企业在当地找到合格、熟练的专业技术人员可能还面临不少压力。

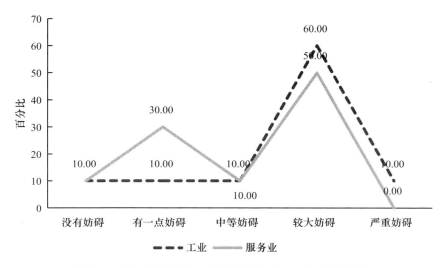

图 5 - 2 员工素质妨碍生产经营的程度——按行业类型分

图 5 - 3 反映的是不同行业中专业技术人员妨碍生产经营的程度。与图 5 - 2 相同，无论在工业还是服务业企业当中，专业技术人员对企业生产经营会造成较大的妨碍。

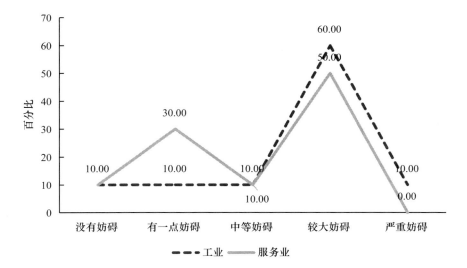

图 5 - 3 专业技术人员妨碍生产经营的程度——按行业类型分

图 5 - 4 反映的是不同行业类型管理人员妨碍企业生产经营的程度。在工业类型企业中，仅一成的企业认为管理人员不会妨碍企业生产经营，但有四成企业认为管理人员会较大妨碍企业生产经营，还有一成企业认为管理人员会严重妨碍企业生产经营。在服务业企业当中，共有四成的企业认为管理人员会较大甚至严重妨碍生产经营，其中，30.00%的企业认为企业管理人员会较大妨碍企业的生产经营，剩余的10.00%的企业认为管理人员会严重妨碍企业生产经营。

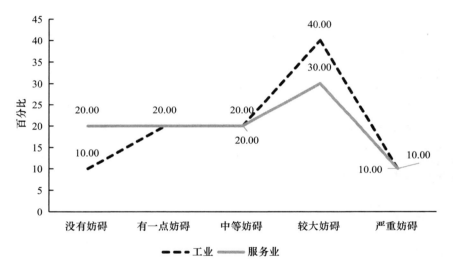

图 5 - 4 管理人员妨碍生产经营的程度——按行业类型分

图 5 - 5 反映的是不同行业类型技能人员招聘难度妨碍生产经营的程度。总体上看，无论是服务业还是工业，超过半数的企业都认为技能人员招聘难度会较大妨碍生产经营，工业企业占比更大点，有八成企业都有此感受，服务业相对低点，但仍有六成企业持此观点。这从侧面反映出，企业在招收合格的技能人员方面，是面临较大困难的。

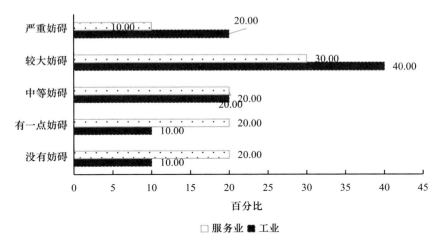

图 5 - 5　技能人员招聘难度妨碍生产经营的程度——按行业类型分

二　经济开发区影响生产经营因素及其程度

图 5 - 6 反映的是企业是否在经开区与劳动力市场规制政策妨碍生产经营的程度。在斯里兰卡经开区的企业，所有企业都认为劳动力市场规制政策会妨碍企业生产经营，其中，接近七成（66.67%）的企业认为劳动力市场规制政策会有一点妨碍企业生产经营，超过三成（33.33%）的企业认为劳动力市场规制政策会较大妨碍企业生产经营。不在任何经济开发区的企业当中，有接近三成（28.57%）的企业认为劳动力市场规制政策不会妨碍企业生产经，35.71% 的企业认为劳动力市场规制政策会有一点妨碍企业生产经营，21.43% 的企业认为劳动力市场规制政策会中等妨碍企业生产经营，剩余的 14.29% 的企业认为劳动力市场规制政策会较大妨碍企业生产经营。可见，经开区内的企业受劳动力市场规制政策的影响较大。

图 5 - 7 反映的是企业是否在经开区与员工素质妨碍生产经营的程度。位于斯里兰卡经开区的企业当中，接近七成（66.67%）的企业认为员工素质会中等程度上妨碍企业生产经营。相比之下，不在任何开发区的企业当中，42.86% 的企业认为员工素质会对企业造成较大妨

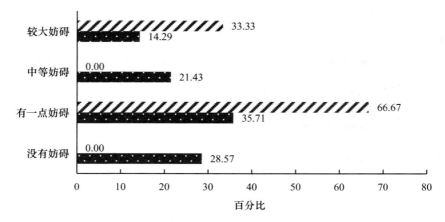

图5-6 劳动力市场规制政策妨碍生产经营的
程度——按是否在经开区划分

碍，也就是说，不在经开区的企业，员工素质妨碍生产经营的程度更高，这从侧面说明，经开区的企业有更好的素质高的员工。

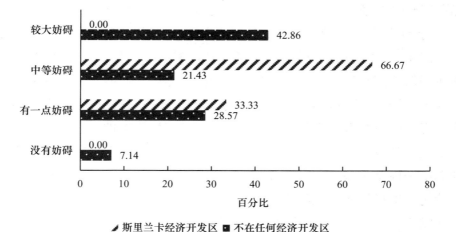

图5-7 企业与员工素质妨碍生产经营的程度——按是否在经开区划分

图5-8反映的是企业是否位于经开区与专业技术人员招聘难度妨碍生产经营的程度。位于斯里兰卡经开区的企业当中，有接近七成（66.67%）的企业认为专业技术人员招聘难度会较大妨碍企业生产经营，超过三成（33.33%）的企业认为专业技术人员招聘难度会在中等程度上妨碍企业生产经营。在不在任何经济开发区的企业当中，7.14%的企业认为专业技术人员招聘难度会非常严重妨碍企业生产经营，42.86%的企业认为专业技术人员招聘难度较大妨碍企业生产经营，7.14%的企业认为专业技术人员招聘难度中等妨碍企业生产经营，28.57%的企业认为专业技术人员招聘难度有一点妨碍企业生产经营，只有14.29%的企业认为专业技术人员招聘难度不会妨碍企业生产经营，这说明，无论企业在不在经开区，专业技术人员的招聘难度都是同样存在的。

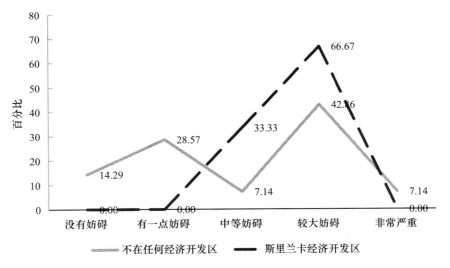

图5-8　专业技术人员招聘难度妨碍生产经营的程度——按是否在经开区划分

图5-9反映的是企业是否位于经开区与管理人员招聘难度妨碍生产经营的程度。位于斯里兰卡经开区的企业当中，有接近七成（66.67%）的企业认为管理人员招聘难度会在中等程度上妨碍企业生

产经营，超过三成（33.33%）的企业认为管理人员招聘难度会较大妨碍企业生产经营。相比之下，在不在任何经济开发区的企业当中，近半数（42.86%）的企业认为管理人员招聘难度较大妨碍企业生产经营，近一成（7.14%）的企业认为管理人员招聘难度会非常严重妨碍企业生产经营。这种差别体现出，不在经开区的企业，比在经开区的企业，更缺乏优秀的管理人员，经开区的相对优势体现了出来。

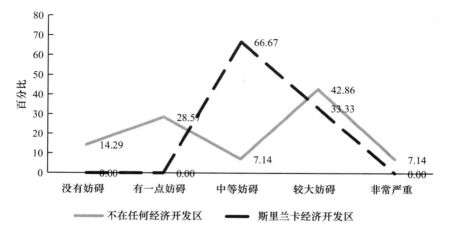

**图 5 - 9　企业与管理人员招聘难度妨碍生产经营的
程度——按是否在经开区划分**

三　工会影响生产经营因素及其程度

工会是指劳工总会、工人联合会等，是指基于共同利益而自发组织的社会团体。这个共同利益团体诸如为同一雇主工作的员工，在某一产业领域的个人。在斯里兰卡，工会组织拥有非常强大的社会力量，能够聚集大量社会资源。工会一方面能够保障工人权益、促进生产；另一方面也能够组织罢工，妨碍企业的生产经营，因此工会在企业中占据举足轻重的地位。

图 5 - 10 反映的是企业有无自身工会与劳动力市场规制政策妨碍生

产经营的程度。在有自身工会的企业当中，有近五成的企业认为劳动
力市场规制会在中等程度以上妨碍生产经营，其中，有16.67%的企业
认为劳动力市场规制政策中等妨碍企业生产经营，33.33%的企业认为
劳动力市场规制政策较大妨碍企业生产经营。在无自身工会的企业当
中，有35.71%的企业认同劳动力市场规制在中等程度以上妨碍生产，
但42.86%的企业认为只会有一点妨碍。通过数据可以看出，当企业有
自身工会的时候，劳动力市场规制政策（包括劳工政策、薪酬政策、
加班政策等）对企业的生产经营产生的阻碍作用较大，企业工会确实
在影响生产经营中发挥了较大的作用。

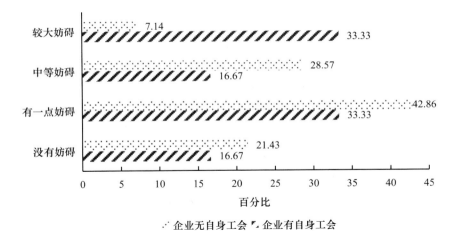

图 5 - 10　劳动力市场规制政策妨碍生产经营的
程度——按企业有无自身工会划分

　　图 5 -11 反映的是企业有无自身工会与员工素质妨碍生产经营的程
度，该图主要是为了寻找在有工会的企业中，员工素质的高低，是否
与企业工会有关联，企业工会有没有发挥协调企业员工参与生产经营
的作用。在有自身工会的企业当中，所有企业都认为员工素质会妨碍
企业生产经营，83.33%的企业认为员工素质会较大或中等程度妨碍企
业生产经营。在无自身工会的企业当中，较小部分（7.14%）的企业

认为员工素质没有妨碍企业生产经营，35.71%的企业认为员工素质会较大妨碍企业生产经营。由图5-11可看出，企业工会与员工素质并无紧密关联，企业工会与企业员工参与生产经营度的提升并无因果关系。

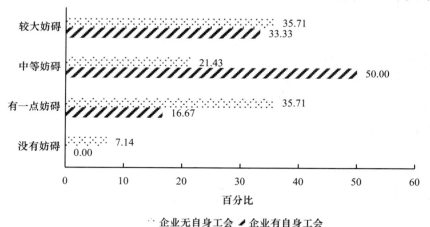

图5-11 员工素质妨碍生产经营的程度——按企业有无自身工会划分

图5-12反映的是企业有无自身工会与专业技术人员招聘难度妨碍生产经营的程度。在有自身工会的企业当中，有83.34%的企业认为专业技术人员招聘难度会严重或者较大妨碍企业生产经营。在无自身工会的企业当中，仅有50.00%的企业认为专业技术人员招聘难度会较大程度妨碍企业生产经营，还有近三成的企业认为有一点妨碍。从图5-12可以看出，有工会的企业，在招聘合格的专业技术人员方面，比没有工会的企业面临更大的压力，工会在雇佣标准、工资谈判方面可能发挥了作用。

图5-13反映的是企业有无自身工会与管理人员招聘难度妨碍生产经营的程度。在有自身工会的企业当中，有66.67%的企业认为管理人员招聘难度较大或严重妨碍企业生产经营。在无自身工会的企业当中，这个比例降低至35%（28.57%认为有较大妨碍，7.14%认为严重妨碍），同时仍有21.43%的企业认为有中等妨碍。可以看出有工会的企业，管理人员招聘难度对企业生产经营的妨碍程度较大，工会在管理

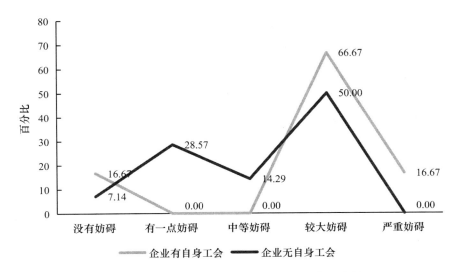

图 5 – 12　专业技术人员招聘难度妨碍生产经营的
程度——按企业有无自身工会划分

人员的招聘方面发挥了一定影响。

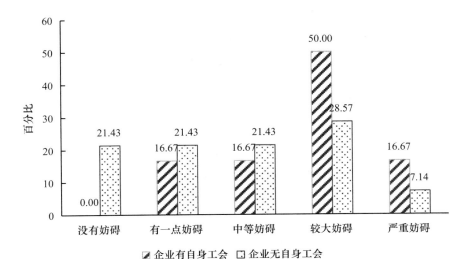

图 5 – 13　管理人员招聘难度妨碍生产经营的
程度——按企业有无自身工会划分

图 5 - 14 反映的是企业有无自身工会与技能人员招聘难度妨碍生产经营的程度。在有自身工会的企业当中，66.67%的企业认为技能人员招聘难度会较大或严重妨碍企业生产经营。在自身无工会的企业当中，只有 42.86%的企业认为如此。这同样在一定程度上说明，工会对企业的雇佣标准、工资谈判等方面可能产生一定影响。

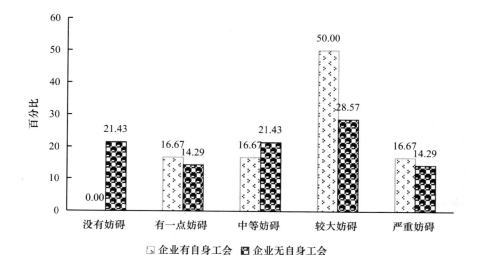

图 5 - 14 技能人员招聘难度妨碍生产经营的程度——按企业有无自身工会划分

四 女性高管影响生产经营因素及其程度

女性能否参与生产经营，特别是女性能否进入到企业管理层参与生产经营，是衡量一个地方投资经营环境是否友善、开放的一种指标。很多研究证明，企业中女性高管可能对于企业的生产经营环境、可持续发展和企业社会责任等方面会产生正面影响。由此，调研组对在斯中资企业的女性高管情况进行了调查，下方的图表可看到在斯中资企业关于女性高管的一些基本情况。

根据调研数据，我们发现，在斯里兰卡的中资企业中，有女性高管的企业比例为65%，没有的企业比例只有35%，六成以上的企业都有女性担任高管，这是一个在性别平衡方面较为良好的态势。在此基础上，我们进而分析在斯中资企业中女性高管的人数和占比。图 5 – 15 显示，从人数上来看，有超过一半的企业中，女性高管的人数为 2—3 人；有三成的企业中，女性高管的人数为 1 人。也就是说，大部分企业（超过八成），女性高管的人数为 1—3 人，另外，有两成不到的企业，女性高管人数超过 3 人。从男女占比上来看，男性高管的人数要远高于女性高管的人数，有 50% 的企业，男性高管人数为 6 人以上，20% 的企业，男性高管人数在 4—6 人之间，也就是说，有七成的企业中，男性高管的人数都在 4 人以上。

　　通过以上分析，我们可以知道，在斯中资企业在高管的性别平衡方面做出了努力，并没有性别缺位现象存在。男女高管比例虽有差异，但这基本上也与国内大部分企业情况相同。

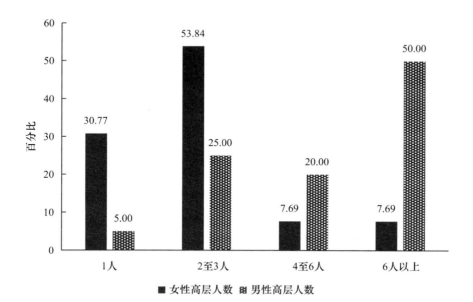

图 5 – 15　在斯中资企业的女性高管人数及占比

　　在分析女性高管之外，调研组还了解了女性员工的情况。从

图 5 - 16 可看出，40% 的企业中，女性员工占比仅为 1%—10%，加上占比 1% 以下的企业，可以说，有近一半的企业（45.00%）中，女性员工的数量都不多，均在 10% 以内。另外，有 25.00% 的企业，女性员工占比为 10%—20%，仅有 15% 的企业，女性员工占比到 30% 以上。

　　从调研的情况来看，造成女性员工人数占比较低的主要原因，是中资企业在斯投资的大部分领域为基础设施建设领域，因此员工当中很多为男性劳工，女性一般在服务业企业较为多见，工种也多为办公室类的行政和管理工作，因此人数相对较少。

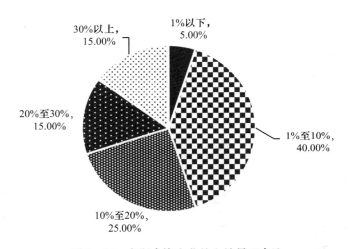

图 5 - 16　在斯中资企业的女性员工占比

　　图 5 - 17 反映了有无女性高管，对企业是否履行企业社会责任的影响。从图中可以看出，有女性高管的企业仍有 7.69% 的未履行社会责任，相反，无女性高管的企业均履行了社会责任。排除调查样本的误差问题外，我们可以看出，在斯中资企业，女性高管并没有对提升企业社会责任的履行有积极作用，或者说，两者之间没有明显的关联。

　　图 5 - 18 反映的是有无女性高管对企业年均劳动成本的影响。从图中我们可以看出，有女性高管的企业中，有 7.69% 的企业年均劳动成本有下降，而没有女性高管的企业中，没有一家企业的年均劳动成本

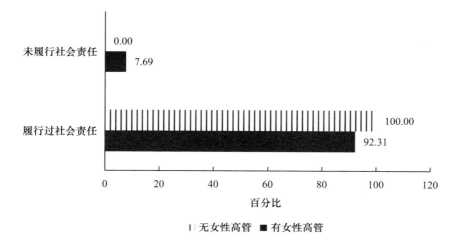

图 5 - 17 有无女性高管对企业社会责任履行的影响

有下降。总体上来说，大部分企业的年均劳动成本都在增加或者至少是不变，但是，有女性高管的企业，劳动成本增加的比例要比无女性高管的企业低 10 个百分点；在劳动成本不变或者减少的企业中，女性高管的作用也显现出来。

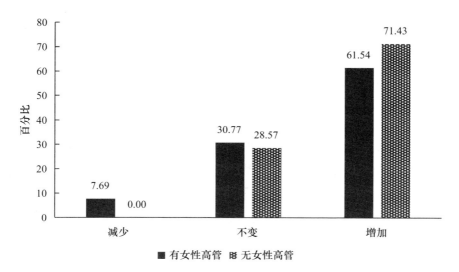

图 5 - 18 有无女性高管对企业年均劳动成本的影响

　　由此我们可以推断，在斯中资企业中，女性高管在降低企业年均劳动成本方面有可见的优势，有女性高管的企业，比无女性高管的企业，更能节省年均劳动成本。

　　图5-19反映了有无女性高管对企业年销售收入的影响。从图中可看出，有女性高管的企业，其年销售收入较无女性高管的高4个百分点左右，但同时，无女性高管的企业，保持年销售收入不变的比例，要高于有女性高管的比例。总体来说，从图5-19来看，有女性高管的企业，企业年销售收入与没有女性高管的企业相比，没有明显的优势，女性高管与企业年销售收入的增减之间，没有明显的关联。

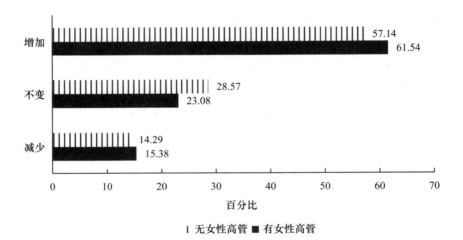

图5-19　有无女性高管对企业年销售收入的影响

　　从以上各个图的分析中可以看出，在斯中资企业在女性高管和女性员工的配比方面，基本合理，并体现出行业性质特点。女性高管在推动企业降低劳务成本方面有积极作用，但是，女性高管在推动完成企业社会责任、提高销售收入等方面没有明显作用，或无明显关联。

第三节　中资企业对斯里兰卡公共服务治理的评价

公共服务治理体系与治理能力体现出一国政府对公共管理领域的制度安排和资源分配机制，也体现出该国政府对待政商关系的态度，对于进驻该国的外资企业来说具有重要的意义，也是评估一国投资环境的重要方面。

下文通过税率、税收征收、工商许可、政治稳定性、腐败、土地许可、政府管制与审批等几个方面，来检测它们在影响企业生产经营方面的效果及程度。下文首先加入"企业是否在经开区"这一变量，查看在经开区的企业是否比不在经开区的企业，受以上因素影响更小；其次加入"工业企业还是服务业"这一变量，查看不同行业的企业，在受以上因素影响时，是否会具有差异。

一　中资企业对斯里兰卡公共服务治理的评价——按是否在经开区划分

图 5 - 20 反映的是位于不同区域内的公司，税率对其生产经营的妨碍程度。在斯里兰卡经济开发区的企业都认为税率对企业生产经营没有妨碍。不在任何经济开发区的企业当中，有近半的企业认为有较大或严重妨碍，极少部分（7.14%）的企业认为税率对企业生产经营没有妨碍，接近三成（28.57%）的企业认为税率对企业的生产经营有一点妨碍。通过数据分析可以看出经开区内的税率对投资商更为友好，不会对企业生产经营造成影响。而非经开区则存在税率妨碍企业生产经营的情况，而且影响还比较大。

图 5 - 21 反映的是位于不同区域内的公司，税收征收对其生产经营的妨碍程度。在斯里兰卡经济开发区的所有的企业都认为税收征收对

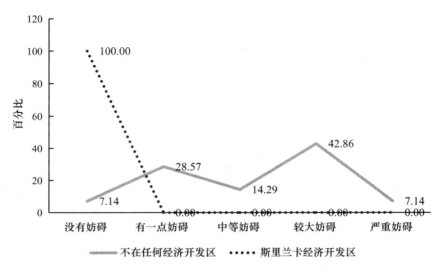

图 5-20　税率妨碍公司生产经营的程度——按是否在经济开发区划分

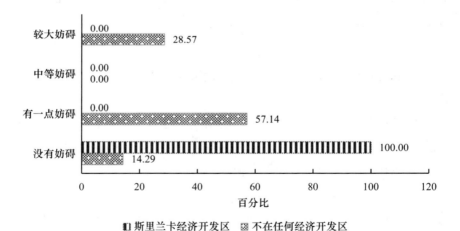

图 5-21　税收征收妨碍公司生产经营的程度

企业生产经营没有妨碍。不在任何经济开发区的企业当中，14.29%的企业认为税收征收不会妨碍企业的生产经营，超过一半（57.14%）的企业认为税收征收会有一点妨碍企业生产经营，接近三成（28.57%）

的企业认为税收征收会较大妨碍企业生产经营。通过数据分析可以得出,经开区内税收不会对企业生产经营造成影响。而非经开区则存在税收妨碍企业生产经营的情况,只是程度不同。因此,企业应在条件允许的情况下首选进驻经开区。

图 5 - 22 反映的是工商许可对位于不同区域内的企业生产经营的妨碍程度。位于斯里兰卡经济开发区的企业当中,所有企业都认为工商许可不会妨碍企业生产经营。在不在任何经济开发区的企业当中,35.71%的企业认为工商许可不会妨碍企业生产经营,一半的企业认为工商许可会有一点妨碍企业生产经营,各有 7.14% 的企业认为工商许可会中等妨碍以及较大妨碍企业生产经营。通过对比可以看出,经开区内对于企业在工商许可管理方面更加规范,对企业造成的妨碍非常少。而在非经开区,企业较易受工商许可的影响,并且有少量企业受影响程度较深。因此,可以看出经开区在工商许可方面的管理相对更完善。

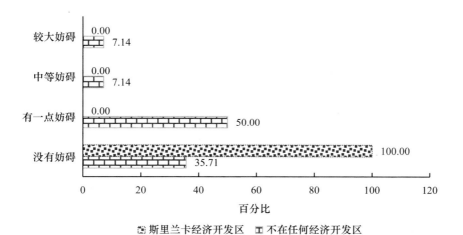

图 5 - 22 工商许可妨碍公司生产经营的程度

图 5 - 23 反映的是政治不稳定对于在不同区域内企业生产经营的妨碍程度。在斯里兰卡经济开发区的企业当中,33.33%的企业认为政治不稳定不会妨碍公司生产经营,其余超过六成(66.67%)的企业都认

为政治不稳定会对企业生产经营造成一点妨碍。在不在任何经济开发区的企业当中，超过一半（57.14%）的企业认为政治不稳定会对企业生产经营造成较大妨碍，各有 7.14% 的企业认为政治不稳定对企业没有妨碍以及严重妨碍，各有 14.29% 的企业认为有一点妨碍以及中等妨碍。可以看出，经开区内的企业受政治不稳定因素影响较小，程度也较轻。位于非经开区的企业受政治不稳定因素影响较大，并且程度较深。因此，企业赴斯里兰卡投资进驻经开区能得到更多安全保障。

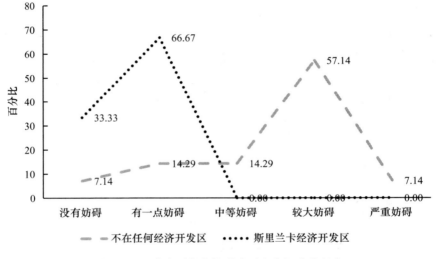

图 5 - 23　政治不稳定妨碍公司生产经营的程度

图 5 - 24 反映的是腐败对在不同区域内企业生产经营的妨碍程度。在斯里兰卡经济开发区的企业，所有企业都认为腐败对企业生产经营没有妨碍。对于不在任何经济开发区的企业来说，21.43% 的企业认为腐败不会妨碍企业生产经营，28.57% 的企业认为腐败会有一点妨碍企业生产经营，42.86% 的企业认为腐败会中等妨碍企业生产经营，较小部分（7.14%）的企业认为腐败会较大妨碍企业生产经营。

图 5 - 25 反映的是土地许可对在不同区域内企业生产经营的妨碍程度。对于在斯里兰卡经济开发区的企业来说，接近七成（66.67%）的

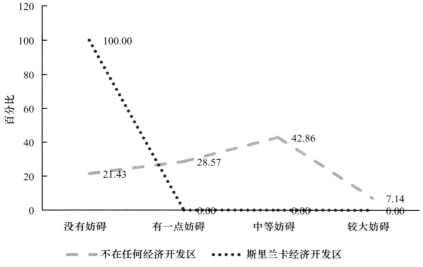

图 5 - 24　腐败妨碍公司生产经营的程度

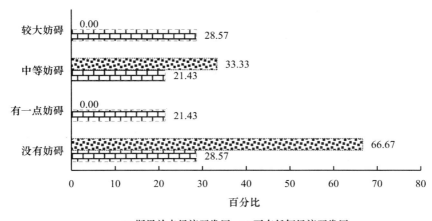

图 5 - 25　土地许可妨碍公司生产经营的程度

企业认为土地许可对企业生产经营没有妨碍，其余的企业认为土地许可会中等妨碍企业生产经营。对于不位于任何经济开发区的企业来说，接近三成（28.57%）的企业认为土地许可对企业生产经营没有妨碍，各有 21.43% 的企业认为会有一点妨碍以及中等妨碍，还有 28.57% 的企业认为土地许可会较大妨碍企业生产经营。

图 5-26 反映的是政府管制与审批对在不同区域内企业生产经营的妨碍程度。对于位于斯里兰卡经济开发区的企业来说，各有 33.33% 的企业认为政府管制与审批对企业生产经营没有妨碍、有一点妨碍以及较大妨碍。对于不位于任何经济开发区的企业来说，只有较小部分（7.14%）企业认为政府管制和审批对企业生产经营没有妨碍，各有接近三成（28.57%）的企业认为政府管制与审批对企业生产经营有一点妨碍以及较大妨碍，21.43% 的企业认为政府管制与审批会中等妨碍企业生产经营，14.29% 的企业认为政府管制与审批会严重妨碍企业生产经营。在其他区域的企业当中，认为政府管制与审批会对企业造成一点妨碍或较大妨碍的企业各占一半。

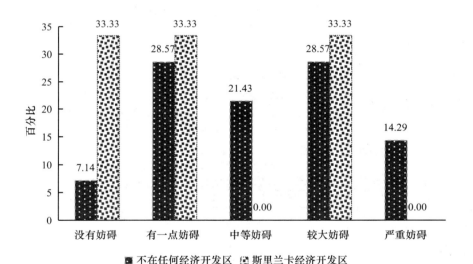

图 5-26 政府管制与审批妨碍公司生产经营的程度

二 中资企业对斯里兰卡公共服务治理的评价——按行业划分

图 5-27 反映的是按行业划分的税收征收妨碍企业生产经营的程度。在工业企业当中，只有一成的企业认为税收征收不会妨碍企业生产经营，七成的企业认为有一点妨碍，只有两成的企业认为会较大妨

碍。在服务业企业当中，四成的企业认为税收征收不会妨碍企业生产经营，但有五成的企业认为税收征收会中等程度或较大程度妨碍生产经营。因此可见，服务业企业较工业企业，更容易受到税收的制约。

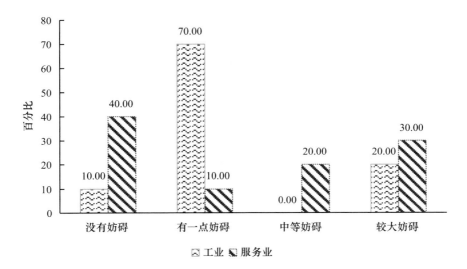

图 5 – 27　按行业划分的税收征收妨碍企业生产经营的程度

图 5 – 28 反映的是按行业划分的工商许可妨碍企业生产经营的程度。在工业企业当中，四成的企业认为工商许可不会妨碍企业生产经营，一半的企业认为会有一点妨碍，仅一成的企业认为会较大妨碍。在服务业企业当中，一半的企业都认为工商许可没有妨碍企业生产经营，三成的企业认为会有一点妨碍，两成的企业认为会中等妨碍。总体来说，工商许可妨碍企业生产经营的程度不大。

图 5 – 29 反映的是按行业划分的政治不稳定妨碍企业生产经营的程度。在工业企业当中，六成的企业认为政治不稳定会较大妨碍企业生产经营。在服务业企业中，四成企业认为会较大影响，一成的企业认为会严重妨碍。总体而言，无论是工业还是服务业企业，均有过半的企业认为政治不稳定对生产经营造成影响。

图 5 – 30 反映的是按行业划分的腐败妨碍企业生产经营的程度。在

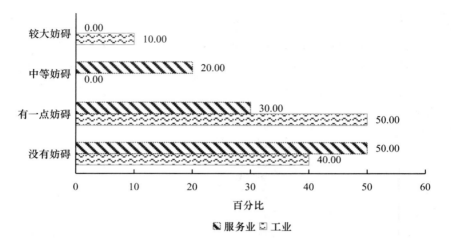

图 5 - 28　按行业划分的工商许可妨碍企业生产经营的程度

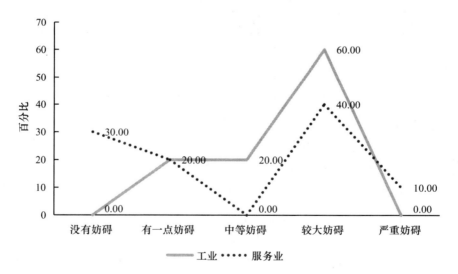

图 5 - 29　按行业划分的政治不稳定妨碍企业生产经营的程度

工业企业当中，两成的企业认为腐败没有妨碍企业生产经营，近八成的企业认为腐败会有一点妨碍或中等妨碍企业生产经营。在服务业企业当中，一半的企业认为腐败没有妨碍企业生产经营，但另一半企业认为腐败会中等妨碍以及较大妨碍生产经营。

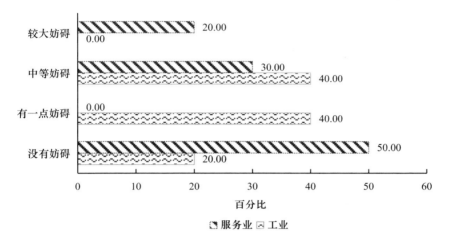

图5-30　按行业划分的腐败妨碍企业生产经营的程度

图5-31反映的是按行业划分土地许可妨碍企业生产经营的程度。在工业类型企业当中，50.00%的企业认为土地许可对企业生产经营有一点妨碍或没有妨碍，另有50.00%的企业则认为较大或中等妨碍企业生产经营。在服务业企业当中，六成的企业都认为土地许可没有妨碍企业生产经营，三成的企业认为中等或较大妨碍。

图5-32反映的是按行业划分的政府管制与审批妨碍企业生产经营的程度。在工业类型企业当中，四成的企业认为政府管制与审批有一点妨碍企业生产经营，两成的企业认为会中等妨碍，四成的企业认为会较大妨碍甚至严重妨碍。在服务业类型企业当中，各有两成的企业认为政府管制与审批没有妨碍以及有一点妨碍企业生产经营，但是五成的企业认为政府管制与审批会较大妨碍以及严重妨碍企业生产经营。对此可看出，服务业相比工业，其生产经营受政府管制与审批的影响更大。

从各类影响企业生产经营的因素看，斯里兰卡的税率和税收的征收、斯里兰卡的政治局势、斯里兰卡的政府管制与审批政策这几项因素对企业生产经营的影响是较大的，相比之下，工商许可、土地许可

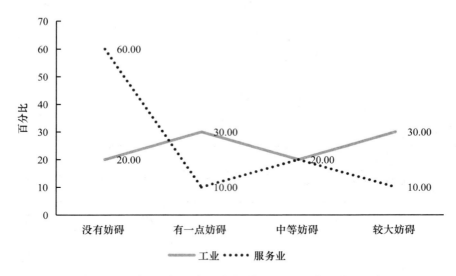

图 5 - 31　按行业划分的土地许可妨碍企业生产经营的程度

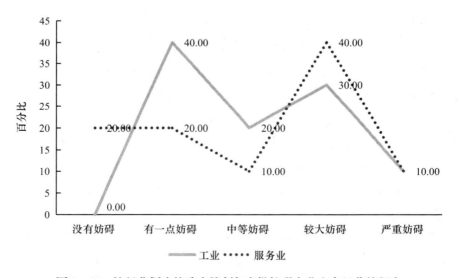

图 5 - 32　按行业划分的政府管制与审批妨碍企业生产经营的程度

等许可证的申请、审批相对比较顺畅，不会太影响企业的生产经营。同时，在经开区内的企业比非经开区的企业更少受到以上因素的影响，经开区内的企业还面临更少的腐败问题，说明斯里兰卡的经开区确实发挥了规范管理的作用。最后，服务业企业相比工业企业，在税收、应对腐败方面，面临更大的压力。

第四节 在斯中资企业投资风险分析

表5-11按照企业行业类型、是否位于经济开发区以及有无女性高管进行划分，调查了企业是否进行过斯里兰卡投资的可行性考察。工业以及服务业类型企业中绝大部分（90.00%）的企业都进行过可行性考察。不在经开区的企业大部分（85.71%）都进行过可行性考察，在经开区以及其他区域的企业全部都进行过可行性考察。在有女性高管的企业当中，超过九成（92.31%）的企业都进行过可行性考察，在没有女性高管的企业中，85.71%的企业进行过可行性考察。

表5-11   **企业是否进行过斯里兰卡投资的可行性考察状况**   （单位：%）

	有可行性考察	无可行性考察
工业	90.00	10.00
服务业	90.00	10.00
不在经开区	85.71	14.29
在经开区	100.00	0.00
有女性高管	92.31	7.69
无女性高管	85.71	14.29

表5-12按照企业行业类型、是否位于经济开发区以及有无女性高管进行划分，反映了企业投资前对斯里兰卡考察的类型。对于工业企业来说，投资前对斯里兰卡考察类型最注重的依次是市场竞争，斯里兰卡劳动力素质，斯里兰卡外国直接投资法律法规，斯里兰卡宗教、文化和生活习惯。所有的工业企业都对斯里兰卡的市场竞争和劳动力素质进行

了考察。对于服务业企业来说，88.89%的企业在投资前都对斯里兰卡的市场竞争，外国直接投资法律法规、宗教、文化和生活习惯进行过调查，77.78%的企业进行过劳动力素质调查，11.11%的企业进行过其他方面的考察。不在经开区的企业，所有的企业都对斯里兰卡进行过市场竞争调查，91.67%的企业都进行过外国直接投资法律法规、宗教、文化和生活习惯以及劳动力素质调查。在经开区的企业，所有的企业都对斯里兰卡进行过市场竞争，外国直接投资法律法规、宗教、文化和生活习惯以及劳动力素质调查。位于其他区域的企业，有一半的企业投资前对斯里兰卡的市场竞争，外国直接投资法律法规、宗教、文化和生活习惯以及劳动力素质进行过调查。在有女性高管的企业中，91.67%的企业投资前对斯里兰卡的市场竞争，外国直接投资法律法规、宗教、文化和生活习惯进行过调查，83.33%的企业对劳动力素质进行过调查。在没有女性高管的企业当中，所有企业投资前都对斯里兰卡的市场竞争、劳动力素质进行过调查，绝大部分企业都对斯里兰卡的外国直接投资法律法规、宗教、文化和生活习惯进行过调查。

表 5 - 12　　　　　　　　企业投资前斯里兰卡考察类型　　　　　　　（单位：%）

	市场竞争调查		斯里兰卡外国直接投资法律法规		斯里兰卡宗教、文化和生活习惯		斯里兰卡劳动力素质		其他方面考察	
	否	是	否	是	否	是	否	是	否	是
工业	0.00	100.00	11.11	88.89	11.11	88.89	0.00	100.00	100.00	0.00
服务业	11.11	88.89	11.11	88.89	11.11	88.89	22.22	77.78	88.89	11.11
不在经开区	0.00	100.00	8.33	91.67	8.33	91.67	8.33	91.67	100.00	0.00
斯里兰卡经开区	0.00	100.00	0.00	100.00	0.00	100.00	0.00	100.00	100.00	0.00
有女性高管	8.33	91.67	8.33	91.67	8.33	91.67	16.67	83.33	91.67	8.33
无女性高管	0.00	100.00	16.67	83.33	16.67	83.33	0.00	100.00	100.00	0.00

　　表5－13按照企业行业类型、是否位于经济开发区以及有无女性高管进行划分，反映了2017年企业安全生产额外支付情况，此处，额外支付指为设备安全、人员安全支付的安保费用。在工业类型企业当中，七成企业都存在安全生产有额外支付的情况。服务业类型的企业当中，九成企业都存在安全生产有额外支付的情况。不在经开区的企业，接近八成（78.57%）的企业存在安全生产有额外支付的情况。在经开区的企业，接近七成（66.67%）的企业存在安全生产有额外支付的情况。在有女性高管的企业当中，超过八成（84.62%）的企业存在安全生产有额外支付的情况。在无女性高管的企业当中，超过七成（71.43%）的企业存在安全生产有额外支付的情况。

　　因此可看出，服务业企业比工业企业需支付更多的安保费用；经开区的企业相比非经开区企业有更多的安全保障；女性高管有助于提升安保支出。

表5－13	2017 年企业安全生产额外支付	（单位：%）
	安全生产有额外支付	安全生产无额外支付
工业	70.00	30.00
服务业	90.00	10.00
不在经开区	78.57	21.43
斯里兰卡经开区	66.67	33.33
有女性高管	84.62	15.38
无女性高管	71.43	28.57

　　表5－14按照企业行业类型、是否位于经济开发区以及有无女性高管进行划分，反映了斯里兰卡中资企业2017年的偷盗损失情况。从数据可以看出，一半的工业企业遭遇过偷盗损失情况，四成的服务业类型企业发生过偷盗损失情况。不在经开区的企业中，42.86%的企业发生过偷盗损失情况。在经开区的企业，66.67%的企业发生过偷盗损失情况，这一情况显示出经开区在安保方面并没有明显优势。在有女性

高管的企业中，30.77%的企业发生过偷盗损失情况；在无女性高管的企业中，超过七成（71.43%）的企业都发生过偷盗损失情况，女性高管对企业安全管理有积极作用。

表 5 – 14	2017 年企业偷盗损失状况	（单位：%）
	发生过偷盗损失	未发生偷盗损失
工业	50.00	50.00
服务业	40.00	60.00
不在经开区	42.86	57.14
斯里兰卡经开区	66.67	33.33
有女性高管	30.77	69.23
无女性高管	71.43	28.57

图 5 – 33 反映的是中资企业管理层对 2017 年斯里兰卡政治环境情况的认知。可以看出，四成的中资企业管理层认为斯里兰卡政治环境不稳定，有党派斗争，对政治需谨慎小心；35%的中资企业管理层认

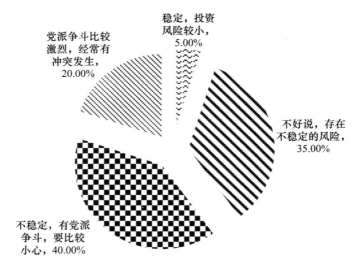

图 5 – 33 中资企业管理层对 2017 年斯里兰卡政治环境情况的认知

为斯里兰卡的政治环境不好说，存在不稳定的风险；20% 的中资企业管理层认为斯里兰卡党派斗争比较激烈，经常有冲突发生；只有 5% 的中资企业管理层认为斯里兰卡稳定，投资风险较小。

表 5－15 是按照企业行业类型、是否位于经济开发区以及有无女性高管进行划分，反映了企业未来一年经营风险主要方面及比重。综合工业企业和服务业企业的情况来看，未来一年影响企业经营的主要风险分别是市场竞争上升、政治环境变化、政策限制加强、中资企业增多以及员工工资增长（按照比重从多到少依次排列，下同）。不在经开区的企业认为未来一年主要的经营风险分别是市场竞争上升、政治环境变化、政策限制加强、中资企业增多以及员工工资增长。相比之下，在经开区的企业面临的市场竞争上升压力和政策压力相对小，但在员工工资增长、中资企业增多方面，面临更多的压力。在有女性高管的企业以及无女性高管的企业都认为企业未来一年经营风险主要方面是市场竞争上升、政治环境变化、政策限制加强、中资企业增多以及员工工资增长。

表 5－15　　　　　企业未来一年经营风险主要方面及比重　　　　（单位：%）

	员工工资增长	市场竞争上升	资源获取难度增加	研发后劲不足	政策限制加强	优惠政策效用降低或到期	政治环境变化	中资企业增多	产品或服务无话语权	其他方面
工业	20.00	100.00	10.00	0.00	60.00	0.00	70.00	40.00	0.00	0.00
服务业	40.00	80.00	0.00	0.00	60.00	0.00	80.00	20.00	10.00	10.00
不在经开区	21.43	100.00	7.14	0.00	71.43	0.00	71.43	28.57	0.00	0.00
斯里兰卡经开区	33.33	66.67	0.00	0.00	66.67	0.00	100.00	33.33	0.00	0.00
有女性高管	38.46	84.62	7.69	0.00	53.85	0.00	76.92	23.08	7.69	7.69
无女性高管	14.29	100.00	0.00	0.00	71.43	0.00	71.43	42.86	0.00	0.00

综上所述，斯里兰卡在基础设施供给方面，经济开发区拥有比较明显的优势。从数据上来看，经开区为企业提供很多便利，可以省去很多机制性的步骤，比如在经开区大部分不用提交水、电、网、建筑申请的非正规支付比例，而其他区域的企业则需要提交。经开区很少发生断电、断水、断网等情况，而其他区域停电、停水以及断网情况时有发生。此外，经开区还为企业提供了经营许可、税收征收以及制度上的便利，一定程度上避免了腐败问题。斯里兰卡经开区内公共服务供给比其他区域的公共服务供给要规范合理一些。中资企业对斯里兰卡公共服务治理的评价中，认为斯里兰卡的腐败、政府管制与审批、政治不稳定、税率以及税收征收等主要因素会妨碍企业的生产经营。在斯的中资企业大部分认为未来在斯里兰卡投资面临的主要挑战依次是市场竞争进一步加剧、斯里兰卡政党斗争导致的政治局势动荡、斯里兰卡对中资企业的政策限制、中资企业增多以及员工工资上涨。

第 六 章

斯里兰卡中资企业生产
及发展情况分析

企业生产经营状况是指企业的产品在商品市场上进行销售、服务的发展现状。企业经营状况与财务管理直接关联，企业经营状况对财务管理模式的影响主要表现在：经营规模的大小对财务管理模式复杂程度的要求有所不同；企业的采购环境、生产环境和销售环境对财务管理目标的实现有很大影响，好的环境有利于财务管理目标的实现，反之，阻碍目标的实现。本章基于"海外中资企业营商环境调研"中的斯里兰卡企业调研数据，就斯里兰卡的中资企业基本情况以及企业生产、经营状况进行分析，主要包括斯里兰卡中资企业基本情况、斯里兰卡中资企业生产经营状况、斯里兰卡中资企业融资状况分析等方面。

第一节　斯里兰卡中资企业
基本情况分析

在"海外中资企业营商环境调研"斯里兰卡企业部分的数据中，我们以 1995 年作为中资企业注册时间与运营开始时间的共同起点，图 6-1 反映出自 1995 年以来中资企业在斯里兰卡的注册时间与运营时间分布。从图中可以看出，从 1995 年起，中资企业开始不断进入斯里兰卡，并呈逐年上升趋势，2010年以后，呈快速增长态势，并在2013年前后达到顶峰。

在2011—2016年期间，不论是中资企业注册还是运营都达到顶峰状态，在这五年内中资企业运营时间所占百分比为65.00%，以注册时间来看所占百分比为52.64%。2017年以来的注册与运营时间相比较前五年的上升趋势有所缓和。总的来说，2011年至2016年的这五年是斯里兰卡中资企业注册与运营的集中时段，极高比例的中资企业在此时间内在斯里兰卡进行注册与运营。

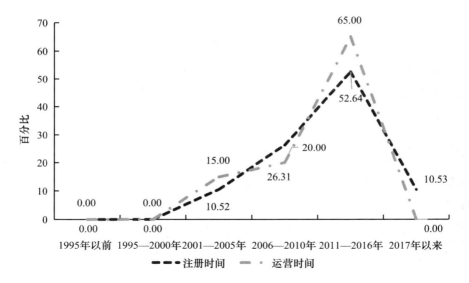

图6-1 企业注册与运营时间年份分布

从股权来源占比的角度来看，图6-2反映的是中国国有控股、中国集体控股、中国私人资本股份、斯里兰卡国有资本股份、斯里兰卡私人资本股份、外国国有资本股份、外国私人资本控股共七类企业股权占比分布。由图可以看出，在斯企业中，占比最高的是中国国有控股企业，占比为71.75%，其次是中国私人资本股份，占比为17.45%，再次是中国集体控股占比为3.50%，其他的斯里兰卡国有资本股份占比 0.75%，斯里兰卡私人资本股份占比 2.55%，外国国有资本股份占比为 0，外国私人资本控股占比 1.50%。由此可见，除中国国有控股具有极大占比外，其他六类资本股份占比相对都较小，国有控股企业是中国对斯投资的主力军。这可能与样本选取时，主要选择了在商会注册的企业为样本有关，商会企业以国有控股大中型企业为主。

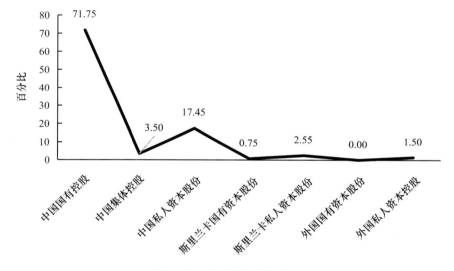

图 6-2　企业股权占比分布

表 6-1 反映了企业股权的变化情况，从表中可以看出，在斯里兰卡注册时间超过 5 年的企业，股权大多数是由中国股东、斯里兰卡股东和其他国家股东构成，大部分中国股东（93.33%）从注册之日起就是股东，但也有少部分企业（6.67%）没有中方股东，其他国家的股东占比很小，而且基本上也是开始控股，后来不控的状态。

注册低于 5 年的企业，也就是说 2013 年以后进入斯里兰卡的中资企业，股权主要由中方和斯方构成，其他国家股东没有参与控股，而且中方的股东是一直控股，斯方的股东则是后来加入，形成中斯共同控股的状态。

表 6 - 1　　　　　　　　　　　企业的股权变化状况　　　　　　　　（单位：%）

	中国股东股权变化				斯里兰卡股东股权变化				其他国家股东股权变化			
	一直控股	以前控股现在不控	以前不控现在控	一直不控	一直控股	以前控股现在不控	以前不控现在控	一直不控	一直控股	以前控股现在不控	以前不控现在控	一直不控
注册超过5年	93.33	0.00	0.00	6.67	6.67	6.67	46.67	40.00	0.00	6.67	0.00	53.33
注册低于5年	100.00	0.00	0.00	0.00	0.00	0.00	80.00	20.00	0.00	0.00	0.00	40.00

表 6 - 2 反映了在有中国母公司和没有中国母公司的情况下，驻斯中资企业的股权变化情况。从表中可以看出，有中国母公司的企业，中国股东都是一直控股的状态，同时，斯方控股也在逐年增加，斯方股东"以前不控股现在控股"的情况占六成，同时还有少量的其他国家股东参与控股的情况。

表 6 - 2　　　　　　　　　　　企业的股权变化状况　　　　　　　　（单位：%）

	中国股东股权变化				斯里兰卡股东股权变化				其他国家股东股权变化			
	一直控股	以前控股现在不控	以前不控现在控	一直不控	一直控股	以前控股现在不控	以前不控现在控	一直不控	一直控股	以前控股现在不控	以前不控现在控	一直不控
有中国母公司	100.00	0.00	0.00	0.00	0.00	5.56	61.11	33.33	5.56	0.00	0.00	44.44
无中国母公司	50.00	0.00	0.00	50.00	50.00	0.00	0.00	50.00	0.00	0.00	0.00	100.00

相比之下，没有中国母公司的企业，只有一半的企业呈现一直控

股的状态，而另一半企业一直是斯方控股为主，这说明，在没有母公司的支持下，中资企业在斯投资时，大多需要联合甚至依靠斯方股东进行投资。

图6-3反映了企业母公司中公司类型的百分比分布。从图中可见，国有企业拥有过半占比，为66.66%，其次是股份合作企业，占比为16.67%，股份有限公司、私营企业和私营有限责任公司占比均为5.56%。由此我们可以看出，在企业母公司类型中，国有企业占比最高，其次是股份合作企业，股份有限公司和私营企业、私营有限责任公司占比较小且平均分布。

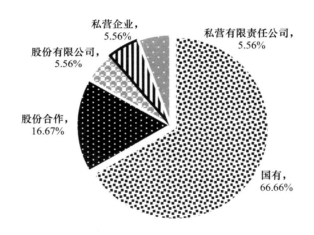

图6-3　企业母公司类型百分比分布

从是否在开发区与中资企业母公司类型交互情况来看，表6-3反映了以国有企业、股份合作企业、国有联营、私营企业、私营有限、私营股份、港澳台合资、港澳台独资这八类公司类型与是否在斯里兰卡经开区的交互情况。其中不在经开区的企业中，母公司类型为国有企业的占比为75.00%，国有联营、私营企业与私营有限占比均为8.33%。在经开区企业的母公司类型中，国有企业占比33.33%，股份合作占比66.67%，其他企业类型占比均为0，可见股份合作类企业更愿意选址经开区。

总体而言，不在经济开发区的企业母公司类型中，国有企业拥有极高占比，其他国有联营、私营企业、私营有限占比较小且平均分布。在经济开发区中的企业母公司类型，股份合作类拥有过半以上占比，其次是国有企业占比较高。

表6-3		是否在经开区企业母公司类型交互表						（单位：%）
	国有	股份合作	国有联营	私营企业	私营有限	私营股份	港澳台合资	港澳台独资
不在经开区	75.00	0.00	8.33	8.33	8.33	0.00	0.00	0.00
在经开区	33.33	66.67	0.00	0.00	0.00	0.00	0.00	0.00

图6-4反映了企业在中国商务部备案年份的分布情况。年份分布以1995年作为时间起点，以5年作为时间间距，自1995年至2016年以来的企业商务部备案年份，按照百分比分布来进行分析。

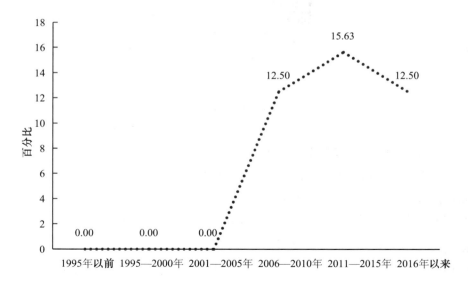

图6-4 企业在中国商务部备案年份分布

由图 6 - 4 可以看出，企业在商务部备案年份较高分布在 2011 年至
2015 年期间，达到了 15.63% 的占比。其次是 2006 年至 2010 年期间和
2016 年以来这两个期间，占比分布均为 12.50%。

这说明，中国企业 2006 年以后开始加大对斯里兰卡的投资，进驻
企业数量在 2011—2015 年达到最高位，2016 年以来数字有所回落，这
可能是受到国外媒体炒作"债务陷阱"所带来的负面影响所致。

第二节　斯里兰卡中资企业生产经营状况分析

一　斯里兰卡中资企业生产、经营状况

企业的生产行为是指企业为了实现利润最大化目标，按照投入产
出相抵收益最大的原则，对发生在生产过程中的生产要素投入和产品
产出进行决策的行为。而企业生产状况则是对生产过程中的各类因素
进行分析、掌握并由此把握企业生产情况。

企业生产状况与企业营业时间密切相关，图 6 - 5 反映了企业每周
平均营业时间分布，整体分布呈现两端高，中间低的 V 形。由图可知，
70 小时以上占比为 15.00%，30—40 小时占比为 11.67%，61—70 小时
占比为 10.00%，41—50 小时占比为 8.75%，51—60 小时占比为 5%。
占比分布最高为 70 小时以上，其次是 30—40 小时和 61—70 小时。企
业每周平均营业时间主要集中于 70 小时以上和 30—40 小时，其余营业
时间分布相差不大。

根据调研情况看，工作时长为每周 70 小时以上的企业，主要是生
产型企业，特别是一线劳工，他们的工作时间较长。而工作时长为
30—40 小时的企业，主要是经营和服务型企业，基本按照一天 8 小时，
一周工作 5 天的时间进行生产经营。

从企业产品的主要市场与注册时长、是否在经开区、商务部投资

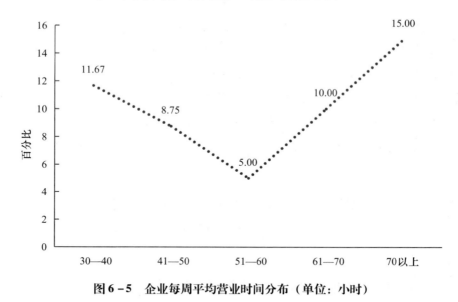

图 6 - 5　企业每周平均营业时间分布（单位：小时）

备案、是否加入商会的交互情况来看，表 6 - 4 反映了企业产品的主要销售市场状况。

　　由此表可知，就注册时长而言，注册超过 5 年的企业产品销售本地市场的占比为 33. 33%，斯里兰卡国内市场占比 53. 33%，中国市场与国际市场占比均为 6. 67%。注册低于 5 年的企业产品销售本地市场与斯里兰卡国内市场占比均为 40. 00%，国际市场占比为 20. 00%。可见，大部分企业的产品都在斯里兰卡国内销售，近 5 年内注册的企业，有更多的产品销往国际市场。

　　就企业是否位于经开区而言，不在经开区的企业中，企业产品销售斯里兰卡国内市场占比最高为 57. 14%，其次是本地市场占比 35. 71%，国际市场占比较小为 7. 14%。在经开区的企业，除了 66. 66% 的产品销售给斯里兰卡国内，还有三成的产品销往国际市场。

　　就是否在商务部投资备案而言，已在商务部境外投资备案的企业产品销售斯里兰卡国内市场占比为 53. 33%，本地市场占比 26. 67%，中国与国际市场占比相对较小分别为 6. 67% 和 13. 33%。未在商务部投资备案的企业产品销售本地市场占比 60. 00%，斯里兰卡国内市场占比 40.00%。

就是否加入斯里兰卡中国商会而言，加入商会的企业产品销售斯里兰卡国内市场占一半（50.00%），本地市场占比为 33.33%，相比而言，中国市场（5.56%）与国际市场（11.11%）占比较小。

总的来说，可以得知，企业产品的主要销售市场大多集中于企业本地市场与斯里兰卡国内市场，小部分企业产品主要集中销往中国，位于经开区和注册低于 5 年的企业集中于国际市场的产品销售。

表 6-4　　　　　　　　　企业产品的主要销售市场状况　　　　　（单位：%）

	本地	斯里兰卡国内	中国	国际
注册超过 5 年	33.33	53.33	6.67	6.67
注册低于 5 年	40.00	40.00	0.00	20.00
不在经开区	35.71	57.14	0.00	7.14
斯里兰卡经开区	33.33	33.33	0.00	33.33
商务部境外投资备案	26.67	53.33	6.67	13.33
未在商务部境外投资备案	60.00	40.00	0.00	0.00
加入斯里兰卡的中国商会	33.33	50.00	5.56	11.11
未加入斯里兰卡的中国商会	50.00	50.00	0.00	0.00

企业主营产品是指企业为完成经营目标而从事的日常活动中的主要产品，是企业产生盈利的关键产品。表 6-5 反映了市场与企业主营产品的市场份额的分布情况。由表可知，就主营产品在企业所在地的市场份额来看，有近 15% 的企业，本地市场份额可以达到最高占比，即 71%—100%，但是剩下 85% 的企业，在本地市场的市场份额，均低于 50%，有约 43% 的企业，本地市场份额占比仅为 1%—10%。

如果扩大一点范围，就主营产品在整个斯里兰卡的市场份额来看，有约 22% 的企业在斯里兰卡市场份额上可以达到最高占比（71%—100%），但是剩下的近 80% 的企业，主营产品在斯里兰卡的市场份额，均在 30% 以下，其中约 33% 的企业占比为 11%—20%，约 22% 的企业占比为 1%—10%，还有 10% 的企业，占比不足 1%。

可见，大部分企业在斯里兰卡还是面临较大的竞争状况，主营产品的市场份额大多还没有成为市场主流。

在斯中资企业的主营产品，在中国市场的市场份额占比均小于 1%，在国际市场的份额均小于 10%。可见在斯中资企业的主营产品主要针对的是斯里兰卡市场，大多并没有拓展到斯里兰卡以外的市场。

表 6-5　　　　　　　　　企业主营产品的市场份额分布

市场份额＼市场	小于 1%	1%— 10%	11%— 20%	21%— 30%	31%— 50%	51%— 70%	71%— 100%
本地	14.29	42.86	0.00	14.29	14.29	0.00	14.29
斯里兰卡国内	11.11	22.22	33.33	11.11	0.00	0.00	22.22
中国	100.00	0.00	0.00	0.00	0.00	0.00	0.00
国际	50.00	50.00	0.00	0.00	0.00	0.00	0.00

从企业在斯里兰卡的定价方式与注册时长、是否在经开区、是否在商务部备案、是否加入中国商会的交互情况来看，表 6-6 反映了企业在斯里兰卡的定价方式占比分布。

由表可知，就注册时长而言，注册超过 5 年的企业中，市场定价（60.00%）对于定价方式的占比最高，根据进口次之（13.33%），其余成本加成、政府定价、买方议价、其他方式均占比较小（6.67%）。注册低于 5 年的企业中，市场定价占比 60.00%，成本加成与政府定价占比相同均为 20.00%。就是否位于经开区而言，不在经开区中的企业市场定价占比最大（64.29%），其次是产品成本（14.29%）。在经开区的企业中，市场定价和政府定价、其他方式占比均相同（33.33%）。就是否投资备案的企业而言，已投资备案的企业，市场定价占比过半（53.33%），其次为成本加成和政府定价（13.33%）。未投资备案的企业中，市场定价拥有绝对占比（80.00%），根据进口占比较小（20.00%）。就是否加入商会而言，加入商会的企业中，市场定价占比较高（61.11%），其余占比较小。未加入商会企业，市场定价与根据进口各占 50%。

由此可知，无论注册时长、是否位于经开区、是否投资备案、是否加入中国商会，就企业在斯里兰卡的定价方式而言，市场定价拥有绝对占比，占比分布最高。其次占比分布较高的是成本加成、根据进口和政府定价。

表 6 - 6　　　　　　　　企业在斯里兰卡的定价方式分布　　　　　（单位：%）

	市场定价	成本加成	根据进口	政府定价	买方议价	其他方式
注册超过 5 年	60.00	6.67	13.33	6.67	6.67	6.67
注册低于 5 年	60.00	20.00	0.00	20.00	0.00	0.00
不在经开区	64.29	14.29	7.14	7.14	7.14	0.00
斯里兰卡经开区	33.33	0.00	0.00	33.33	0.00	33.33
商务部境外投资备案	53.33	13.33	6.67	13.33	6.67	6.67
未在商务部境外投资备案	80.00	0.00	20.00	0.00	0.00	0.00
加入斯里兰卡的中国商会	61.11	11.11	5.56	11.11	5.56	5.56
未加入斯里兰卡的中国商会	50.00	0.00	50.00	0.00	0.00	0.00

从产品出口类型与注册时长、是否位于开发区、是否在商务部备案、是否加入中国商会的交互情况来看，表 6 - 7 反映了企业产品出口的类型分布情况。

由表可知，就注册时长而言，注册超过五年的企业中原始设备制作商占比 100%，注册低于 5 年中，非原始设备、设计、品牌制造商的其他类型占比为 100%。不在经开区的企业原始设备制造商占比 100%，在经开区的企业其他类型占比 100%。已在商务部投资备案的企业和加入斯里兰卡中国商会的企业中，原始设备制造商与其他类型占比均为 50.00%。

由此可知，就企业产品出口类型分布而言，因注册时长、是否位于经开区、是否在商务部进行投资备案、是否加入中国商会各类情况的不同，占比分布有所变化。总的来说，原始设备制造商与其他类型是出口类型分布最高的两类。

表6-7 企业产品出口类型分布 （单位：%）

	原始设备制造商	原始设计制造商	原始品牌制造商	其他
注册超过5年	100.00	0.00	0.00	0.00
注册低于5年	0.00	0.00	0.00	100.00
不在经开区	100.00	0.00	0.00	0.00
斯里兰卡经开区	0.00	0.00	0.00	100.00
商务部境外投资备案	50.00	0.00	0.00	50.00
未在商务部境外投资备案	0.00	0.00	0.00	0.00
加入斯里兰卡的中国商会	50.00	0.00	0.00	50.00
未加入斯里兰卡的中国商会	0.00	0.00	0.00	0.00

二 斯里兰卡中资企业竞争状况

市场竞争状况是指在同一空间区域内，竞争对手的积聚程度和竞争状况。市场竞争状况是影响企业制定产品价格的重要因素。产品的最低价格取决于该产品的成本费用，最高价格取决于产品的市场需求状况，而在上限和下限之间，企业能把这种产品价格定多高，则取决于市场竞争状况。

表6-8展示了不同行业类别中竞争压力的主要来源。从工业企业来看，外资同行作为压力来源的占比为70.00%，斯里兰卡同行只有30%。对于服务业而言，斯里兰卡同行作为压力来源占比66.67%，外资同行占比33.33%。总的来说，就工业而言，外资同行带来的竞争压力较大；从服务业来看，斯里兰卡同行带来的竞争压力较大。

表6-8 不同行业类别竞争压力的主要来源 （单位：%）

	斯里兰卡同行	外资同行
工业	30.00	70.00
服务业	66.67	33.33

从 2013 年以来的竞争状况变化与行业类别、是否在商务部投资备案、是否加入商会的交互情况来看，表 6 - 9 反映了近五年来企业的竞争状况变化情况。从行业类别来看，绝大多数工业企业认为近 5 年来竞争更激烈（80.00%），只有部分企业认为更好经营（10.00%）和没有变化（10.00%）。从企业有无在商务部投资备案来看，绝大多数已备案的企业认为竞争更激烈（80.00%），小部分企业认为更好经营（13.33%）和没有变化（6.67%）。从是否加入斯里兰卡中国商会的企业而言，较大比例已加入商会的企业认为竞争更激烈（72.22%），未加入商会的企业中竞争更激烈与更好经营占比相同。

总的来说，就近 5 年以来的企业竞争状况变化而言，不考虑其他因素与情况，绝大部分企业都认为企业竞争变得更加激烈。

表 6 - 9 　　　　　　　　近五年来企业的竞争状况变化情况 　　　　（单位：%）

	更好经营	没有变化	竞争更激烈
工业	10.00	10.00	80.00
服务业	20.00	20.00	60.00
商务部境外投资备案	13.33	6.67	80.00
未在商务部境外投资备案	20.00	40.00	40.00
加入斯里兰卡的中国商会	11.11	16.67	72.22
未加入斯里兰卡的中国商会	50.00	0.00	50.00

从 2013 年以来的竞争状况方式与行业类别、是否在商务部投资备案、是否加入商会的交互情况来看，表 6 - 10 反映了近 5 年来企业的竞争方式变化情况。就行业类别而言，绝大多数工业企业认为价格竞争更激烈（70.00%），服务行业中部分企业认为价格竞争与质量竞争都很激烈（同占比 30.00%）。从是否在商务部备案来看，已备案的企业中过半认为价格竞争更激烈（53.33%），小部分企业认为质量竞争更激烈（20.00%）。未备案的企业中，认为价格竞争更激烈和质量竞争更激烈均为 40.00%。就是否加入中国商会而言，加入商会企业中半数

认为价格竞争更激烈（50.00%），小部分企业认为质量竞争更激烈（22.22%）。未加入商会企业中，认为价格竞争更激烈（50.00%）和质量竞争更激烈（50.00%）的企业均为半数。

总的来说，就近5年来企业的竞争方式变化情况而言，认为价格竞争更激烈的企业占绝大多数，其次是质量竞争，小部分企业认为竞争方式没有变化，值得关注的是，作为新媒体传播的广告也开始成为企业的竞争方式之一。

表6-10　　　　　　　　　近五年来企业的竞争方式变化情况　　　　　　（单位：%）

	没有变	价格竞争更激烈	质量竞争更激烈	广告战更激烈	其他
工业	10.00	70.00	20.00	0.00	0.00
服务业	20.00	30.00	30.00	0.00	20.00
商务部境外投资备案	13.33	53.33	20.00	0.00	13.33
未在商务部境外投资备案	20.00	40.00	40.00	0.00	0.00
加入斯里兰卡的中国商会	16.67	50.00	22.22	11.11	16.67
未加入斯里兰卡的中国商会	0.00	50.00	50.00	0.00	0.00

三　斯里兰卡中资企业自主程度及与不同因素交互分析

我们将企业的自主程度分为0—19%、20%—39%、40%—49%、50%—59%、60%—69%、70%—79%、80%—89%、90%—99%、100%九个等级，企业自主程度依次递增，数值越高证明企业的自主程度越高。

从企业的自主程度（产品生产、产品销售、技术开发、新增投资、员工雇佣）与行业类型的交互情况来看，表6-11反映了不同行业类型的企业自主程度占比分布。由表可知，产品生产方面，从事服务业的企业自主程度在80%—100%范围内拥有绝对占比（80%），工业企业相比而言占比较小（40%）。从产品销售方面来看，从事服务业的企业自主程度在80%—100%范围内的占比较高（70%），工业企业占比过半（57.15%）。从事服务业的技术开发中，企业拥有绝对自主程度的占比接近半数（44.44%），工业行业的各企业自主程度占比分布均匀。就新增投资角度来看，0—19%的自主程度中，工业类型的企业占比最高（55.56%），服务业次之（44.44%）。服务业企业的员工雇佣方面，企业自主程度最高达到半数以上（66.67%），工业企业相比而言占比较小（30%）。

从企业自主程度的不同角度分析来看，不论是从产品生产还是产品销售、技术开发或员工雇佣方面，服务行业相比较工业的企业自主程度都更高。值得一提的是，就新增投资而言，无论工业还是服务业的企业自主程度占比呈现两极化，企业自主度不高和企业自主度高两端分布，其中分布最多的还是企业自主程度较低，即从新增投资角度来看，无论工业还是服务业，企业的自主程度都不算很高。总的来说，工业和服务业相对而言，服务业企业自主程度整体还是比工业企业高。

表6-11　　　　　　　　　　　　不同行业类型的企业自主程度

	行业类型	0—19%	20%—39%	40%—49%	50%—59%	60%—69%	70%—79%	80%—89%	90%—99%	100%
产品生产	工业	20.00	10.00	0.00	0.00	20.00	10.00	10.00	10.00	20.00
	服务业	10.00	0.00	0.00	10.00	0.00	0.00	40.00	10.00	30.00
产品销售	工业	28.57	0.00	0.00	0.00	14.29	0.00	14.29	14.29	28.57
	服务业	0.00	0.00	0.00	0.00	0.00	20.00	20.00	30.00	20.00
技术开发	工业	20.00	10.00	0.00	20.00	20.00	0.00	0.00	10.00	20.00
	服务业	22.22	11.11	0.00	0.00	0.00	0.00	0.00	22.22	44.44
新增投资	工业	55.56	0.00	0.00	0.00	22.22	0.00	0.00	0.00	22.22
	服务业	44.44	0.00	0.00	11.11	0.00	0.00	0.00	11.11	33.33
员工雇佣	工业	10.00	10.00	0.00	0.00	0.00	0.00	20.00	30.00	30.00
	服务业	0.00	0.00	0.00	0.00	0.00	0.00	0.00	33.33	66.67

从企业的自主程度（产品生产、产品销售、技术开发、新增投资、员工雇佣）与商务部备案与否的交互情况来看，表6-12反映了商务

部备案与否与企业自主程度关系。由表可知，在商务部备案的企业中，产品生产方面占比分布较高的自主程度为 80%—89% 和 100%，分别占比 20% 和 20%，未备案的企业中，80%—89% 和 100% 的自主程度占比分别为 40% 和 40%，不论备案是否，企业在产品生产方面都拥有较高的自主度。产品销售方面，已备案的企业中，70%—79% 和 100% 自主程度占比最高，同为 16.67%。未备案的企业中，80%—89% 和 100% 的自主程度占比最高分别为 40% 和 40%。就产品销售而言，备案的企业都拥有较高自主度，但相比较未备案的企业自主程度分布更加集中在自主程度高的部分。

从企业技术开发角度看，已经备案的企业自主程度 100% 的占比分布最高（26.67%），未备案的企业中，自主程度 100%、0—19% 和 20%—39% 的占比分别为 50%、25% 和 25%。新增投资中已备案企业自主程度在 0—19% 的占比最高为 50%，其次为自主程度 100% 的占比 21.43%。新增投资中未备案企业占比均匀（各占 50%）分布在自主程度分别为 0—19% 和 100% 中。已经备案的企业在员工雇佣方面的自主程度接近半数（46.67%）分布在自主程度 100%，未备案的企业员工雇佣方面的自主程度半数（50%）分布在自主程度为 100% 中。

综上所述，从商务部备案与否与企业自主程度关系来看，已经备案的企业无论是在产品生产、产品销售还是技术开发、新增投资和员工雇佣方面，自主程度都比未备案的稍高一些，差别并不算大。值得注意的是，在新增投资方面，受企业是否备案影响不大，有近半数的企业自主程度分布在 0—19%，因投资的特殊性，不论是否备案，企业的自主程度中就新增投资方面来说，其自主程度并不算高。

表 6-12　　　　　　商务部备案与否与企业自主程度关系

		0—19%	20%—39%	40%—49%	50%—59%	60%—69%	70%—79%	80%—89%	90%—99%	100%
产品生产	是	13.33	6.67	0.00	6.67	13.33	6.67	20.00	13.33	20.00
	否	20.00	0.00	0.00	0.00	0.00	0.00	40.00	0.00	40.00

续表

		0—19%	20%—39%	40%—49%	50%—59%	60%—69%	70%—79%	80%—89%	90%—99%	100%
产品销售	是	8.33	0.00	0.00	8.33	8.33	16.67	8.33	33.33	16.67
	否	20.00	0.00	0.00	0.00	0.00	0.00	40.00	0.00	40.00
技术开发	是	20.00	6.67	0.00	13.33	13.33	0.00	0.00	20.00	26.67
	否	25.00	25.00	0.00	0.00	0.00	0.00	0.00	0.00	50.00
新增投资	是	50.00	0.00	0.00	7.14	14.29	0.0	0.00	7.14	21.43
	否	50.00	0.00	0.00	0.00	0.00	0.0	0.00	0.00	50.00
员工雇佣	是	0.00	6.67	0.00	0.00	0.00	0.00	13.33	33.33	46.67
	否	25.00	0.00	0.00	0.00	0.00	0.00	0.00	25.00	50.00

从企业的自主程度（产品生产、产品销售、技术开发、新增投资、员工雇佣）与是否加入斯里兰卡中国商会的交互情况来看，表 6－13 反映了加入斯里兰卡中国商会与否与企业自主程度的关系。由表可知，在产品生产中，加入商会的企业自主程度较高（100%自主程度占比22.22%）且自主程度分布均匀（各类自主程度皆有占比）。未加入商会的企业自主程度集中分布（50%）在80%—89%、100%两处。在产品销售方面，加入商会的企业自主程度较高（90%—99%和100%自主程度占比分别为26.67%和20%）且自主程度多分布于70%—79%、80%—89%等。未加入商会的企业自主程度集中分布（50%）在80%—89%、100%两处。

技术开发方面，已加入商会的企业在技术开发方面的自主程度集中分布在 0—19%（23.53%）、90%—99%（17.65%）和 100%（29.41%）三个自主程度范围内，低自主度与高自主度分布相差不大。未加入商会的企业就技术开发自主程度集中分布（50%）在20%—39%、100%两处。新增投资方面，已加入商会的企业集中分布（50%）在0—19%的自主程度稍低范围内，未加入商会的企业自主程度集中分布（50%）在0—19%、100%两处。已加入商会的企业在员工雇佣方面的自主程度分布集中在高自由度的90%—99%（29.41%）

和100%（47.06%）。未加入商会的自主程度集中分布（50%）在90%—99%、100%两处。

总的来说，加入中国商会与否对企业自主程度的影响在于自主程度的分布状况是集中还是分散。对加入中国商会的企业来说，较多方面分布集中于自主程度高的范围内，其余分散分布在不同的自主程度范围内，而对于未加入中国商会的企业来说，则大多集中于两个范围内，其余自主程度不存在分布。

表 6 - 13 　　　　　加入斯里兰卡中国商会与否与企业自主程度关系

		0—19%	20%—39%	40%—49%	50%—59%	60%—69%	70%—79%	80%—89%	90%—99%	100%
产品生产	是	16.67	5.56	0.00	5.56	11.11	5.56	22.22	11.11	22.22
	否	0.00	0.00	0.00	0.00	0.00	0.00	50.00	0.00	50.00
产品销售	是	13.33	0.00	0.00	6.67	6.67	13.33	13.33	26.67	20.00
	否	0.00	0.00	0.00	0.00	0.00	0.00	50.00	0.00	50.00
技术开发	是	23.53	5.88	0.00	11.76	11.76	0.00	0.00	17.65	29.41
	否	0.00	50.00	0.00	0.00	0.00	0.00	0.00	0.00	50.00
新增投资	是	50.00	0.00	0.00	6.25	12.50	0.00	0.00	6.25	25.00
	否	50.00	0.00	0.00	0.00	0.00	0.00	0.00	0.00	50.00
员工雇佣	是	5.88	5.88	0.00	0.00	0.00	2.22	11.76	29.41	47.06
	否	0.00	0.00	0.00	0.00	0.00	0.00	0.00	50.00	50.00

四　斯里兰卡中资企业在斯里兰卡承担项目及与斯里兰卡政府交往

就企业承担斯里兰卡各类项目与企业注册时长的交互情况来看，表 6 - 14 反映了企业注册时长与承担斯里兰卡各类项目情况。

调研已将承担的各类项目分为建筑、电力，公路项目，铁路项目，水电项目，火电项目，航运项目，其他项目共七类。注册时长划分为注册时长超过 5 年和低于 5 年。由表可知，在注册时长超过 5 年的企业中，已承担建筑、电力项目中的企业占比过半（53.33%），已承担公路项目占比 62.50%，铁路项目占比 12.50%，水电项目占比 37.50%，火电、航运和其他项目均占比 25.00%；未承担建筑、电力项目的企业接近半数（46.67%），公路项目占比 37.50%，铁路项目占比 87.50%，水电项目占比 62.50%，火电、航运和其他项目均占比 75.00%。在注册时长低于 5 年的企业中，已承担建筑、电力项目的企业占比60.00%，公路项目占比 33.33%，其他项目占比 100%；没有承担建筑、电力项目的企业占比 40.00%，公路项目占比 66.67%，铁路项目占比 100%，水电、火电和航运项目占比均为 100%。

　　由此可知，在注册超过 5 年已承担各类项目的企业中，以公路项目占据最高比例，其次分别为建筑、电力项目和水电项目，火电、航运与其他项目承担情况相差不大。在注册低于 5 年已承担各类项目的企业中，不包含所设分类的其他项目比例最高，建筑、电力项目是企业相对而言承担的较多的项目。

　　这也反映了在基础设施建设方面，公路、建筑、电力等项目需要投入较长的时间，相对而言，火电、水电和航运项目需要的时间少一些。

表 6 - 14　　　　　　**企业注册时长与承担斯里兰卡各类项目情况**　　　　（单位：%）

	注册超过 5 年		注册低于 5 年	
	是	否	是	否
建筑、电力	53.33	46.67	60.00	40.00
公路项目	62.50	37.50	33.33	66.67
铁路项目	12.50	87.50	0.00	100.00
水电项目	37.50	62.50	0.00	100.00
火电项目	25.00	75.00	0.00	100.00
航运项目	25.00	75.00	0.00	100.00
其他项目	25.00	75.00	100.00	0.00

　　就企业承担斯里兰卡各类项目与企业运营时长的交互情况来看，

表 6 – 15 反映了企业运营时长与承担斯里兰卡各类项目情况。

由表可知，在运营时长超过五年的企业中，已承担建筑、电力项目中的企业拥有半数占比（50.00%），已承担公路项目拥有半数占比（50.00%），铁路项目占比 12.50%，水电项目占比 37.50%，火电、航运和其他项目均占比 25.00%；未承担建筑、电力项目的企业拥有半数占比（50.00%），公路项目占比 50.00%，铁路项目占比 87.50%，水电项目占比 62.50%，火电、航运和其他项目均占比 75.00%。在运营时长低于五年的企业中，已承担建筑、电力项目的企业占比 66.67%，公路项目占比 66.67%，其他项目占比 100%；没有承担建筑、电力项目的企业占比 33.33%，公路项目占比 33.33%，铁路项目占比 100%，水电、火电和航运项目占比均为 100%。

由此可知，在运营超过 5 年已承担各类项目的企业中，以建筑、电力和公路项目相对占据最高比例，其余依次为水电项目，火电、航运、其他和铁路项目。其中，火电、航运和其他项目承担情况差不多。在运营低于 5 年已承担各类项目的企业中，不包含所设分类的其他项目比例最高，其中建筑、电力和公路项目是企业承担的相对较多的项目。

表 6 – 15　　　　　企业运营时长与承担斯里兰卡各类项目情况　　　　（单位：%）

	运营超过 5 年		运营低于 5 年	
	是	否	是	否
建筑、电力	50.00	50.00	66.67	33.33
公路项目	50.00	50.00	66.67	33.33
铁路项目	12.50	87.50	0.00	100.00
水电项目	37.50	62.50	0.00	100.00
火电项目	25.00	75.00	0.00	100.00
航运项目	25.00	75.00	0.00	100.00
其他项目	25.00	75.00	100.00	0.00

企业在斯里兰卡进行生产、经营活动过程中，不可避免要与斯里

兰卡政府进行交往。就斯里兰卡政府履约程度，我们对经营的企业进行调查分析。根据调查数据制成图 6 – 6 斯里兰卡政府履约程度的饼状图。由图可知，大部分企业认为斯里兰卡政府履约程度尚可，其中不用催促准时履约的占比接近半数（45.45%），认为斯里兰卡政府履约情况一般，需要 3—5 次催促能正常完成的占比有 36.36%，小部分（18.18%）认为履约情况不太好，需要经常催促。

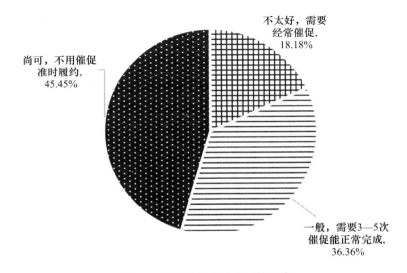

图 6 – 6　斯里兰卡政府履约程度

总的来说，在中资企业看来斯里兰卡政府的履约程度尚可，基本能正常完成履约，存在小部分情况需要经常催促。

随着互联网的不断发展，互联网销售渠道开始成为企业产品销售需要认识和考虑的情况。就互联网销售渠道、传统渠道与行业类别、商务部是否备案的交互情况来看，表 6 – 16 反映了企业的互联网销售渠道和传统渠道比较情况。

在企业互联网销售渠道和传统渠道比较中，有互联网更高、传统渠道更高、差不多、不清楚四个选项，在总结分析调研数据后，由表可知，从行业来看，工业企业是传统渠道更高（占比 100%），服务业中，传统渠道更高占据极大比例（71.43%），差不多和不清楚相同占比（14.29%）。从企业是否在商务部备案来看，在商务部备案的企业传统销售渠道更高这项拥有绝对占比（100%），未在商务部备案的企业，传统渠道占比过半（50.00%），差不多和不清楚各分占 25.00%。

　　由此可知，无论企业的行业类型或是否在商务部备案，绝大多数企业还是选择传统的销售渠道作为企业的重要销售方式，部分企业的互联网和传统渠道不相上下，还有部分对于互联网和传统销售渠道的比较不是很清楚。

表 6 - 16　　　　　　　企业的互联网销售渠道和传统渠道比较　　　　　（单位：%）

	互联网更高	传统渠道更高	差不多	不清楚
工业	0.00	100.00	0.00	0.00
服务业	0.00	71.43	14.29	14.29
在商务部备案	0.00	100.00	0.00	0.00
未在商务部备案	0.00	50.00	25.00	25.00

　　电视广告作为重要传播媒介，已经成为企业宣传产品的重要手段之一。就企业投放电视广告与行业类别、商务部是否备案的交互情况来看，表 6 - 17 反映企业投放电视广告情况。由表可知，服务业类型的企业没有投放电视广告的比例高达 90.00%，进行电视广告投放的仅占 10.00%。已在商务部备案的企业没有进行电视广告投放的比例极高（83.33%），投放电视广告的比例较小（16.67%）。在已调查的未在商务部备案的企业中都没有进行电视广告投放。

　　由此可知，就企业投放电视广告情况而言，行业类型中，服务业与工业相比更倾向于广告投放，而在服务业中，不投放电视广告的企业具有压倒性占比。无论企业是否在商务部备案，不投放电视广告占据绝对比例，仅有部分已在商务部备案的企业会选择电视广告投放。总的来说，就调研的中资企业而言，较多企业没有投放电视广告的行为。

表 6 - 17	企业投放电视广告情况	（单位：%）
	是	否
工业	0.00	0.00
服务业	10.00	90.00
在商务部备案	16.67	83.33
未在商务部备案	0.00	100.00

　　因为绝大多数企业都存在未投放电视广告的情况，就未投放电视广告的原因来说，图 6 - 7 反映了不需要采用电视广告、电视广告费用支出太高和本国电视广告宣传效果不好三类原因的占比分布情况。由图可知，就企业未投放电视广告的原因来说，不需要采用电视广告拥有极高比例（77.78%），电视广告费用支出太高（11.11%）和本国电视广告宣传效果不好（11.11%）占据部分比例。

　　由此可知，企业是否投放电视广告首要考虑因素是企业是否有需要，其次，电视广告费用也是企业重要考虑因素，广告效果好坏也成为企业是否选择电视广告投入的重要原因。

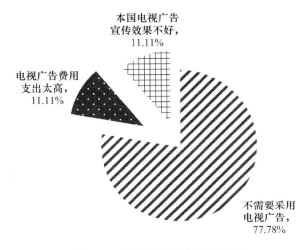

图 6 - 7　未投放电视广告的原因

第三节　斯里兰卡中资企业融资状况分析

企业融资是指以企业为主体融通资金，使企业及其内部各环节之间资金供求由不平衡到平衡的运动过程。当资金短缺时，以最小的代价筹措到适当期限，适当额度的资金；当资金盈余时，以最低的风险、适当的期限投放出去，以取得最大的收益，从而实现资金供求的平衡。企业的发展，是一个融资、发展、再融资、再发展的过程。一般企业都要经过产品经营阶段、品牌经营阶段及资本运营阶段。资金是企业体内的血液，是企业进行生产经营活动的必要条件，没有足够的资金，企业的生存和发展就没有保障。

图6-8反映了企业融资来源分布情况，我们共将融资来源划分为中国国内母公司拨款；中国国内银行、正规金融机构贷款；斯里兰卡银行、正规金融机构贷款；赊购和商业信用；社会组织贷款；亲戚朋友借款和其他七类。由图可知，占比达60.00%的企业融资来源于中国国内母公司拨款，中国国内银行、正规金融机构贷款作为融资来源占比为40.00%，本土的斯里兰卡银行、正规金融机构贷款和其他情况占比均为20.00%，赊购和商业信用、亲戚朋友借款分别占比5.00%。

由此可以得知，中国国内母公司拨款是绝大多数企业的融资来源，其次是从中国国内银行、正规金融机构贷款，斯里兰卡银行、正规金融机构贷款和其他融资来源，其余如赊购和商业信用、亲戚朋友借款等占据极小比例。

企业会根据自身发展需要来判断是否申请贷款，除了有无贷款需求外，企业是否申请贷款还存在许多影响因素。图6-9反映了企业未申请贷款的原因分布。由图可知，企业未申请贷款大多（77.78%）是因为没有贷款需求，其次（72.22%）是因为银行贷款利率过高。接近半数（44.44%）的在于银行担保要求过高和其他原因。申请程序复杂

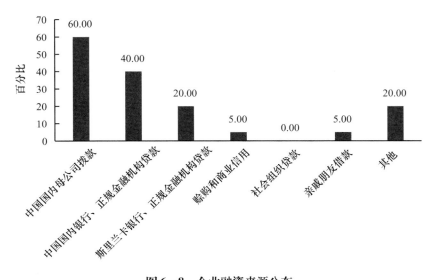

图 6 - 8 企业融资来源分布

（33.33%）和缺乏必要信息（22.22%）也成为企业未申请贷款的考虑因素，难以负担特殊支付占比较小（5.56%）。

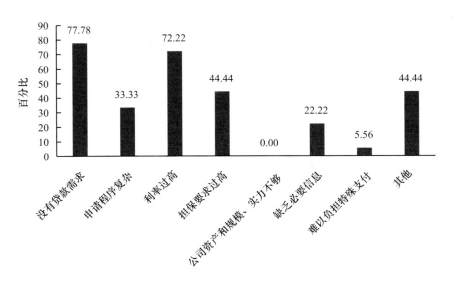

图 6 - 9 企业未申请贷款的原因分布

　　由此可知，除了自身有无贷款需求外，贷款利率的高低、担保要求是否过高、申请程序是否复杂、贷款必要信息缺乏等是影响企业未申请贷款的重要因素。

第七章

斯里兰卡中资企业的
社会责任履行评估

企业社会责任是指一个企业在创造利润、对股东利益负责的同时，还需要承担对员工、消费者、供应商、社区和环境等的责任，包括遵守法规和商业道德、保障生产安全和职业健康、支持慈善公益、保护弱势群体等。企业的社会责任要求企业必须超越把利润作为唯一目标的传统理念，强调要在生产过程中对人的价值的关注，强调对环境、对消费者、对社会的贡献。本章将立足斯里兰卡"海外中资企业营商环境调研"部分数据，从企业总体社会责任履行程度、企业各项社会责任履行程度、员工保障三个角度阐述斯里兰卡中资企业履行社会责任的情况。

第一节　企业总体社会责任履行程度

表7-1通过"斯里兰卡中资企业是否设置专门主管社会责任的部门""是否制定与社会责任相关的规章制度""是否制定年度公益计划"以及"社会责任支出变化"四个变量，与行业类型、企业区域、工会情况、是否参与国际标准制定进行交互分析，得出企业社会责任履行程度的基本情况。

表 7 - 1　　　　　　　　　企业社会责任履行程度　　　　　　　（单位：%）

	设置专门社会责任办公室或相应主管		建立了社会责任、企业公益行为准则的规章制度		是否在公司年度计划中制定年度公益计划		2015—2017企业社会责任支出变化	
	是	否	是	否	是	否	不变	增加
参与国际标准化制定	33.33	66.67	66.67	33.33	33.33	66.67	0.00	100.00
没有参与国际标准化制定	57.14	42.86	71.43	28.57	42.86	57.14	33.33	66.67
工业	50.00	50.00	70.00	30.00	40.00	60.00	25.00	75.00
服务业	20.00	80.00	40.00	60.00	30.00	70.00	33.33	66.67
不在经开区	35.71	64.29	57.14	42.86	28.57	71.43	50.00	50.00
在经济开发区	66.67	33.33	66.67	33.33	66.67	33.33	0.00	100.00
有自身工会	50.00	50.00	83.33	16.67	50.00	50.00	0.00	100.00
无自身工会	28.57	71.43	42.86	57.14	28.57	71.43	50.00	50.00

一　企业设置专门社会责任办公室或相应主管部门的情况

企业是市场的主体，也是标准化工作的主体。企业参与国际标准化活动，有助于企业的技术创新成果纳入国际标准，引导国际技术的发展，维护企业自身利益，帮助企业提高企业的声誉和国际竞争力。

就是否参与国际标准化制定的企业而言，三分之一（33.33%）的中资企业设置了专门的社会责任办公室或相应的主管部门，且都是参与国际标准化制定的企业；超过五成（57.14%）的中资企业虽然设置了专门的社会责任办公室或相应的主管部门，但是这些企业没有参与国际标准化制定；而42.86%的中资企业没有任何专管社会责任的办公室或部门。总体而言，就企业内是否有专管社会责任的办公室或部门而言，没有国际标准化制定的企业比重要大于参与国际标准化制定的企业比重。

就行业类型而言，工业中资企业设置专门负责社会责任部门的比重（50.00%）远超于服务业，是服务业（20.00%）的 2.5 倍。行业类型为工业的中资企业，设置了和没有设置专门社会责任办公室或相应主管部门的企业比重各占一半，均为 50.00%；行业类型为服务业的中资企业，八成（80.00%）的企业没有设置专管社会责任的办公室或部门，只有两成（20.00%）的中资企业有这样的设置。

就企业所在地区而言，地域对企业社会责任主管部门的设置具有较大影响。在经济开发区的企业设置专管社会责任的办公室或部门的比重为（66.67%），远大于不在经开区的中资企业设置专管社会责任的办公室或部门的比重（35.71%）。

就工会情况而言，有自身工会的企业，社会责任专管部门的设置率要高于无自身工会的企业。有自身工会的企业中，有一半（50.00%）的企业设置了专管社会责任的办公室或部门；无自身工会的企业中，只有不到三成（28.57%）的企业有社会责任的专管部门。

总体来看，就企业"是否设置专门的社会责任办公室或相应主管"这一问题而言，服务业企业要高于工业企业；在经开区的企业要高于不在经开区的企业，经开区在提升和监督企业社会责任方面要求更为严格。

二　企业建立社会责任、企业公益行为准则规章制度的情况

无论是否参与国际标准化制定，六成以上的中资企业都建立了社会责任、企业公益行为准则的规章制度。其中，66.67% 参与国际标准化制定的中资企业建立了与社会责任相关的规章制度，71.43% 没有国际标准化制定的中资企业建立了相应的规章制度。

从行业类型上看，工业和服务业中资企业建立社会责任、企业公益行为准则规章制度情况的差距较大。七成（70.00%）行业类型为工业的中资企业已经建立了与社会责任相关的规章制度，社会责任的履行规范化、制度化；可仅有四成（40.00%）行业类型为服务业的中资企业有相应的规章制度，社会责任的履行具有较大的随意性和不确

定性。

从企业所在地区上看，企业所在地对企业相关规章制度建立的影响不大，规章制度建立的比重都在 50.00% 以上。57.14% 不在经开区的中资企业，66.67% 在经开区的中资企业，以及 50.00% 在其他区域的中资企业都建立了社会责任、企业公益行为准则规章制度。

从工会情况上看，有自身工会的企业建立社会责任、企业公益行为准则的规章制度的比例较高（83.33%），高于没有自身工会的企业（42.86%）近一倍。

三 企业是否在公司年度计划中制定年度公益计划的情况

总的来看，没有国际标准化制定的中资企业将公益计划纳入公司年度计划中的比重（42.86%）要大于参与国际标准化制定的中资企业（33.33%）；行业类型为工业的中资企业将公益计划纳入公司年度计划中的比重（40.00%）要大于服务业企业（30.00%）；在经济开发区的中资企业将公益计划纳入公司年度计划中的比重（66.67%）要大于不在经开区（28.57%）的企业；有自身工会的企业将公益计划纳入公司年度计划中的比重（50.00%）要大于没有自身工会的企业（28.57%）。

其中，无论是否参与国际标准化制定，无论企业类型是工业还是服务业，仅有三至四成的中资企业在公司年度计划中制定了年度公益计划，分别为 33.33%（参与国际标准化制定），42.86%（没有国际标准化制定）；40.00%（工业）和 30.00%（服务业）。不在经济开发区的中资企业将公益计划纳入公司年度计划的比重（28.57%）不到在经济开发区的中资企业比重（66.67%）的一半。有自身工会的企业将公益计划纳入公司年度计划和不纳入年度计划的比重各占 50.00%；有七成以上（71.43%）没有自身工会的企业，公益计划在公司年度计划之外。相比之下，在经开区的企业，以及有工会的企业，更可能在公司年度计划中制定公益计划。

四　企业社会责任支出变化的情况

总体而言，所有企业的社会责任支出均为增加或不变，没有支出减少的情况。从参与国际标准化制定、在经济开发区、有自身工会三方面来看，100%的中资企业社会责任的支出均为增加。

就是否参与国际标准化制定而言，参与国际标准化制定的中资企业100%社会责任支出均为增加；没有国际标准化制定的中资企业有33.33%社会责任支出不变，有66.67%支出增加。

就行业类型而言，工业类型中资企业中有25.00%的企业社会责任支出不变，75.00%的企业社会责任支出增加；行业类型为服务业的中资企业中，33.33%的企业社会责任支出不变，66.67%的企业社会责任支出增加。

就企业所在地区而言，在经济开发区的中资企业100%社会责任的支出均为增加；不在经济开发区和在其他地区的中资企业，社会责任支出不变或增加的企业比重各占一半（50.00%）。

就工会情况而言，有自身工会的企业100%社会责任支出均为增加；没有自身工会的企业，社会责任支出不变或增加的企业比重各占50.00%。

五　横向分析

从横向数据来看，是否参与国际标准制定、行业类型、企业区域、工会情况会对企业社会责任的部门设置、制度建立、计划制定、支出变化产生一定程度的影响。

社会责任支出增加方面，除了参与国际标准制定的企业比重比没有国际标准制定的企业比重大以外，行业类型为工业、在经济开发区、有自身工会的企业比重同样偏大。

以上情况大致说明，行业类型为工业、在经济开发区、有自身工会的企业在社会责任的履行上程度更高，也更加规范。

第二节 企业各项社会责任履行程度

通过对斯里兰卡中资企业各项社会责任履行情况数据进行整理，我们得到以下柱状图（见图7-1），可知中资企业社会责任的履行情况大致可从三个维度进行分析——文化建设；基础设施建设；慈善捐赠。

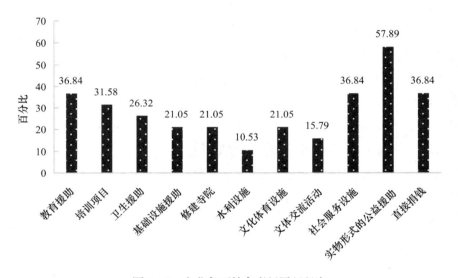

图7-1 企业各项社会责任履行程度

一 提供文化建设的情况

文化建设指发展教育、卫生、体育、广播电视等各项文化事业的活动，旨在提升民众的思想道德修养、科学文化素质，丰富人们的精神世界。

中资企业在投身文化建设时，并非采用单一的形式，而是通过教育、卫生、体育等，多元化、全方位地履行社会责任。

从教育上看，36.84%的中资企业直接提供过教育援助，包括兴建学校、修复学校、提供学校设备、提供奖助学金等。此外，31.58%的中资企业通过开展面向当地人的培训项目来助力教育发展，如：向当地人进行农业技术培训、教师培训等。

从卫生上看，有 26.32% 的中资企业向当地提供过卫生援助，包括修建诊所和医院、提供医疗设备、培训医护人员、引进医疗手段等。

从文化体育上看，中资企业不仅在设施修建方面投入了资金和人力，还较为关注文化交流活动的开展。21.05% 的中资企业斥资为当地民众修建过清真寺、教堂等与宗教信仰活动相关的场所，为其文化交流和传播提供了一定的便利。同等比例（21.05%）的中资企业进行过文化体育设施建设，例如：修建文化娱乐场所、文艺演出中心、体育设施等，在一定程度上推动了当地文体建设的发展。还有 15.79% 的中资企业会定期开展文体交流活动，大致分为对内、对外两种形式。对内即定期召集中籍、外籍员工一同开展与文化、体育相关的活动，如文艺演出、篮球赛、茶话会等；对外即联合其他相关机构，举行面向大众的文艺公益演出、开展汉语教学等问题交流活动，对丰富当地民众的精神生活产生了一定的积极作用。

由此可见，斯里兰卡的中资企业在履行社会责任时，较为重视文化建设方面的投入。企业通常通过斥资直接进行项目援助或建设相应的设施，以及开展文体交流活动这两种较为便捷，可操作性强，又具有实际意义的方式参与到社会责任的履行中来。

二　提供公共基础设施建设的情况

基础设施是国民经济各项事业发展的基础，是公众赖以生存的物质条件，是斯里兰卡中资企业履行社会责任的一个重要组成部分。

在市政公用工程设施方面，21.05% 的中资企业为当地提供过基础设施建设援助，包括修建公路、桥梁、船埠、停机坪、公交车站、美化街道等。其中，因在斯的中资企业从事建筑行业居多，所以中资企业在公路、桥梁修建方面的参与程度较高。此外，有 10.53% 的中资企业参与过当地的水利设施建设，比如为社会提供清洁水、修水井、修水窖、处理污水等，但此项为中资企业在各项社会责任履行中程度最低的一项。

在公共生活服务设施方面，36.84%的中资企业帮助修建过安防设施、垃圾分类场所、孤儿院、养老院等社会服务场所，为民众的生活带来了一定的便利，有利于推动当地基础设施的发展与完善。

三 提供慈善捐赠的情况

慈善捐赠因其自身的便利性、极强的针对性和较快的成效性等优势，成为大部分斯里兰卡中资企业较为热衷的一种履行社会责任的方式，捐赠主要分为实物捐赠和现款捐赠两种形式。

实物形式的公益援助是中资企业社会责任履行程度最高的一项，占比57.89%。实物捐赠主要体现在，为困难学生捐赠学习用品、生活用品，为贫困民众捐赠食物、衣物、日用品等。

现款捐赠（直接捐钱）主要针对贫困儿童、患病者进行捐款，以及公益慈善捐款，是中资企业社会责任履行程度次高的一项，与教育援助、社会服务设施占比持平，均为36.84%。

综上可知，斯里兰卡中资企业各项社会责任履行程度为：文化建设维度社会责任履行程度最高，其次是慈善捐赠维度，基础设施建设维度履行程度最低。其中，单项社会责任履行程度中，实物形式的公益援助履行程度最高，占比57.89%，约为履行程度最低的水利设施（10.53%）的5.5倍；履行程度次高的是教育援助、社会服务设施和直接捐钱三项，均为36.84%；同样履行程度持平的，还有基础设施援助、修建寺院、文化体育设施三项，均为21.05%。

第三节　企业的员工保障和福利

员工之于企业相当于砖瓦之于楼房。人力资源是企业赖以生存和发展的基石，也是推动社会进步和发展的不竭动力。企业在盈利的同时，有责任、有义务保障员工的生命安全、医疗卫生、收入福利、身心健康等。

一　员工的社会保障情况

（一）社会保障总体情况

据调查，将斯里兰卡中资企业的外籍员工分为管理人员和非管理人员两类，员工的社会保障情况见表7-2。

表7-2　　　　　　管理人员与非管理人员是否享有社会保障　　　（单位：%）

是否享有社会保障	管理人员	非管理人员
是	74.51	49.17
否	25.49	50.83
合计	100.00	100.00

$N = 696$。

可知，中资企业的社会保障并非覆盖到每一位员工，且企业提供的社会保障存在一定程度的不平等性，管理人员所得到的社会保障程度要高于非管理人员。

在696个有效员工样本中，企业为74.51%的管理人员提供了社会保障，但非管理人员社会保障的覆盖人数仅为49.17%，还有50.83%的非管理人员不享有企业提供的社会保障。

（二）社会保障类型

进一步整理中资企业提供的社会保障类型的数据，发现企业提供的社会保障类型较为单一，偏重基础性，主要类型为医疗保险和养老保险两种。

表7-3   管理人员与非管理人员享有的社会保障类型（多选题）   （单位：%）

享有哪些社会保障	管理人员	非管理人员
医疗保险	87.72	88.01
养老保险	23.68	29.96
其他	6.14	3.37
不清楚	1.75	3.37

$N = 381$。

从表7-3来看，中资企业主要为员工提供医疗保险和养老保险，还附加一些其他零碎的保障。在社会保障类型中，比重最大的是医疗保险，其次是养老保险。

享有企业提供的社会保障，且为有效样本的员工共有379名，无论是管理人员还是非管理人员，八成以上的员工享受中资企业提供的医疗保险，其中，管理人员比例稍高，为87.62%，非管理人员为88.01%。

中资企业提供的社会保障类型，覆盖人数比重第二大的是养老保险。管理人员和非管理人员之间的差距也不大，23.68%的管理人员和29.96%的非管理人员享受了企业提供的养老保险，两者相差6.28%。

医疗保险是中资企业提供的主要保障类型，在管理人员和非管理人员中各自占比均超过85%。剩余不到10%的部分均为其他保障类型或员工不清楚企业提供了哪些保障。

二　工资拖欠和加班情况

（一）员工工资拖欠情况

根据调查，斯里兰卡的中资企业存在工资拖欠的情况，数据见表7-4。

表7-4 管理人员与非管理人员工资拖欠状况 （单位：%）

未结算工资超过一个月	管理人员	非管理人员
超过一个月	9.09	16.30
未超过一个月	90.91	83.70
合计	100.00	100.00

N = 706。

在706个有效员工样本中，虽然员工遇到过中资企业拖欠工资的情况，但并不严重。在被拖欠工资的员工中，有八成以上拖欠时间不超过一个月，大多情况为几天，其中管理人员占被拖欠工资员工人数的90.91%，非管理人员占83.70%。还有9.09%的管理人员和16.30%的非管理人员被中资企业拖欠工资长达一个月以上。

（二）企业加班情况

从企业加班情况和是否参与国际标准化制定、行业类型、企业区域、工会情况的交互表（见表7-5）来看，不论是参与国际标准化制定的企业，还是没有国际标准化制定的企业，不论行业类型是工业还是服务业、企业在哪个区域、企业是否有自身工会，企业加班的情况都较为普遍，且加班程度较高。

表7-5 企业福利待遇比较 （单位：%）

	是否有加班		是否有员工食堂或午餐安排		是否提供员工宿舍		是否有员工文体活动中心	
	是	否	是	否	是	否	是	否
参与国际标准化制定	66.67	33.33	100.00	0.00	100.00	0.00	66.67	33.33
没有国际标准化制定	85.71	14.29	100.00	0.00	85.71	14.29	85.71	14.29
工业	80.00	20.00	100.00	0.00	90.00	10.00	80.00	20.00
服务业	80.00	20.00	80.00	20.00	80.00	20.00	40.00	60.00
不在经开区	78.57	21.43	85.71	14.29	85.71	14.29	57.14	42.86
经济开发区	100.00	0.00	100.00	0.00	100.00	0.00	66.67	33.33

	是否有加班		是否有员工食堂或午餐安排		是否提供员工宿舍		是否有员工文体活动中心	
	是	否	是	否	是	否	是	否
有自身工会	66.67	33.33	100.00	0.00	100.00	0.00	100.00	0.00
无自身工会	85.71	14.29	85.71	14.29	78.57	21.43	42.86	57.14

在经济开发区的中资企业，加班程度高达100%，即没有不需要加班的情况。

没有国际标准化制定、行业类型为工业、服务业、无自身工会的中资企业加班程度次高，均为80%以上，分别为：85.71%、80.00%、80.00%、85.71%。

加班程度为六至七成的有：参与国际标准化制定的中资企业（66.67%）；不在经开区的中资企业（78.57%）和有自身工会的中资企业（66.67%）。

三 企业福利

表7-5是企业提供的各项福利与是否参与国际标准化制定、行业类型、企业区域、工会情况的交互表。

（一）员工食堂或午餐安排

由表可知，从是否参与国际标准化制定的企业上看，无论是参与国际标准化制定的企业，还是没有国际标准化制定的企业，100%有员工食堂或午餐安排。

从行业类型上看，行业类型为工业的中资企业，100%设有员工食堂或安排午餐；行业类型为服务业的企业，也有80.00%可以为员工提供食堂或安排午餐。

从企业区域上看，在经济开发区和在其他区域的企业100%为员工提供食堂或安排午餐；不在经济开发区85.71%的中资企业设有员工食堂或安排午餐，剩余14.29%的企业，员工午餐需自理。

从工会情况上看，有自身工会的企业100%设有员工食堂或安排午餐；没有自身工会但提供食堂或安排午餐的企业占比85.71%。

总的来说，中资企业为员工提供午餐福利的程度很高，均在80.00%以上（包含80.00%），且大部分中资企业午餐福利的提供程度高达100%，企业在经开区，有工会，这些条件对企业福利提升有明显帮助。

（二）员工宿舍

就是否参与国际标准化制定而言，100%参与国际标准化制定及85.71%没有国际标准化制定的中资企业为员工提供宿舍；仅有14.29%没有国际标准化制定的中资企业员工需要另寻住处。

就行业类型而言，90.00%行业类型为工业的中资企业和80.00%的服务业中资企业提供员工住宿，住宿提供程度均在80%以上（包含80%）。

就企业区域而言，在经济开发区和不在经开区的中资企业，员工住宿提供程度较高，分别为100%和85.71%非经开区的企业职工，有近15%的需要自己找寻住处。

就工会情况而言，有自身工会的中资企业员工住宿的提供程度（100.00%）要高于没有自身工会的中资企业（78.57%）。

除在其他区域的中资企业只有一半能够为员工提供住宿福利之外，近八成及以上企业可以为员工提供住宿，程度最高可达百分百。

（三）员工文体活动中心

数据显示，66.67%参与国际标准化制定的中资企业开设了员工文体活动中心，比例低于没有国际标准化制定的中资企业（85.71%）近20%。

行业类型不同，企业员工文体活动中心的开设比重差距较大。80.00%的工业型中资企业为员工提供了文体活动的场所；但只有40.00%行业类型为服务业的中资企业开设了文体活动中心，仅为工业型企业的一半。

按区域划分，不在经济开发区、在经济开发区的中资企业分别有一半以上（包含一半）的企业开设了员工文体活动中心，且比重相近，分别为57.14%和66.67%。

自身有无工会的中资企业开设员工文体活动中心的程度差距最大，相差近六成。有自身工会的中资企业，所有企业（100%）都配有员工文体活动的场所；而没有自身工会的企业，仅有42.86%为员工开设了文体活动中心，可见工会对提升职工日常生活质量方面确有作用。

四　员工的精神需求和个人发展

（一）"以人为本"，尊重当地的风俗和员工的宗教信仰

中资企业对斯里兰卡当地的风俗习惯以及员工的宗教信仰给予了较多的尊重，体现了"以人为本""持续健康发展"的企业管理理念。

表7-6　　　按宗教信仰划分的是否同意"本企业尊重本地风俗习惯"　（单位：%）

宗教信仰	完全不同意	不同意	一般	基本同意	完全同意
佛教	1.12	1.59	24.24	30.14	42.90
印度教	0.00	5.26	31.58	21.05	42.11
基督教	0.00	6.67	20.00	6.67	66.67
伊斯兰教	0.00	14.29	21.43	35.71	28.57
天主教	0.00	0.00	16.67	45.83	37.50
不信仰任何宗教	0.00	0.00	0.00	0.00	100.00
合计	1.00	2.00	23.97	29.96	43.08

$N = 701$。

通过对数据进行对比分析可以看出，超过70%的员工认为中资企业尊重斯里兰卡本地的风俗习惯（包含"完全同意"和"基本同意"），且"完全同意"的员工数（43.08%）大于"基本同意"的员工数（29.96%）。其中，对企业尊重本地风俗习惯认同度最高的是无宗教信仰的员工，且为100%"完全同意"；其次为天主教员工，认同

度超过80%（"基本同意"45.83%，"完全同意"37.50%）；佛教和基督教员工的认同度也较高，均超过70%；印度教和伊斯兰教员工认可度最低，但仍在60%以上。

对表7-7进行分析不难发现，总体而言，超过70%的员工认为中资企业尊重员工的宗教信仰（包含"完全同意"和"基本同意"），其中49.15%的员工完全认同，28.63%的员工基本认同。

表7-7　　　　按宗教信仰划分的是否同意"本企业尊重我的宗教信仰"　　　（单位：%）

宗教信仰	完全不同意	不同意	一般	基本同意	完全同意
佛教	0.48	0.96	20.86	28.82	48.89
印度教	0.00	5.26	15.79	21.05	57.89
基督教	0.00	0.00	20.00	13.33	66.67
伊斯兰教	7.14	0.00	28.57	14.29	50.00
天主教	0.00	0.00	16.67	41.67	41.67
不信仰任何宗教	0.00	0.00	0.00	100.00	0.00
合计	0.57	1.00	20.66	28.63	49.15

$N = 702$。

对企业尊重员工宗教信仰认同度最高的仍为无宗教信仰员工，认同率为100%，但是认同程度全都为"基本"，未达到"完全"；认同率达到80.00%（包含80.00%）的是基督教和天主教员工；认同率超过70.00%的为佛教和印度教员工；认同率最低的是伊斯兰教员工，有14.29%的员工"基本同意"，50.00%为"完全同意"，但较为突出的是，伊斯兰教员工的认可度呈现出两极的趋势，7.14%的伊斯兰教员工认为企业完全不尊重员工的宗教信仰（其他宗教员工"完全不同意"比例不超过1%）。

通过对比表7-6和表7-7发现，超过70%的员工认为企业不仅尊重斯里兰卡当地的风俗习惯，而且尊重员工的宗教信仰；其中，无宗教信仰的员工对企业尊重当地风俗习惯和员工宗教信仰的认可度最高，均为100.00%；天主教、基督教、佛教员工对企业的认可度也较高，均在70.00%以上；印度教和伊斯兰教员工对企业的认可度比其他宗教员工稍低一些，最低的是伊斯兰教员工（不低于60.00%）。

（二）关注员工的个人发展

中资企业十分关注员工的个人发展，积极引导员工不断完善、提升自我。入职后，企业会定期、免费对员工进行培训或为其提供进修的机会。

据表7-8可知，在703个有效员工样本中，仅有46.91%的男性员工和38.56%的女性员工接受过企业培训。

表7-8　　　　按性别划分的员工入职后的·培训内容（多选题）　　（单位：%）

入职后培训或进修内容	男	女
管理技能	14.34	10.32
人际交往技能	10.53	12.90
写作能力	4.54	10.97
职业道德	7.62	9.68
中文读写	5.63	9.03
英文读写	15.06	19.35
计算机技能	8.17	16.77
技术性技能	20.33	14.84
安全生产	30.49	16.77
其他	2.36	4.52
没有培训	46.82	38.06

$N = 706$

企业培训或进修的内容包括管理技能、人际交往技能、写作能力、职业道德、中文读写、英文读写、计算机技能、技术性技能、安全生产等。培训内容中，占比最大的是安全生产，30.49%的男性员工和16.77%的女性员工均参与过这项培训；参与人数居次位的是技术性技能培训，男性员工占20.33%，女性员工为14.84%；接下来为计算机技能和英文读写；其他培训总人数占比均不到10%，其中写作能力的培训参与人数最少，仅有4.54%的男性员工参与过此培训。

从以上几个表综合来看，我们可以得出以下结论：斯里兰卡中资企业提供的社会保障覆盖员工较广，但呈现出一定的不平衡性——管理人员的社会保障比例要高于非管理人员；而企业提供的保障类型偏重基础保障，主要为医疗保险和养老保险两种；员工是否为管理人员，在这两种保障上所体现出的差距不大。

此外，中资企业虽然存在拖欠员工工资的情况，但拖欠时间大部分在一个月以内，很少有超过一个月的情况。而加班情况在所有企业中都十分普遍，且程度较高，最高为在经济开发区的中资企业，高达100%。

企业福利主要体现在员工食堂或午餐安排、员工宿舍和员工文体活动中心三个方面。其中，企业在提供员工食堂或午餐安排这一项上做得最好，福利程度最高；其次，提供员工住宿的企业比例也较高，居第二；相比之下，员工文体活动中心的开设比重最低，还有较大的改进空间。横向比较，从提供午餐福利、员工宿舍、文体活动中心三方面来看，相比于同类企业，工业型企业、在经济开发区的企业、自身有工会的企业，员工福利比重更大，程度也更高。

中资企业在提供员工物质保障的同时，还关注员工的精神需求和个人发展。企业本着"以人为本"的宗旨，尊重斯里兰卡当地的风俗习惯和员工的宗教信仰，员工认可度超过70%。除此之外，企业还向员工提供培训和进修机会，引导员工不断发展、提升、完善自己，但是，企业培训和进修的覆盖率还比较低，只有不足一半的员工享受到学习机会，且培训内容过于简单、集中，企业在这方面仍有提升空间。

但是，总体来说，斯里兰卡中资企业社会责任的履行不是单一的、片面的、零散的，而是多角度、多方位且较为系统的。

第一，企业社会责任的履行有一套较为完整的体系。企业社会责任的履行不是零散的，企业有专门主管社会责任的办公室或部门，多数企业有社会责任、企业公益行为准则的规章制度，在公司年度计划中制定年度公益计划，2015—2017 年一半以上（包括一半）的企业社会责任支出呈增加趋势。

第二，企业社会责任的履行不是单一的，而是涵盖了社会建设的方方面面。中资企业在社会文化建设、基础设施建设、慈善捐赠方面均有所涉及，涵盖面广，形式丰富多样。

第三，企业社会责任不仅体现在对社会的责任，还体现在对"人"（员工）的保障与关怀上。中资企业在创造利润时，不是将员工视作盈利的机器，而是充分体现"与人为本"的管理宗旨，在为员工提供生命安全保障、物质保障的同时，尊重"人的价值"，尊重不同种族、不同宗教员工的精神需求，关注员工的身心健康与个人发展。

第 八 章

斯里兰卡中资企业的企业
形象与公共外交

第一节　企业形象

企业形象是指人们通过企业的各种标志而建立起来的对企业的总体印象，是企业文化建设的核心。结合调研所得数据，本节主要从斯里兰卡中资企业形象宣传所采用的途径以及中资企业在当地的认可程度两个方面进行分析。

一　企业的对外宣传

在信息化高速发展的今天，想要提高公众对企业的认知度，形象宣传是一条较为便捷且短时间内易见成效的途径。斯里兰卡的中资企业在进行企业形象宣传时，主要采用媒体宣传的方法，其中包含传统媒体和新媒体两种手段。

由图 8-1 可知，传统媒体主要指斯里兰卡本地媒体和斯里兰卡华人媒体两类，新媒体则包括推特、脸书和微信三种类型。通过数据百分比可以得出，90.00% 的斯里兰卡中资企业都进行过企业形象宣传，只有 10.00% 的企业"只说不做"，没有付诸过实际的行动。

在进行过企业形象宣传的中资企业中，使用传统媒体的企业比重要比使用新媒体的企业比重大。传统媒体主要分为斯里兰卡本地媒体

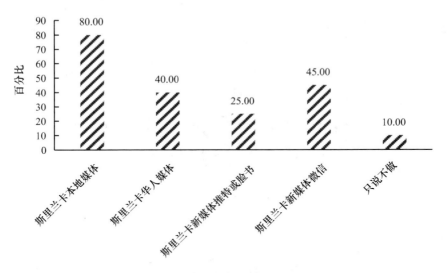

图8-1　企业形象宣传手段对比

和华人媒体，而本地媒体因其普遍性、广大的受众和广泛的影响力，成为绝大多数中资企业进行企业形象宣传的首选。据统计，有80.00%的企业在宣传时选用了斯里兰卡本地媒体；还有40.00%的企业选择了斯里兰卡华人媒体。相比之下，通过新媒体进行企业形象宣传的企业较少，且大多是通过社交媒体进行。数据显示，运用推特和脸书进行宣传的，在中资企业中所占比重最小，仅为25.00%，不到使用斯里兰卡本地媒体进行宣传企业比重（80.00%）的1/3；而使用微信宣传的企业比重大于使用推特和脸书的企业，占45.00%，略高于使用斯里兰卡华人媒体的企业（40.00%）。

中资企业的形象宣传手段更加偏向传统媒体这一情况，这在图8-2"斯里兰卡中资企业社交媒体公众账号数量比较"中也能得到印证。

社交媒体属于新媒体，从企业拥有的社交媒体公众账号数量不难看出，并非所有的企业都拥有公众账号，尚有25.00%的企业没有申请公众账号；而在剩余拥有公众账号的75.00%的企业中，企业拥有的公众账号数量在六个以内（包含六个），没有拥有超过六个公众账号的企

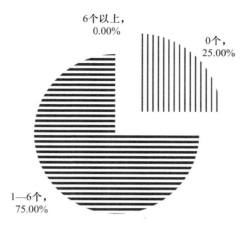

图8-2　斯里兰卡中资企业社交媒体公众账号数量比较

业。由此可见，社交媒体在中资企业中已经十分普及，大部分企业都在公众社交媒体上开通了公众账号，说明企业对新媒体的需求较为旺盛。

　　而在绝大多数企业选择的传统媒体中，电视广告又是一个十分重要的部分。通过对企业投放电视广告的情况进行了解，对所得数据进行整理、分析、归纳，我们可以得到表8-1。

表8-1	企业投放电视广告情况	（单位：%）
	是	否
工业	无	无
服务业	10.00	90.00
在商务部备案	16.67	83.33
未在商务部备案	0.00	100.00

　　通过将企业的行业类型和"是否在商务部备案"与企业投放电视广告的情况进行交叉对比，不难发现：无论是依照行业类型，还是依照"是否在商务部备案"将企业进行分类，各类企业通过电视投放广告的情况并不多见。

在行业类型的分类标准里，仅有 10.00% 的服务型企业进行过电视广告的投放；而在"是否在商务部备案"的分类标准里，投放过电视广告的企业稍多一些，为 16.67%，但通过电视投放广告的企业占比均不到两成。

而企业之所以不投放电视广告的原因，总体上可分为三类——广告费用太高、宣传效果不好以及企业本身无投放需求。

如图 8-3 所示，七成以上（77.78%）的企业未投放电视广告是因为企业本身"不需要采用电视广告"，没有相应的投放需求；而出于电视广告支出费用和宣传效果的考虑，从而放弃电视广告投放的企业比重均不到两成，且占比相同，为 11.11%。

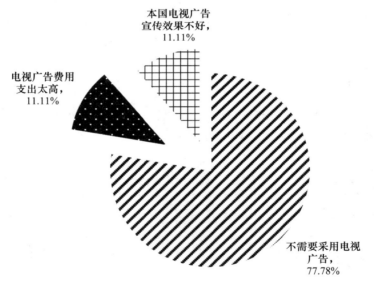

图 8-3 未投放电视广告的原因

二 斯籍员工对中资企业的认可度

中资企业形象的树立，不仅在于企业本身各个方面的努力，还与消费者、公众、员工等群体对企业、国家影响力的看法、认可度密切相关。

（一）中资企业产品在斯里兰卡的认可度

产品形象，指产品的质量、性能、价格以及设计、外形、名称、商标和包装等给人的整体印象，是企业形象的构成要素之一。

对消费者而言，认识企业，最先接触到的便是企业的产品；而如何评价一个企业，最为直观的，也是通过这个企业的产品。产品的好与坏，很大程度上会影响民众对企业的印象。对企业而言，产品就是企业扎根当下最重要的武器，是企业想要获得长足发展和立身的根本，也是企业树立良好的企业形象最强有力的支撑。

在国外，中资企业的发展因各种原因相对受限，若是没有过硬的产品，企业很难在激烈的市场竞争中站稳脚跟。通过对斯里兰卡民众对中资企业产品的认可度进行调查，得到了以下这个对比融入了企业注册时长、是否参与国际标准化制定、行业类型、企业区域、工会情况的交互表（见表8－2）。受访者用数字"1"到"10"来给企业产品打分（1分最低，10分最高），数据分析时，列出数据的最小值和最大值，计算标准差，最后得出每一项认可度的平均值。

表8－2　　　　　　　　　**中资企业产品在斯里兰卡的认可度对比**

	均值	标准差	最大值	最小值
注册超过5年	7.93	1.33	10	6
注册低于5年	8.60	1.14	10	7
参与国际标准化制定	9.33	0.57	10	9
没有国际标准化制定	7.71	1.38	10	6
工业	8.20	1.39	10	6
服务业	8.00	1.24	10	6
不在经开区	7.85	1.09	10	6
经济开发区	10.00	0.00	10	10
有自身工会	9.00	1.26	10	7
无自身工会	7.71	1.13	10	6

从交互表中可以看出，总体而言，中资企业产品在斯里兰卡的认可度普遍较高，平均值都在 7 分以上，且接近 8 分。经过对比，认可度均值最高的，是按照企业区域进行分类的位于经济开发区的企业，认可度的最大值和最小值都为满分（10 分），标准差为 0，认可度的平均值自然也为 10 分。得分较满分稍低的，平均值达到 9 分及其以上的，是参与国际标准化制定的企业和有自身工会的企业。参与国际标准化制定的企业最大值为 10 分，最小值为 9 分，均值达到 9.33 分；有自身工会的企业最大值为 10 分，最小值为 7 分，均值达到 9.00 分。平均值达到 8 分及其以上的，是注册低于 5 年以及行业类型为工业和服务业的企业。其中，注册低于 5 年的企业产品认可度均值为 8.60 分；产业类型为工业的企业认可度达 8.20 分；产业类型为服务业的企业认可度达 8.00 分。平均值达到 7 分及其以上的，有注册超过 5 年、没有国际标准化制定、无自身工会、产业位置不在经开区及其他地区的企业。其中，注册超过五年的企业产品认可度为均值 7.93；没有国际标准化制定的企业均值 7.71；不在经开区的企业均值 7.85；无自身工会的企业均值 7.71。

从企业注册时长来看，注册低于 5 年的企业的产品认可度要高于注册超过 5 年的企业。注册低于 5 年的企业的产品认可度均值为 8.60，最大值为 10，最小值为 7，标准差为 1.14；注册超过五年的企业产品认可度均值为 7.93，最大值为 10，最小值为 6，标准差为 1.33。

从是否参与国际标准化制定来看，参与国际标准化制定和没有国际标准化制定的企业，产品认可度最大值均为 10，差距体现在最小值上，参与国际标准化制定的企业最小值为 9，而没有国际标准化制定的企业的最小值仅为 6。因而，在平均值上，参与国际标准化制定的企业是 9.33 分，没有国际标准化制定的企业为 7.71 分，参与国际标准化制定的企业产品认可度要高于没有国际标准化制定的企业。

从行业类型来看，工业型企业和服务型企业的产品认可度差距不大，行业类型为工业的企业产品认可度平均为 8.20 分，行业类型为服务业的产品认可均值是 8.00，两者仅相差 0.2 分。

从企业区域来看，位于经济开发区的中资企业产品认可度最高，均值达 10 分；不在经济开发区的中资企业，产品认可度为 7.85。

从有无自身工会来看，有自身工会企业的产品认可度均值（9.00分）超过无自身工会的企业（7.71 分）。

（二）斯籍员工选择中资企业的原因

调研组对中资企业中的斯籍员工进行了关于愿意去哪国企业工作的提问，从图 8-4 可看出，有近六成（59.07%）的斯籍员工指出，他们愿意选择去中资企业工作，同时，也有超过五成的斯籍员工选择去斯里兰卡本地企业（53.26%），接下来依次是日韩企业（34.99%）、新加坡等其他发达国家企业（14.59%）、欧美国家企业（10.34%）及其他国家的企业（1.84%）。

虽然本调研是在中资企业内对其斯籍员工展开调研，不排除斯籍员工有选择中资企业的倾向，但从总体上看，中资企业中的斯籍员工对选择中资企业的意愿还是较为强烈的，同时我们也可以注意到，他们选择本地企业的意愿也很强烈。

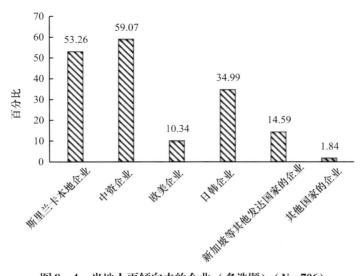

图 8-4　当地人更倾向去的企业（多选题）（N = 706）

　　问卷进一步询问了员工选择中资企业的原因，具体的问题是"选择中资企业的原因"，一共有 6 个回答选项，分别是"薪酬待遇""职位""企业文化""企业发展前景""对自己未来有帮助""其他"。

　　从总体样本来看，有近七成的员工是因为薪酬待遇选择中资企业。具体数据如表 8-3 所示，将员工选择中资企业的原因选择率按照从高到低排序，排序结果为薪酬待遇（71.95%）、对自己未来有帮助（37.82%）、企业发展前景（26.06%）、职位（22.38%）、企业文化（13.17%）和其他（3.26%）。

表 8-3　　　　　　　　员工选择中资企业的原因分布（多选题）　　　（单位：%）

薪酬待遇	职位	企业文化	企业发展前景	对自己未来有帮助	其他
71.95	22.38	13.17	26.06	37.82	3.26

N = 706。

　　从性别上看，男性员工和女性员工在选择中资企业的原因分布上差异不大。具体数据如图 8-5 所示，男性员工和女性员工在选择中资企业的原因分布上，所有选项差距几乎都低于 5 个百分点，其中在

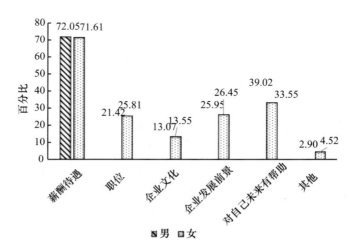

图 8-5　按性别划分的员工选择中资企业的原因分布（多选题）（*N* = 706）

"对自己未来有帮助"选项差异最大,男性员工(39.02%)高出女性员工(33.55%)5个百分点,在"薪酬待遇"选项上差异最小,男性员工(72.05%)高出女性员工(71.61%)仅0.44%。

　　从族群上看,不同族群对选择中资企业的原因有较大的差异。具体数据如图8-6所示,在选择中资企业的原因回答中,"薪酬待遇"和"对自己未来有帮助"均是各族群优先选择的两个选项,其中"薪酬待遇"是各族群选择中资企业的首要原因。有72.74%的僧加罗族、75%的摩尔族和53.85%的泰米尔族都将"薪酬待遇"列为加入中资企业的首要因素;其次为"对自己未来有帮助",有62.5%的摩尔族和53.85%的泰米尔族选择了这一选项,均超过半数,相比之下,僧伽罗族的只有不到半数的36.90%的人选择了此项。但是,值得注意的是,相比其他原因,"企业文化"对斯籍员工的吸引力还不高,25%的摩尔族、15.38%的泰米尔族和12.95%的僧加罗族认为"企业文化"是选择中资企业的原因。这一方面说明中资企业在加强企业文化吸引力方面还有提升空间,但更重要的另一方面说明,斯籍员工在选择企业时,还是将基本的薪资和个人发展诉求放在首位。

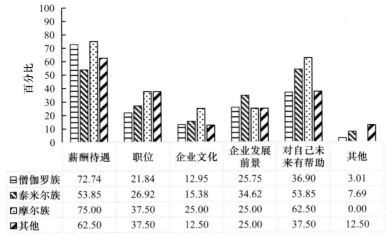

	薪酬待遇	职位	企业文化	企业发展前景	对自己未来有帮助	其他
□僧伽罗族	72.74	21.84	12.95	25.75	36.90	3.01
▧泰米尔族	53.85	26.92	15.38	34.62	53.85	7.69
▫摩尔族	75.00	37.50	25.00	25.00	62.50	0.00
▨其他	62.50	37.50	12.50	25.00	37.50	12.50

□僧伽罗族　▧泰米尔族　▫摩尔族　▨其他

图8-6　按族群划分的选择中资企业的原因分布(多选题)($N=706$)

从员工的职级上看，无论是管理人员还是非管理人员，都将"薪酬待遇"和"对自己未来有帮助"视作加入中资企业的主要原因。其中，74.09%的非管理人员将"薪酬待遇"视为首要因素，高于管理人员的"64.29%"；相比之下，选择"对自己未来有帮助"的管理人员比例（50%）要高于非管理人员的比例（34.42%）。排名第三的是"企业发展前景"，35.71%的管理人员和23.37%的非管理人员都对企业发展前景抱有信心。

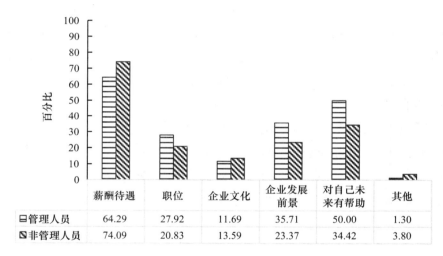

	薪酬待遇	职位	企业文化	企业发展前景	对自己未来有帮助	其他
管理人员	64.29	27.92	11.69	35.71	50.00	1.30
非管理人员	74.09	20.83	13.59	23.37	34.42	3.80

□ 管理人员　　▨ 非管理人员

图 8 - 7　管理人员与非管理人员选择中资企业的不同原因（多选题）（N = 706）

从家庭联网的情况看，斯籍员工选择企业的原因与前面基本相同，即无论家庭联网还是不联网，斯籍员工选择中资企业的主要原因排序仍然是："薪酬待遇"、"对自己未来有帮助"、"企业发展前景"。但是，联网家庭选择"企业发展前景"、"职位"、"企业文化"等选项的比例，比不联网家庭的更高，企业的网站、网络宣传等确实对员工了解企业起到一定作用。

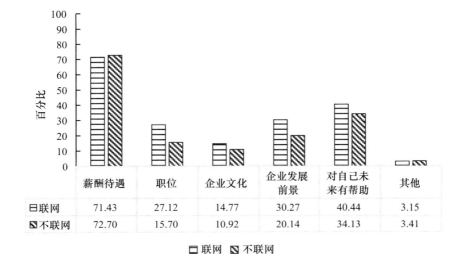

	薪酬待遇	职位	企业文化	企业发展前景	对自己未来有帮助	其他
联网	71.43	27.12	14.77	30.27	40.44	3.15
不联网	72.70	15.70	10.92	20.14	34.13	3.41

图 8－8 家庭是否联网与选择中资企业的不同原因（多选题）（N＝706）

第二节 公共外交

斯里兰卡中资企业的公共外交主要分为与同类企业高层管理者之间的交往和与斯里兰卡当地政府的交往。

一 中资企业与斯里兰卡同类企业高管间的交往情况

问卷对中资企业与斯里兰卡同类企业高管间的交往情况设置了四个程度选项，分别为："没有往来""较少往来""有往来"和"往来频繁"。在以下叙述中，"完全没有往来"则对应数据（见表 8－4）中的"没有往来"选项；"有所往来"则不管交往程度如何，包含了数据中"较少往来""有往来"和"往来频繁"三个选项。由以下交叉的行业类型和企业区域的往来情况表 8－4 可看出，大部分中资企业与同类企业的高层管理者之间均有不同程度的往来。

表8-4   **企业与斯里兰卡同类企业的高层管理者的往来情况**   （单位：%）

	没有往来	较少往来	有往来	往来频繁
工业	0.00	0.00	70.00	30.00
服务业	10.00	10.00	40.00	40.00
不在经开区	7.14	7.14	57.14	28.57
经济开发区	0.00	0.00	33.33	66.67

从行业类型来看，总体而言，工业型企业的往来程度要高于服务型企业。就与同类企业高管是否有所往来可以看出，100%的工业型企业与同类企业高管之间有所往来，而同等情况的服务型企业仅占90.00%，尚有10.00%的服务型企业与同类企业高管之间完全没有往来。

从各交往程度来看，与同类企业高层管理者之间"往来频繁"的中资企业所占比重，服务型企业（40.00%）要高于工业型中资企业（30.00%）；程度为"有往来"的中资企业，工业型企业占比70.00%，是服务型企业（40.00%）的1.75倍。此外，服务型企业"有往来"和"往来频繁"两种交往程度的所占比重相同，均为40.00%；"较少往来"程度的企业，服务型企业占比10.00%，工业型企业占比0。

从企业区域来看，总的来说，在经济开发区的企业，与同类企业高管之间的往来程度要更高一些，交往率为100%（不在经开区的企业与同类企业高管之间的交往率为92.85%），且全都集中在"往来频繁"和"有往来"两个选项中。在经济开发区的企业，与同类高管之间的交往程度最高，"往来频繁"占比66.67%，"有往来"占比33.33%。不在经开区的企业，有7.14%与同行没有往来，7.14%有"较少往来"，57.14%"有往来"，28.57%"往来频繁"。

二 中资企业与斯里兰卡当地政府的往来情况

中资企业与当地政府的往来情况调查设置了企业与当地行政长官

的往来，与行业部门政府领导的往来，与规制或行政管理部门主要领导的往来，以及与政党领导的往来四个方面。

企业与当地行政长官、行业部门政府领导、规制或行政管理部门主要领导往来情况的调查数据，综合了企业类型、企业所在区域、四个交往程度（"没有往来""较少往来""有往来""往来频繁"）交互制表。所得如下：

（一）企业与当地行政长官的往来情况

如表8-5所示，无论是以企业类型，还是以企业所在区域为分类标准，所有的中资企业与斯里兰卡当地的行政长官之间均有不同程度的交往，且往来程度均在中等及以上。（以下表述分别将"较少往来""有往来"和"往来频繁"皆定义为"较低""中等""较高"程度的往来。）

表8-5　　　　　　　　企业与所在地的行政长官的往来情况　　　（单位：%）

	没有往来	较少往来	有往来	往来频繁
工业	0.00	20.00	40.00	40.00
服务业	0.00	10.00	70.00	20.00
不在经开区	0.00	21.43	50.00	28.57
经济开发区	0.00	0.00	66.67	33.33

将中资企业按照行业类型进行划分，服务型企业在中等、较高程度的交往中所占的总体比重（90.00%）要比工业型企业（80.00%）高10个百分点。

其中，在交往程度为中等（"有往来"）中，服务型企业占比70.00%，是工业型企业（40.00%）的1.75倍；但在较高交往程度（"往来频繁"）中，工业型企业所占的比重（40.00%）又是服务型企业的两倍（20.00%）。而在较低程度（"较少往来"）的交往中，工业型企业所占的比重（20.00%）也是服务型企业（10.00%）的两倍。

工业型企业在较低、中等、较高的交往程度中占比较为均衡，分别为 20.00%、40.00%、40.00%；但服务型企业在这三个程度中所占的比重差异较大，中等交往程度（"有往来"）占比七成，较低和较高交往程度各占 10.00% 和 20.00%。

将中资企业按照企业所在区域进行划分，在经济开发区的企业，与所在地的行政长官的往来情况在中等及以上程度的占比（为 100%）要大于不在经济开发区的企业（78.57%），有 21.43% 不在经济开发区的企业与当地行政长官之间往来较少。

往来程度为中等（"有往来"）的企业中，在其他区域的中资企业占比最高，达 100%；其次是在经济开发区的企业，占比 66.67%；不在经济开发区的企业比重最低，为 50.00%；但三者的比重均在50.00% 以上（包含 50.00%）。

往来程度较高（"往来频繁"）的企业中，在经济开发区的企业所占比重最大，为 33.33%，与居于第二位的，不在经济开发区的企业比重（28.57%）相差不大，差距不足 5%。

综上，可得出这样的结论：以行业类型和以企业区域为标准划分的企业，平均有半成以上与当地行政长官交往程度为"有往来"，说明中资企业与当地行政长官的交往情况普遍为中等程度。而在往来程度较高（"往来频繁"）的企业中，两种划分标准的企业平均占比在三成及以下（包括三成），可知，少数企业与当地行政长官之间有较为频繁的交往。

（二）企业与当地行业部门政府领导的往来情况

由表 8-6 可知，与行政长官的交往情况一致，100% 在斯里兰卡的中资企业都与行业部门的政府领导有所往来。

表 8-6　　　　　　企业与斯里兰卡行业部门的政府领导的往来情况　　　　（单位：%）

	没有往来	较少往来	有往来	往来频繁
工业	0.00	30.00	20.00	50.00
服务业	0.00	20.00	60.00	20.00

	没有往来	较少往来	有往来	往来频繁
不在经开区	0.00	35.71	28.57	35.71
经济开发区	0.00	0.00	66.67	33.33

从行业类型来说，工业型企业在较低、中等、较高程度的交往占比分别为 30.00%、20.00%、50.00%，有 70.00% 的工业型企业与当地行业部门政府领导的交往程度在中等及以上，且其中一半（50.00%）为"往来频繁"，交往程度较高；而对于服务型企业，80.00% 的服务型企业与行业部门政府领导的交往程度在中等及以上，六成企业与行业部门政府领导往来情况为"有往来"，交往程度中等，其余四成均分于较低和较高程度的交往，各占比 20.00%。

从企业区域来说，不在经济开发区的企业在较低、中等、较高程度的交往中占比较为均衡，为 35.71%、28.57%、35.71%，最大差距为 7.14%，最小差距为 0；在经济开发区的企业，大部分（66.67%）与行业部门政府领导"有往来"，交往程度中等，剩余 33.33% 的企业与行业部门政府领导"往来频繁"，交往程度较高；在经济开发区的企业，与行业部门政府领导往来达到中等及以上程度的企业，总占比均达 100%，高于不在经开区的企业（64.28%）。

（三）企业与当地规制或行政管理部门主要领导的往来情况

总体而言，中资企业与当地规制或行政管理部门主要领导的往来程度要略低于企业与行政长官和行业部门政府领导的往来程度。不论交往程度的高低，100% 的中资企业或多或少都与当地行政长官和行业部门政府领导有所来往。但从以下"企业与当地规制或行政管理部门的主要领导的往来情况"表中不难看出，尚有 10.00% 的服务型企业和 7.14% 不在经济开发区的企业与当地规制或行政管理部门的主要领导没有任何往来。

表 8 - 7　　　　　企业与当地规制或行政管理部门的主要领导的往来情况　　　（单位：%）

	没有往来	较少往来	有往来	往来频繁
工业	0.00	40.00	50.00	10.00
服务业	10.00	10.00	60.00	20.00
不在经开区	7.14	35.71	50.00	7.14
经济开发区	0.00	0.00	66.67	33.33

就行业类型而言，所有工业型企业与当地规制或行政管理部门的主要领导都有来往。其中，40.00% 的企业"较少往来"，50.00% 的企业"有往来"，10.00% 的企业"往来频繁"。六成企业与规制或行政管理部门主要领导的交往程度在中等及以上，四成企业往来程度较低；90.00% 的服务型企业与规制或行政管理部门主要领导有不同程度的往来，剩余 10.00% 暂无任何来往。在有所往来的服务型企业中，较低、中等、较高交往程度的占比分别为 10.00%、60.00%、20.00%；在中等往来程度以上（包含中等）的企业，服务型企业总占比（80.00%）比工业型企业（60.00%）高出 20 个百分点。

就企业所在区域而言，企业位置对与当地规制或行政管理部门主要领导往来情况的影响较为突出。不在经济开发区的中资企业，四成以上（42.85%）与规制或行政管理部门的主要领导交往程度在中等以下，而在经济开发区的中资企业，在中等程度以下的企业所占比重均为 0；在经济开发区的企业，中等往来程度（"有往来"）占比 66.67%，高于不在经济开发区的企业（50.00%）。较高往来程度（"往来频繁"）占比 33.33%，与不在经济开发区（7.14%）的企业间存在较大差异。

（四）企业与政党领导的往来情况

中资企业管理层对斯里兰卡当前政治环境的看法，一定程度上会影响其与政党领导的交往。因此调研组对企业管理层对斯里兰卡政治环境的看法做了调查，并根据所得数据绘制成如下饼状图（见图 8 - 9）。

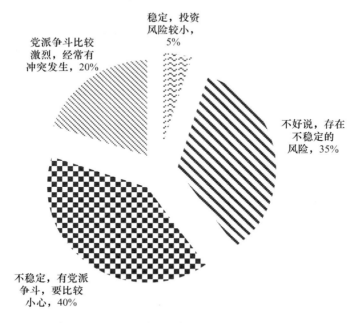

图 8 - 9　企业管理层认为斯里兰卡政治环境情况

　　总体上来看，中资企业管理层对斯里兰卡当前的政治环境所持观点不容乐观，仅有 5% 的企业认为该国政治环境稳定，投资风险较小，持积极态度，除此之外，95% 的中资企业管理层一致认为，斯里兰卡当前的政局存在不同程度的投资风险。其中，40% 的中资企业管理层认为，斯里兰卡当前政治局势"不稳定，有党派争斗，要比较小心"；35% 的企业管理层认为"不好说，存在不稳定的风险"；20% 的管理层持"党派争斗比较激烈，经常有冲突发生"的观点。

　　一般来说，企业对驻地政治环境为正需求，即期望驻地政治环境平和、社会发展稳定，以便于企业开展正常的经营活动。近年来，斯里兰卡国内政治环境变幻莫测，党派之间利益诉求相对对立，党派内斗争相对激烈，且有向更深层次发展的迹象，这在一定程度上影响了中资企业管理层与当地党政领导的往来热情。

　　中资企业管理层与当地党政领导之间具体的交往情况，可通过不同维度的程度对比分析图加以体现。

图 8 - 10 和图 8 - 11 从"行业类型"和"企业是否在经开区"两个维度入手，设置了三个程度选项——"从来没有""往来不多""有往来"，将数据进行集中处理和归纳。

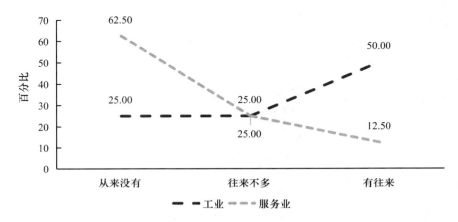

图 8 - 10　按行业划分的企业与该政党的领导交往程度对比

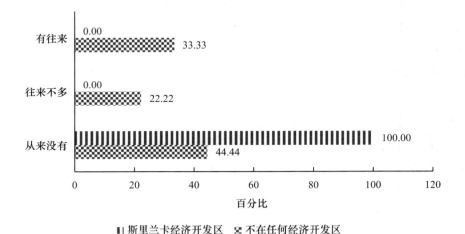

图 8 - 11　按是否在经济开发区划分的企业与该政党的领导交往程度对比

如图 8 - 10 所示，按行业类型将中资企业划分为工业和服务业。总体而言，工业型企业与斯里兰卡政党领导的交往程度要远远高于服务型企业。

就企业是否与斯里兰卡政党领导有所交往来说，62.50% 的服务型企业"从来没有"与政党领导有过任何交往，仅有不到四成（37.50%）的企业与政党领导有过不同程度的往来；相比之下，只有 25.00% 的工业型企业与政党领导没有往来，所占比重是服务型企业的 2/5，余下 75.00% 的工业型企业均与政党领导有交往，是服务型企业的两倍。

就交往程度来说，与政党领导"有往来"的工业型企业占比 50.00%，是服务型企业所占比重（12.50%）的 4 倍；与政党领导"往来不多"的企业，工业型企业与服务业占比相同，均为 25.00%。由此可看出，工业型企业对于与政党加强关系有较大的需求，政党领导对工业企业的影响相对服务业企业更大。

图 8 - 11 从"是否在经济开发区划分的企业"这一维度，将企业划分为：在斯里兰卡经济开发区和不在任何经济开发区两类。

中资企业地域的差异，对企业与政党领导交往情况的影响较为突出。在斯里兰卡经济开发区的中资企业，与政党领导"从来没有"往来的比重高达百分之百；只有不在任何经济开发区的企业在"从来没有""往来不多"和"有往来"三个交往程度的分布上较为均匀，分别占比 44.44%、22.22% 和 33.33%，五成以上企业与政党领导有着不同程度的交往，往来程度最高"有往来"所占的比重是两类企业中最高的。由此可以看出，在经济开发区的企业可以较少地与政党领导往来，减少了行政事务的成本，经济开发区的优势也可以就此体现出来。

第 九 章

斯里兰卡中资企业斯籍员工的
就业与收入

就业是指在法定年龄内的具有劳动能力和劳动意愿的个体所从事的为获取报酬或经营收入进行的体力或脑力活动。本章基于"海外中资企业营商环境调研"斯里兰卡部分的数据，对在斯中资企业的斯里兰卡籍员工的基本情况及工作现状进行分析。本章所描述的内容包括斯里兰卡中资企业当地员工的基本情况、职业经历与工作环境、职业晋升、社会保障、家庭耐用消费品拥有情况等几个方面。

第一节　斯里兰卡籍员工基本情况

在"海外中资企业营商环境调研"斯里兰卡部分的数据中，员工样本的筛选符合以下几项规则：受访者是斯里兰卡人，年满 16 周岁，2018 年 1 月 1 日前就进入企业工作，且属于企业长期雇用的员工。

从年龄分布来看，706 个有效样本中，年龄最小的是 17 岁，最大的是 80 岁。图 9－1 反映了调查的员工样本中性别与年龄段两个方面的情况。从此图可以看出，在 706 个有效样本中，男女比例分布基本上各占一半，在各个年龄段中男女比例也无较大差异；从斯里兰卡员工的年龄段分布来看，17 岁到 25 岁的员工只占不到两成（17.99%），26

岁到 35 岁和 36 岁及以上两个年龄段的员工各占了四成以上。单变量频数分布表明，36 岁及以上的员工占总数的 41.08%，略高于 26 岁到 35 岁的年龄段的员工占比（40.93%）。

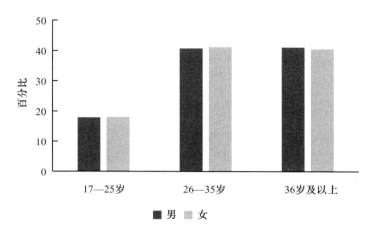

图 9 - 1　按性别划分的员工年龄分布（*N* = 706）

　　从员工的受教育程度与性别的交互图来看（见图 9 - 2），一半以上的员工的最高学历为"中学学历"，从单变量频数来看，最高为"中学学历"的员工占比 57.22%，而中学学历以下的员工仅占 9.92%；在未受教育和小学学历的人群中男女比例分布差异不明显，基本相近；中学学历的员工中男性占比多于女性，多出将近 10 个百分点；不同的是，拥有本科及以上学历的员工中，女性占比明显多于男性。

　　僧伽罗族是斯里兰卡的主体民族，占全国人口的 72%，其他主要的民族有泰米尔族和摩尔族。本报告根据频数分布，将除这三个之外的其他民族归为"其他"。如表 9 - 1 表明，从员工的族群分布与性别的交互来看，绝大部分的员工为僧伽罗族，其中男性有将近 95% 的员工是僧伽罗人，女性有超过九成的员工是僧伽罗人；其次，受访者中女性泰米尔人的占比要略高于男性泰米尔人；调查中没有女性摩尔族人，并且只有 1.45% 的男性员工属于摩尔族。由此可知，不同族群的

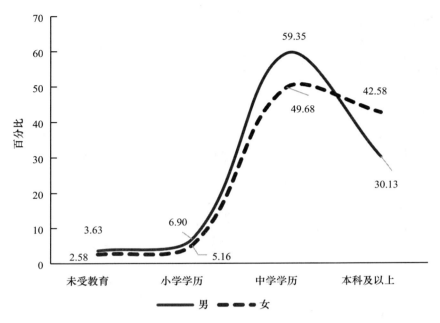

图 9－2 按性别划分的员工受教育程度分布（N＝706）

受访者男女比例并无较大差别。受访者中僧伽罗族居多，主要是因为本次调研对象为中资企业员工，而中资企业大多位于中部和南部，以僧伽罗族为主的地方。

表 9－1	按性别划分的员工族群分布		（单位：%）
族群	男	女	合计
僧伽罗族	94.56	92.26	94.05
泰米尔族	3.27	5.16	3.68
摩尔族	1.45	0.00	1.13
其他	0.73	2.58	1.13

N＝706。

进一步从受访者的宗教信仰分布来看，本调查数据包括佛教、印度教、基督教、伊斯兰教、天主教和不信仰任何宗教 6 个分类。如

表 9-2 所示，其中有近九成（89.52%）的员工信仰佛教，并且信仰佛教的人群中的男女比例无太大差异；除佛教外的其他宗教信教群众均较少，信仰印度教的员工的男女比例基本相同；信仰基督教的女性员工占比是男性员工的两倍；信仰伊斯兰教与天主教的男女比例同样基本相同，并无较大差异。

表 9-2　　　　　　　　　　**按性别划分的员工宗教信仰分布**　　　　　　　　（单位：%）

宗教信仰	男	女	合计
佛教	89.84	88.39	89.52
印度教	2.72	2.58	2.69
基督教	1.63	3.87	2.12
伊斯兰教	2.00	1.94	1.98
天主教	3.45	3.23	3.40
不信仰任何宗教	0.36	0.00	0.28

$N = 706$。

图 9-3 反映了调查样本的不同性别的员工的婚姻状况分布。原始问卷中包括单身/未婚、结婚、同居、丧偶、结婚但分居五个分类，根据频数分布情况将"同居""丧偶""结婚但分居"合并为"其他"。单变量频数表明，单身/未婚受访者占比 37.82%，已婚受访者占比 61.47%，而其他婚姻情况的受访者便属于极少数。从图中可以看出，单身/未婚的男性受访者占比要少于单身/未婚的女性受访者，已婚的女性受访者占比要多于男性受访者。

而从出生地（城市与农村）划分来看，来自农村的受访者占比 53.05%，来自城市的受访者占 46.95%，稍低于来自农村的受访者占比。

进一步按照性别划分来看，男性员工中有超过五成（55.82%）的人来自农村，女性员工中有 43.23% 来自农村。由此得出结论，在斯里兰卡中资企业中，出生地为农村的男性员工要多于城市的男性员工；

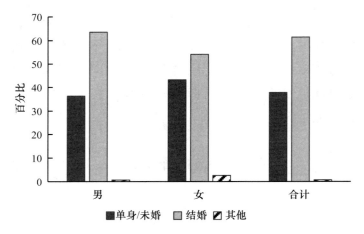

图 9-3 按性别划分的员工婚姻状况分布（N=706）

不同的是，女性员工中来自城市的要多于来自农村的（见图 9-4）。

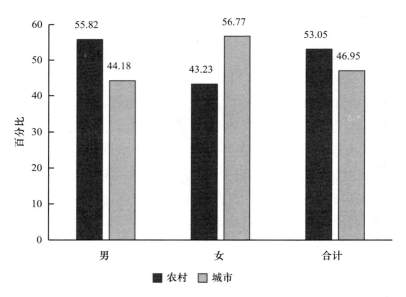

图 9-4 按性别划分的员工出生地分布（N=705）

从受访者的受教育程度来看，将近六成的（57.22%）员工的最高学历为中学学历，并且有超过三成（32.86%）的员工拥有本科及以上的学历，未受教育或小学学历的员工非常少，仅占受访者的 9.92%，这表明斯里兰卡的国民受教育程度偏高。如表 9 - 3 所示，按照年龄段分布来看，17 岁到 25 岁并且最高为中学学历的员工占比 62.99%，本科及以上学历为 28.35%；不同的是，在 26 岁到 35 岁的年龄段中，本科及以上的员工占比为 46.02%，在三个年龄段中占比最大，这表明 26 岁到 35 岁的年龄段的员工学历水平要高于其他两个年龄段的员工；36 岁及以上的受访者中未受教育和小学学历的占比分别为 4.83% 和 10.34%，明显高于其他两个年龄段的受访者；同时，36 岁及以上且学历为本科及以上的员工占比仅为 21.72%，少于其他两个年龄段的受访者，表明 36 岁及以上的员工的受教育程度偏低。

　　由此可以得出结论，在斯里兰卡中资企业中，26 岁到 35 岁的受访者受教育程度最高，而 36 岁及以上的受访者受教育程度偏低。

表 9 - 3　　　　　　　　　按年龄组划分的员工受教育程度分布　　　　　（单位：%）

受教育程度	17—25 岁	26—35 岁	36 岁及以上
未受教育	3.94	1.73	4.83
小学学历	4.72	3.46	10.34
中学学历	62.99	48.79	63.10
本科及以上	28.35	46.02	21.72

N = 706。

　　从表 9 - 4 中可以看出各个年龄段的员工的出生地比例分布：17 岁到 25 岁的受访者有 55.91% 出生于农村，44.09% 来自于城市；在 26 岁到 35 岁的年龄段中，来自农村的受访者占比 52.78%，来自城市的受访者占比 47.22%；36 岁及以上的员工 52.07% 来自于农村，47.93% 来自于城市。由此可以看出，在斯里兰卡中资企业中，17 岁到 25 岁年龄段的出生地差异要稍大于其他两个年龄段，但总体来说各年龄段的受访者的出生地差异不大。

表 9 - 4　　　　　　　　按年龄组划分的员工出生地分布　　　　　（单位：%）

出生地	17—25 岁	26—35 岁	36 岁及以上
农村	55.91	52.78	52.07
城市	44.09	47.22	47.93

$N = 705$。

第二节　职业经历和工作环境

职业经历作为衡量员工的重要自变量，包含员工在当前企业工作的时长与员工获得当前工作的主要途径。本报告中员工的工作环境主要是指员工日常工作中使用电脑的情况。

本次调查中所挑选的员工样本均符合"2018 年 1 月 1 日前就进入企业工作"，如图 9 - 5 所示，该图反映的是受访者在当前所在企业的工作时长分布，在问卷中体现为"您是何时开始在本企业工作的？"，员工在当前企业的工作时长最小为一年，最大为十年以上。706 个样本中，在当前企业工作时长为两年的员工占比最多，达 32.15%，其次为工作时长为一年的员工，占比最少的为"十年以上"，占比 0.57%；由此可得，在斯里兰卡中资企业中，在当前企业工作时长三年及三年以下员工数占总数的 75.49%，占到了总样本的 3/4 以上，中资企业的斯籍员工流动性较大。

本次调研活动调查了受访者获得当前工作的途径，具体包括八个分类：在职业介绍机构登记求职、参加招聘会或人才交流会应聘、通过大学/学校就业中心、看到媒体上的招聘广告、通过亲戚朋友找到、自己直接来企业、应聘雇主直接联系你和其他。从表 9 - 5 中可以看出，员工获得现工作的频数最多的途径为"通过亲戚朋友"，占比近一半；其次为"自己直接来企业应聘"，占比近两成。由此得出，在斯里兰卡中资企业的外籍员工中，有将近一半的人群是通过亲戚朋友的介绍进入该企业的，其原因可能为薪资的吸引或企业文化的吸引。除"其他"选项外，频数

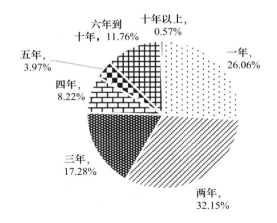

图9-5　员工在当前企业的工作时长分布（N=706）

最少的途径为"通过大学/学校就业中心"，仅占比1.98%。从整体来看，除频数最多的两种途径之外，其他六种途径均较少。

表9-5	员工获得现工作的主要途径	（单位：个、%）
获得此工作主要途径	频数	百分比
在职业介绍机构登记求职	36	5.10
参加招聘会或人才交流会应聘	25	3.54
通过大学/学校就业中心	14	1.98
看到招聘广告	73	10.34
通过亲戚朋友	345	48.87
直接来企业应聘	138	19.55
雇主直接联系你	70	9.92
其他	5	0.71
合计	706	100.00

　　一般而言，在日常工作中会使用电脑的属于办公室职员，不使用电脑的为一线工人居多。由表9-6可以看出，男性员工在日常工作中使用电脑与不使用电脑的占比相同，均在五成左右；而与此不同的是，女性员工在日常工作中使用电脑的占比达到3/4。由此得出，在斯里兰

卡中资企业的斯籍员工中，在办公室办公的女性员工多于男性员工，而在一线生产部门中，男性员工要多于女性员工。

表9-6　　　　　　按性别划分的员工日常工作使用电脑状况　　　　（单位：%）

日常工作是否使用电脑	男	女
是	49.36	74.19
否	50.64	25.81
合计	100.00	100.00

$N = 706$。

第三节　职业培训、晋升与工作时间

在本次海外中资企业营商环境调研中，"管理人员"指在企业中行使管理职能、指挥或协调他人完成具体任务的人，其中包括总经理、副董事长或副总经理、部门经理及其他。由表9-7可以看出，此次调查的男性受访者中，管理人员占比 22.14%，非管理人员占 77.86%；同时，在全部的女性受访者中，管理人员占比 20.65%，略低于男性管理人员所占比例。由此可以得出，在斯里兰卡中资企业的斯里兰卡籍的员工中，男性比例要略高于女性，但是其相差十分微小，管理层的男女比例基本持平。

表9-7　　　　　　按性别划分的管理人员与非管理人员分布　　　　（单位：%）

是否是管理人员	男	女
是	22.14	20.65
否	77.86	79.35
合计	100.00	100.00

$N = 706$。

　　职业培训是直接为适应经济和社会发展的需要，对要求就业和在职劳动者以培养和提高素质及职业能力为目的的教育和训练活动。此次调研中列举的培训内容包括：管理技能、人际交往技能、写作能力、职业道德、中文读写、英文读写、计算机技能、技术性技能、安全生产及其他。如图 9 - 6 所示，本次调研中的 703 个斯里兰卡籍员工中，有将近一半（44.90%）的员工从未参加过任何形式的培训；在员工参加的各类培训内容中，占比最多的为"安全生产"的培训，占 703 个样本中的 27.48%。在斯里兰卡中资企业中，斯里兰卡籍员工多数为一线生产员工，如建筑工地施工工人、纺织厂工人等，"安全生产"培训便是重中之重，占比也最多。其次较多的斯里兰卡籍员工参加的培训依次为技术性技能（19.12%），英文读写（16.01%），管理技能（13.46%）；其他六项的培训内容占比均较少，其中对写作能力的培训占比最小，仅为 5.95%。由此可以看出，在斯里兰卡中资企业中的本地员工中，入职后参加最多的培训为"安全生产"，最少的是对"写作能力"的培训。

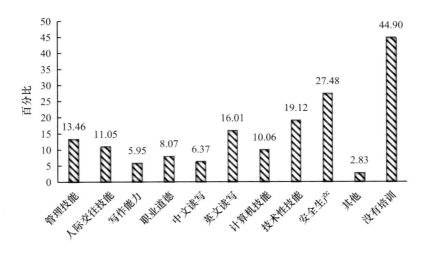

图 9 - 6　员工入职后参加过的培训内容分布（多选题）（N = 706）

数据显示（见表 9 - 8），本次调研中男性受访者入职后有 46.82%
未接受过任何形式的培训，而女性受访者中有 38.06% 未接受过培训；
同时，参加过安全生产培训的男性受访者占比 30.49%，而参加过安全
生产培训的女性员工仅占 16.77%；参加过计算机技能培训的男性员工
占比为 8.17%，女性为 16.77%。其他各项培训内容中性别差异较为明
显的还有写作能力、中文读写、英文读写及技术性技能，前三项侧重
于读写能力的培训，女性参与的比例要高于男性，而最后一项技术性
技能，参与者则是男性居多。另外，进行"安全生产"培训的员工多
数为一线生产工人，男性员工在入职后的培训主要集中在安全生产方
面，占比多于女性员工，可以看出，在斯里兰卡中资企业中的斯里兰
卡籍一线工人中男性多于女性；同时，未进行过培训的男性员工多于
女性员工。

表 9 - 8   按性别划分的员工入职后的·培训内容（多选题）   （单位：%）

入职后培训或进修内容	男	女
管理技能	14.34	10.32
人际交往技能	10.53	12.90
写作能力	4.54	10.97
职业道德	7.62	9.68
中文读写	5.63	9.03
英文读写	15.06	19.35
计算机技能	8.17	16.77
技术性技能	20.33	14.84
安全生产	30.49	16.77
其他	2.36	4.52
没有培训	46.82	38.06

$N = 706$。

表 9 - 9 中的员工"最近一次培训的内容"指除入职第一次培训外
的最近一次职业培训。从员工最近一次参加的培训内容来看，在 376 个

有效样本中，男性员工的最近一次培训内容占比最多的是安全生产方面的培训，超过总体的一半（50.68%），女性员工的最近一次培训内容占比最多的则为英文读写，占比为24.47%；男性员工最近一次培训内容较多的还有技术性技能的培训，占比33.22%；其后为英文读写方面的培训，占比为21.23%；女性员工中最近一次培训内容占比较多的还有技术性技能培训（23.40%）、计算机技能（17.02%）、中文读写（11.70%）等。

表9-9　　　　　按性别划分的员工最近一次的培训内容（多选题）　　　　（单位：%）

最近一次培训的内容	男	女
管理技能	19.86	15.96
人际交往技能	14.04	12.77
写作能力	6.51	9.57
职业道德	10.96	8.51
中文读写	6.85	11.70
英文读写	21.23	24.47
计算机技能	7.88	17.02
技术性技能	33.22	23.40
安全生产	50.68	21.28
其他	4.79	8.51
没有培训	0.34	1.06

$N = 386$。

职业晋升或发展机会是体现职业生涯发展的一个重要方面，对于员工来说，是向上流社会流动的通道；对企业来说，可以更加了解员工的潜能。本次调查中问卷里有关职业晋升测量的问题为："从您进入这家企业工作算起，您是否获得过职位晋升？"，回答为"是"与"否"两个选项。

从图9-7中可以看出，在706个有效样本中，入职以来有过职业晋升的员工约占总样本的近1/4（23.37%），有3/4（76.63%）的员工入职以来未获得任何形式的职业晋升。进一步按照性别划分来看

（见表9－10），男性受访者中入职以来获得过职业晋升的占全部男性样本的22.69%，略低于获得过职业晋升的女性占比（25.81%）；同时，从未获得职业晋升的男性占比（77.31%）要略高于女性（74.19%）。由此可以得出，斯籍员工职业晋升机会有限，在获得职业晋升方面不同性别并未产生较大的差异。

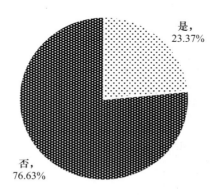

是，
23.37%

否，
76.63%

图9－7　进入企业后是否获得过职业晋升（N=706）

表9－10　　　　　　　　按性别划分的员工的职业晋升状况　　　　　　　（单位：%）

进入本企业后是否有职业晋升	男	女
是	22.69	25.81
否	77.31	74.19
合计	100.00	100.00

N＝706。

从表9－11可以看出管理人员与非管理人员每周工作天数的差异。其中，超过一半（51.30%）的管理人员每周工作时间为5天，33.12%的管理人员每周工作时间为6天，仅有12.34%的管理人员每周工作时间为7天；同时，有四成以上（41.30%）的非管理人员每周工作时间为7天，占比最多，非管理人员中工作时长为每周5天与6天的占比分别为25.54%与26.63%。由此可以得出，管理人员平均每周的工作时间要总体少于非管理人员平均每周的工作天数。

表9－11　　　　管理人员与非管理人员上月平均每周工作天数的差异　　　（单位：%）

上月平均每周工作天数	管理人员	非管理人员
1	0.00	0.36
2	0.00	0.18
3	0.00	0.18
4	3.25	5.80
5	51.30	25.54
6	33.12	26.63
7	12.34	41.30
合计	100.00	100.00

$N = 706$。

第四节　社会保障

　　社会保障是指一种为丧失劳动能力、暂时失去劳动岗位或因健康原因造成损失的员工提供收入或补偿的一种社会和经济制度。在问卷中，社会保障主要包括医疗保险、养老保险/养老金和其他。其中，"医疗保险"一般指基本医疗保险，是为了补偿劳动者因疾病风险造成的经济损失而建立的一项社会保险制度。"养老保险"是国家和社会根据一定的法律和法规，为解决劳动者在达到国家规定的解除劳动义务的劳动年龄界限，或因年老丧失劳动能力退出劳动岗位后的基本生活而建立的一种社会保险制度。养老金也称退休金、退休费，是一种最主要的社会养老保险待遇。

　　问卷中与社会保障相关的问题为："这份工作是否为您提供了社会保障（包括医疗保险、养老保险、养老金等）?"，选项分别为"是"和"否"；第二个问题为："这份工作为您提供了哪些社会保障?"，选项包括"医疗保险""养老保险/养老金""其他"。

从表9-12中可以看出，享有一种或多种社会保障的公司管理人员将近3/4（74.51%），未享有各种社会保障福利的管理人员仅占25.49%；与此同时，享有一种或多种社会保障的非管理人员未超过总数的一半（49.17%），未享有各种社会保障的超过半数（50.83%）。由此可以得出，在斯里兰卡中资企业的斯里兰卡籍员工中，属于企业管理层的员工享有一种或多种社会保障的比例要远高于非管理人员。

表9-12　　　　　　管理人员与非管理人员是否享有社会保障　　　　（单位：%）

是否享有社会保障	管理人员	非管理人员
是	74.51	49.17
否	25.49	50.83
合计	100.00	100.00

$N = 696$。

问卷中询问了斯里兰卡籍员工所享有的社会保障的类型，如图9-8所示，有近九成（87.93%）的员工享有医疗保险，有28.08%的员工享有养老保险或养老金。

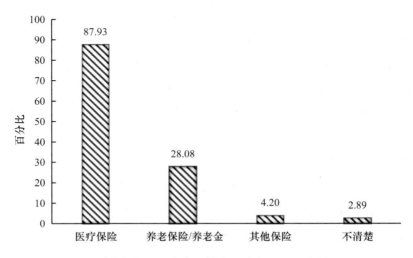

图9-8　斯里兰卡籍员工所享有的社会保障类型（多选题）（$N = 381$）

　　按照管理人员与非管理人员享有的社会保障类型来看，如表9－13
所示，有87.72%的管理人员拥有医疗保险；同时也有88.01%的非管
理人员享有医疗保险，占比略高于管理人员。此外，同时有两成到三
成的管理人员与非管理人员享有养老保险或养老金。由此可以看出，
管理人员与非管理人员各自享有的社会保障类型并无较大的差异。

表9－13　　　　管理人员与非管理人员享有的社会保障类型（多选题）　　（单位：%）

享有哪些社会保障	管理人员	非管理人员
医疗保险	87.72	88.01
养老保险	23.68	29.96
其他	6.14	3.37
不清楚	1.75	3.37

$N = 381$。

　　此次调研中还询问了斯里兰卡籍员工倾向的解决纠纷的方式，在
问卷中相关的问题为："如果您认为本企业没有履行劳动法规，您最有
可能采取什么方式解决纠纷?"，答案分为"找企业管理部门投诉""找
企业工会投诉""找行业工会投诉""向劳动监察部门投诉""独自停
工、辞职""参与罢工""上网反映情况""没有采取任何行动"和
"其他"。如图9－9所示，绝大部分（72.53%）员工在遇到与企业的
纠纷时所采取的解决方式为向企业管理部门投诉，另有13.88%的员工
选择不采取任何行动。

　　从管理人员与非管理人员所选择的解决与企业的纠纷的方式来看，
如表9－14所示，有3/4以上（76.62%）的管理人员倾向于向企业管
理部门投诉，同时有七成（71.38%）的非管理人员倾向于向企业管理
部门投诉，占比略低于管理人员；不会采取任何行动的管理人员占比
8.44%，而非管理人员占15.41%。由此可以看出，在斯里兰卡中资企
业的本地员工中，在解决纠纷时倾向于向企业管理部门投诉的管理人
员占比要略高于非管理人员，间接说明管理人员对企业管理部门的信

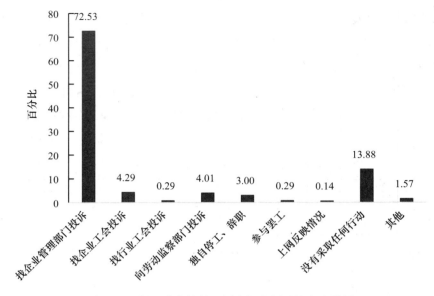

图 9 - 9　斯里兰卡籍员工倾向解决纠纷的方式差异

任度要高于非管理人员；不会采取任何行动的管理人员占比要低于非管理人员；其他解决纠纷的方式占比管理人员与非管理人员并无较大的差异；同时，无管理人员选择"参与罢工"与"上网反映情况"这两种解决纠纷的方式，而选择这两种方式的非管理人员分别占比为0.37%和0.18%。

表 9 - 14　　　　管理人员与非管理人员解决纠纷方式的差异　　　（单位：%）

最有可能采取的解决纠纷方式	管理人员	非管理人员
找企业管理部门投诉	76.62	71.38
找企业工会投诉	3.90	4.40
找行业工会投诉	0.65	0.18
向劳动监察部门投诉	5.84	3.49
独自停工、辞职	3.25	2.94
参与罢工	0.00	0.37

续表

最有可能采取的解决纠纷方式	管理人员	非管理人员
上网反映情况	0.00	0.18
没有采取任何行动	8.44	15.41
其他	1.30	1.65
合计	100.00	100.00

$N = 699$。

第五节　个人和家庭收入

家庭是组成社会的最小的单元,本小节将从个人月收入、家庭总年收入和各类耐用消费品拥有情况等几个方面来描述斯里兰卡中资企业的本地员工的家庭基本情况。

在描述员工收入与耐用消费品等方面之前,首先应对企业对员工的工资结算情况作一了解。问卷中有关企业对员工的工资结算情况的问题为:"这家企业有未按时给您结算工资超过一个月的情况吗?"如表 9 – 15 所示,企业拖欠管理人员工资超过一个月的情况占比为9.09%,低于企业拖欠非管理人员工资超过一个月的情况占比(16.30%)。由此可以得出,普通员工被企业拖欠工资超过一个月的情况要多于管理人员。

表 9 – 15　　　　　管理人员与非管理人员工资拖欠状况　　　（单位：%）

未结算工资超过一个月	是	否
超过一个月	9.09	16.30
未拖欠工资/拖欠未超过一个月	90.91	83.70
合计	100.00	100.00

$N = 706$。

　　其次对斯里兰卡籍员工的个人月收入进行描述。收入作为衡量员工个人经济能力的重要指标，在问卷中体现为："您的工资收入是多少？"，此问题的答案单位为斯里兰卡货币单位——卢比。斯里兰卡卢比是斯里兰卡的流通货币，与人民币的兑换汇率为 1 元人民币 = 25.6865 斯里兰卡卢比（2019 年）。根据样本中个人月收入的频数分布，本次调研将个人月收入分为以下五个层次："12700—34000 卢比" "34001—40000 卢比" "40001—52000 卢比" "52001—90000 卢比" "90001 卢比以上"。从调研结果来看（见图 9 - 10）个人月收入在 34001 卢比到 40000 卢比分段的占比最多，达到 22.12%；而 12700 卢比到 34000 卢比分段的占比最少，为 18.59%。

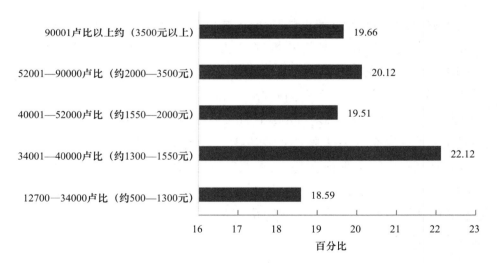

图 9 - 10　斯里兰卡籍员工的个人月收入分布（N = 651）

　　进一步从员工的出生地来观察其月收入（见表 9 - 16），总体来看，同大多数发展中国家一样，出生地为城市的斯里兰卡籍员工的月收入普遍要高于出生在农村的员工，也就是说，较高收入与高收入的员工大多数来自城市，而收入较低的员工大多数来自农村。除此之外，在来自农村的员工中，收入最低层次（12700—34000 卢比）与较低层次

（34001—40000 卢比）共占到将近一半（47.31%），并且只有 19.26%
的员工月收入属于较高收入层次（52001—90000 卢比），仅有 10.48%
的员工属于收入最高层次（90001 卢比及以上，约 3500 元以上）；相比
之下，来自城市的受访者有 30.30% 月收入在 90001 卢比以上，占比在
五个分类中最高。通过对比可以发现，在斯里兰卡中资企业的本地员
工中，收入的城乡差距体现较为明显，城乡收入差距较大。

表9－16　　　　　　　　按出生地划分的员工月收入分布　　　　（单位：卢比、%）

农村或城镇	12700—34000 （500—1300 元）	34001—40000 （1300—1550 元）	40001—52000 （1550—2000 元）	52001—90000 （2000—3500 元）	90001 以上 （3500 元以上）
农村	23.51	23.80	22.95	19.26	10.48
城市	12.79	20.20	15.49	21.21	30.30
合计	18.62	22.15	19.54	20.15	19.54

$N = 650$。

　　不同的年龄也意味着职业生涯的不同阶段，收入方面也会有不同
的体现。从表 9－17 可以看出来，在 17 岁到 25 岁年龄段中，有超过五
成（57.63%）的员工月收入处于 12700—34000 卢比和 34001—40000
卢比两个较低的收入阶段；同时，在最高收入层次（90001 卢比及以
上，约 3500 元以上）的 17 岁到 25 岁的员工仅占比 4.24%；在 26 岁到
35 岁的年龄段中，员工的月收入大致平均分布于后四个收入阶段中；
36 岁及以上的受访者中，月收入在 90001 卢比以上的占比达到
23.66%，在三个年龄段中占比最高；但仍有超过 1/4（25.57%）的 36
岁以上员工月收入处于最低层次。由此可以看出，25 岁成为员工月收
入的分水岭：25 岁之前，员工由于初入企业，欠缺工作所需的技能和
经验，收入主要集中在中下层次；25 岁之后，达到壮年的员工能力、
资本、经验等都逐步升高，收入自然也就增加。

表 9 - 17 　　　　　　　按年龄组划分的员工月收入分布 　　　　　　（单位：卢比、%）

年龄组	12700—34000 （500—1300 元）	34001—40000 （1300—1550 元）	40001—52000 （1550—2000 元）	52001—90000 （2000—3500 元）	90001 以上 （3500 元以上）
17—25 岁	26.27	31.36	22.88	15.25	4.24
26—35 岁	8.49	20.66	21.77	26.57	22.51
36 岁及以上	25.57	19.47	15.65	15.65	23.66
合计	18.59	22.12	19.51	20.12	19.66

$N = 651$。

　　从收入分配的性别差异来看（见表 9 - 18），收入在最低层次即 12700—34000 卢比的女性受访者占比为 35.86%，远高于男性受访者（13.64%）；同时，收入在最高层次即 90001 卢比以上的女性受访者占比（15.17%）要低于男性受访者（20.95%）；中间三个收入层次的性别差异并不非常明显，但是依旧可以观察得出，中等收入层次的男性受访者占比要略高于女性受访者。

　　也就是说，在斯里兰卡中资企业的本地员工中，男性员工的工资要高于女性员工。

表 9 - 18 　　　　　　　按性别划分的员工月收入层次分布 　　　　　　（单位：卢比、%）

性别	12700—34000 （500—1300 元）	34001—40000 （1300—1550 元）	40001—52000 （1550—2000 元）	52001—90000 （2000—3500 元）	90001 以上 （3500 元以上）
男	13.64	24.70	19.96	20.75	20.95
女	35.86	13.10	17.93	17.93	15.17
合计	18.59	22.12	19.51	20.12	19.66

$N = 651$。

　　分析受教育程度的差别可以描述受教育程度对斯里兰卡籍员工个人月收入的影响。由表 9 - 19 中可以看出，未接受过任何形式教育的员工大部分集中在 12700—34000 卢比和 34001—40000 卢比两个较低的收入层次中，占比超过八成（81.82%）；而且未受过教育的员工中没有月收入达到 90001 卢比以上的；同时，最高为小学学历的员工相比未受过教育的员工，低收入层次占比要相对略低，中高收入层次占比相对较高；最高学历为中学的员工的月收入基本平均分布在各个收入层次中；而本科及以上学历的员工有将近一半（46.67%）个人月收入高于 90001 卢比，同时处于最低收入层次的员工占比最低，仅为 6.67%。

　　除此之外，在最低收入层次（12700—34000 卢比）和较低收入层次（34001—40000 卢比）中未受过教育的员工占比最高；中等收入层次（40001—52000 卢比）中的最高学历为中学学历的员工占比最高；在较高收入层次（52001—90000 卢比）和最高收入层次（90001 卢比及以上，约 3500 元以上）中学历为本科及以上的员工占比最高。可以非常明显地看出，随着受教育程度的提高，员工的月收入也在同步提升。同其他国家一样，斯里兰卡中资企业中的本地员工的受教育程度的提高和月收入的增加存在着正相关的关系。

表 9 - 19　　　　　　　按受教育程度划分的员工月收入分布　　　　（单位：卢比、%）

最高学历	12700—34000 (500—1300 元)	34001—40000 (1300—1550 元)	40001—52000 (1550—2000 元)	52001—90000 (2000—3500 元)	90001 以上 (3500 元以上)
未受过教育	40.91	40.91	13.64	4.55	0.00
小学学历	33.33	40.00	15.56	6.67	4.44
中学学历	22.19	27.27	23.80	19.25	7.49
本科及以上	6.67	7.14	13.33	26.19	46.67
总数	18.59	22.12	19.51	20.12	19.66

$N = 651$。

　　从受访者所处职位来看，如表 9 - 20 所示，身为管理人员的员工的个人月收入有一半以上（53.62%）处于最高收入层次（90001 卢比及以上，约 3500 元以上），并仅有 7.97% 处于最低收入层次（12700—34000 卢比）；而非管理人员中月收入在 90001 卢比以上的员工占比仅为 10.53%，其他四个月收入层次占比均在两成左右，无太大差异；非管理人员在中等与低收入层次中的占比要高于管理人员，同时非管理人员在较高收入层次与最高层次中的占比要低于管理人员。也就是说，管理人员的收入水平要高于非管理人员。

表9-20　　　　　　　管理人员与非管理人员的月收入分布　　　（单位：卢比、%）

是否是管理人员	12700—34000（500—1300元）	34001—40000（1300—1550元）	40001—52000（1550—2000元）	52001—90000（2000—3500元）	90001以上（3500元以上）
是	7.97	5.07	10.14	23.19	53.62
否	21.44	26.71	22.03	19.30	10.53
合计	18.59	22.12	19.51	20.12	19.66

$N=651$。

接下来项目组调查了斯里兰卡本地员工的家庭年收入状况。根据样本中家庭年收入的频数分布，本次调研将其分为以下五个层次："100000—375000卢比""375001—500000卢比""500001—800000卢比""800001—1600000卢比""1600001卢比以上"。如表9-21所示，在469个有效样本中，五个家庭收入状况层次占比均在两成左右，其中中等年收入（500001—800000卢比）的家庭占比（21.11%）略多于其他四个收入层次；较高收入层次（800001—1600000卢比）与最高收入层次（1600001卢比以上）占比相对较少；有18.76%的员工属于较高收入层次，19.83%的员工属于最高收入阶层。从家庭年收入情况看，斯籍员工家庭年收入基本呈现均衡分布，没有差异较大的极端情况出现。

表9-21　　　　　　　　　家庭年收入状况　　　　　　（单位：卢比、%）

家庭年收入	频数	百分比
100000—375000（约3900—14600元）	94	20.04
375001—500000（约14600—20000元）	95	20.26
500001—800000（约20000—31000元）	99	21.11

家庭年收入	频数	百分比
800001—1600000（约31000—62000元以上）	88	18.76
1600001以上（约62000元）	93	19.83
合计	469	100.00

$N = 469$。

人们对许多社会现象和社会现实的看法和态度，很大程度上是取决于其对自身家庭社会地位的认定，而非其实际的经济收入水平。本次调研还采集了斯里兰卡本地员工当前与刚进入该企业时对自身家庭社会经济地位的主观认识。在问卷中相关问题设置为："人们有时候会谈论家庭社会经济状况处于上层或底层。设想一个10级的台阶，第1级代表社会经济地位最低，第10级代表最高，您认为您的家庭社会经济地位应该位于以下第几个台阶上？"与"回想您刚刚进入这家企业的时候，你们家的家庭社会经济地位处于第几个台阶？"，是答案为1—10分的打分题目。从表9-22中可以看出，刚进去企业时的员工家庭社会地位自评的平均分数为5.80分，而当前的平均分数为5.84分，可以得知，斯里兰卡本地员工认为自己在进入中资企业后的社会地位有略微的提升。

表9-22　　　　　**当前和进入企业时的家庭社会经济地位自评**　　　（单位：个、分）

时间点	样本量	均值	标准差	最小值	最大值
当前	701	5.84	2.03	1	10
进入企业时	702	5.80	2.09	1	10

第六节　耐用消费品拥有情况

耐用消费品是指那些使用寿命较长，一般可多次使用的消费品。

耐用消费品由于购买次数少，因而消费者的购买行为和决策较慎重。因此，耐用消费品的拥有率可以间接体现一个家庭的经济生活水平的高低。本次调研的问卷中所涉及的耐用消费品有"轿车/吉普车/面包车""彩色或黑白电视""滑板车/摩托车/轻便摩托车""移动电话""冰箱"。如图9－11所示，拥有汽车的家庭占比超过三成（30.31%），随着斯里兰卡人民生活水平的不断提高，汽车作为一种普通的交通工具已走进千家万户；家庭拥有电视机的受访者占到了绝大部分（95.47%），仅有4.53%的家庭未拥有电视机；拥有摩托车的家庭占到了总数的63.03%；拥有移动电话即手机的家庭占比高达98.73%，而没有手机的家庭仅有1.27%；冰箱作为一种制冷设备在天气炎热的斯里兰卡是必不可少的，将近九成（86.40%）的家庭拥有至少一台冰箱。也就是说，在斯里兰卡中资企业的本地员工中，电视机和手机的普及率最高，绝大部分的家庭都拥有至少一台电视机和至少一部手机；冰箱和摩托车的普及率位列其次，汽车作为一种价格偏昂贵的消费品，普及率最低。

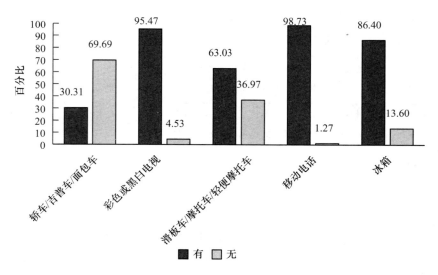

图9－11　斯里兰卡本地员工家庭耐用消费品拥有率（N＝706）

　　同其他发展中国家相同，斯里兰卡本地员工的收入和受教育程度
呈正相关的关系，同时家庭耐用消费品拥有率又同收入有直接关系，
表9－23描述了受教育程度与家庭耐用消费品拥有率的关系。从表中可
以看出，未受过任何教育的员工的汽车拥有率为0，而最高学历为本科
及以上的员工家庭中有六成以上（62.50%）拥有汽车，在四种受教育
程度中占比最高；四种受教育程度中拥有电视的员工家庭占比均在九
成及以上，相互之间无较大差异，但是仍旧为本科及以上的员工的家
庭拥有电视机的占比最高，达到了97.41%；而本科及以上的员工拥有
摩托车的仅占比46.98%，不到全部本科及以上学历的员工的一半；小
学学历与中学学历的员工的家庭用有摩托车的占比均在七成左右，高
于本科及以上的员工；斯里兰卡员工的手机普及率较高，四种受教育
程度的员工中拥有手机的占比均超过了九成，其中本科及以上学历的
员工的手机拥有率最高，将近百分之百（99.57%）；未受过教育、小
学学历、中学学历的员工的家庭中拥有冰箱的占比均在八成左右，而
本科及以上的员工家庭的冰箱普及率超过九成（93.53%）。由此可以
看出学历为本科及以上的员工出行多选择汽车作为工具，未受过教育、
小学学历、中学学历的员工的出行工具多为摩托车；在斯里兰卡电视
机、手机和冰箱的普及率很高，但是本科及以上学历的员工中的普及
率要略高于较低学历的员工。

表9－23　　　　　　　按受教育程度划分的家庭耐用消费品拥有率　　　　（单位：%）

	汽车	电视	摩托车	手机	冰箱
未受过教育	0.00	87.50	58.33	91.67	83.33
小学学历	13.04	95.65	67.39	97.83	76.09
中学学历	15.59	94.80	72.03	98.76	83.66
本科及以上	62.50	97.41	46.98	99.57	93.53
总计	30.31	95.47	63.03	98.73	86.40

$N = 706$。

从表 9-24 中可以看出，来自农村的员工的家庭汽车拥有率仅为 19.79%，而来自城市的员工的家庭汽车拥有率超过四成（41.99%）；电视的拥有率来自城市的员工与来自农村的员工均在九成以上，并无较大差异；而来自农村的员工的家庭摩托车拥有率要高于来自城市的员工；手机的普及率二者无太大差异，均在 99% 左右；来自城市的员工家庭有九成以上（92.45%）拥有冰箱，较高于来自农村的员工的家庭。此表中差异明显的地方即来自城市的员工出行工具多为汽车，而来自农村的员工出行工具多为摩托车；其他三类耐用消费品的城乡差异并不明显。

表 9-24   **按出生地划分的家庭耐用消费品拥有率**   （单位：%）

	汽车	电视	摩托车	手机	冰箱
农村	19.79	94.92	70.32	98.40	81.02
城市	41.99	96.07	54.68	99.09	92.45
总计	30.21	95.46	62.98	98.72	86.38

$N = 706$。

由图 9-12 可知，随着员工个人月收入的增加，汽车拥有率也在逐步增加，也即家庭汽车拥有率与员工个人月收入呈正相关关系。处于最低月收入层次（12700—34000 卢比，约 500—1300 元）的员工仅有 9.09% 的家庭拥有汽车，而处于最高收入层次（90001 卢比及以上，约 3500 元以上）的员工有超过七成（71.88%）的家庭拥有汽车。

从表 9-25 中可以看出，五个收入层次的员工家庭的电视拥有率之间相差不大，均在九成以上，但是处于最高收入层次（90001 卢比及以上，约 3500 元以上）的员工的电视拥有率最高，达到 99.22%；摩托车的拥有率在中等收入层次（40001—52000 卢比，即 1550—2000 元）的员工中最高，并向两边递减，处于最高收入层次（90001 卢比及以上，约 3500 元以上）的员工家庭的摩托车拥有率仅为 39.84%，由此可知，摩托车在中等收入群体中最为普及；手机的拥有率在五个收入

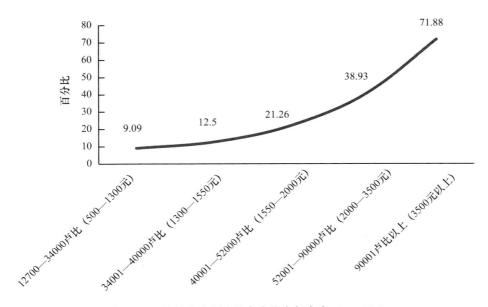

图 9 - 12　按月收入划分的家庭汽车拥有率（N=706）

层次中相差较小，均在九五成以上；而冰箱的拥有率同汽车拥有率相同，随着员工个人月收入的增加而提升，最低收入层次（12700—34000 卢比，即 500—1300 元）的员工家庭有 72.73% 拥有冰箱，而最高收入层次（90001 卢比及以上，约 3500 元以上）的员工家庭有 96.88% 拥有冰箱。也就是说，在斯里兰卡中资企业的本地员工中，高收入群体出行工具多为汽车，中等收入群体的出行工具多为摩托车；而电视机、手机和冰箱的普及率同员工个人月收入并无较大相关性。

表 9 - 25　　　　　　　按月收入划分的家庭耐用消费品拥有率　　　　（单位：卢比、%）

	汽车	电视	摩托车	手机	冰箱
12700—34000（500—1300 元）	9.09	92.56	53.72	96.69	72.73
34001—40000（1300—1550 元）	12.50	90.97	76.39	99.31	83.33
40001—52000（1550—2000 元）	21.26	96.85	77.17	98.43	85.83
52001—90000（2000—3500 元）	38.93	96.95	67.18	100.00	90.08

续表

	汽车	电视	摩托车	手机	冰箱
90001 以上（3500 元）	71.88	99.22	39.84	99.22	96.88
总计	30.57	95.24	63.29	98.77	85.87

$N = 706$。

　　描述斯里兰卡中资企业本地员工的家庭所拥有的耐用消费品原产国，可以分析得出本地员工在选购汽车、电视、摩托车、手机和冰箱时的偏好，进一步分析得出几个耐用消费品原产国在斯里兰卡的影响力大小差异。本次调研中在问卷中列举的几个最重要的原产国有：斯里兰卡本国、中国、美国、日本、印度和其他。

　　从图 9 – 13 中可以非常明显地看出，斯里兰卡本地员工购买轿车/吉普车/面包车时有超过七成（75.23%）的员工选择的是日本汽车。在斯里兰卡的车辆以日系车为主，而日系车中又以丰田车为主。排名其次的汽车原产国为印度，占比达到 16.36%；印度车中又以印度塔塔

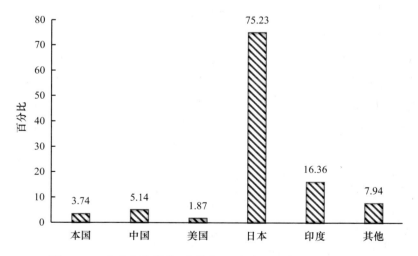

图 9 – 13　家庭拥有轿车/吉普车/面包车的原产国百分比分布

（多选题）（N = 214）

公司出产的车为主。除"其他"选项之外，排名第三的是中国产的汽车，占比较少，仅为 5.14%。日系车在斯里兰卡独大，其主要原因是日本的汽车厂商进入斯里兰卡市场的时间最早。在欧洲和美国的汽车厂商未注意到斯里兰卡市场时，日本厂商便在这里开始经营，并占据了大部分的市场份额。中国和印度的汽车厂商进入斯里兰卡市场时间相对较短，因而占比较少。

从图 9 – 14 中可以看出来，斯里兰卡中资企业的本地员工的家庭中所拥有的电视机的原产国最多的在中国，占全部的 37.09%；排名第二的电视机原产国是日本，占比 27.45%；除去"其他"选项，排名第三的电视机原产国为斯里兰卡，占比为 12.02%，可见在电视机市场，中国品牌占比最大。

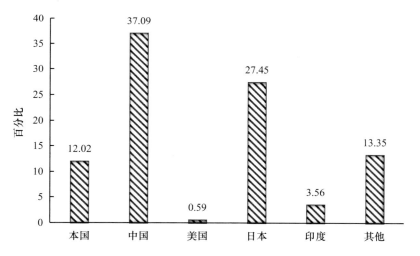

图 9 – 14　家庭拥有彩色或黑白电视的原产国百分比分布
（多选题）（N = 674）

由图 9 – 15 中可以看出，有超过八成（82.25%）的员工家庭的滑板车/摩托车/轻便摩托车为印度车；排名第二的原产国为日本，占比 12.36%；摩托车原产国占比排名第三的是中国，为 6.29%。

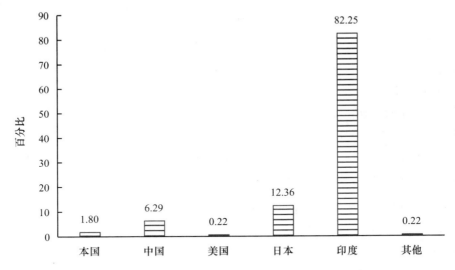

图 9 - 15　家庭拥有滑板车/摩托车/轻便摩托车的原产国
百分比分布（多选题）（N = 445）

　　如图 9 - 16 所示，斯里兰卡的中资企业本地员工家庭所拥有的手机有七成（71.88%）产自中国，中国产的手机市场份额排名第一位；除去"其他"类，排名第三的为美国产手机，占比 13.34%；排名第四与第五的手机原产国分别为日本（6.46%）和印度（5.16%）；占比最低的为本国造的手机。

　　据报道，斯里兰卡是南亚地区中国品牌智能手机增长最迅速的市场，而首都科伦坡所在的西部省，又占据了整个兰卡接近一半的份额。本次调研的华为、中兴等企业入驻斯里兰卡均超过 10 年，目前斯里兰卡的通信网络很大部分是由华为和中兴架设的。OPPO 在印度取得巨大成功之后也进入斯里兰卡市场，成为兰卡手机市场的主流品牌。本次调研结果正显示了这个情况。

　　接下来描述的是斯里兰卡中资企业的本地员工家庭所拥有的冰箱的原产国分布。从图 9 - 17 中可以得知，中国制造的冰箱在斯里兰卡中资企业本地员工家庭中占比最多，达到 25.90%；其次为斯里兰卡本国，占比达到 20.98%；日本造冰箱占比为 13.28%，排名第三；第四

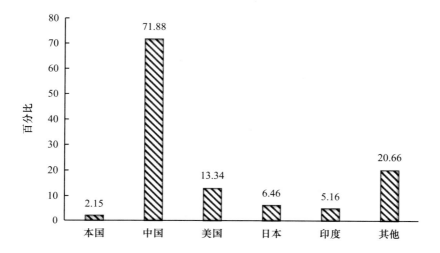

图 9 – 16　家庭拥有移动电话的原产国百分比分布（多选题）（N = 697）

和第五分别为印度（5.74%）和美国（1.15%）。

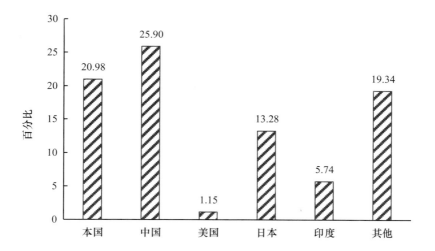

图 9 – 17　家庭拥有冰箱的原产国百分比分布（多选题）（N = 610）

进行各类耐用消费品的原产国数据对比可以发现，斯里兰卡本国汽车工业不甚发达，主要靠进口来满足市场需要，这其中日系车一家独大，其他国家出产的汽车无法与之竞争市场份额。究其原因最主要是日本汽车厂商进入斯里兰卡市场时间最长，并且口碑良好。并且日系车多以二手乘用车为主，车型较老，价格相对低廉。

而电视、手机和冰箱等耐用消费品的原产国主要是中国，尤其是手机，中国品牌占到了一半以上。与三星和 iPhone 等产品相比，中国品牌的手机价格更加低廉，但是同样拥有较高的质量，优秀的硬件和强大的功能是中国手机在斯里兰卡受欢迎的重要原因；其次，华为、小米等中国手机品牌技术更新速度快，功能新颖，快节奏的技术进步也是中国手机品牌能够吸引斯里兰卡居民购买的原因之一。

斯里兰卡本地员工中摩托车的普及率较高，而且绝大部分的摩托车产自印度。摩托车能够在混乱阻塞的城市交通系统中，充分发挥其灵活迅捷的优势，因此受到斯里兰卡人的欢迎。印度的摩托车产业历史悠久，并且质量也有所保障，因此在斯里兰卡，印度产的摩托车占据了最大的市场份额。

综上所述，本章从职业经历、职业培训、晋升、工作时间、社会保障、收入、家庭经济地位评价和耐用消费品拥有率等多个方面对斯里兰卡中资企业中的斯里兰卡籍员工的性别、最高学历、年龄段、出生地和是否为管理人员的关系进行了详细的分析。从中可以得出结论，在斯里兰卡中资企业中，女性员工的学历要高于男性，一线的男性工人数量要多于女性一线工人；在管理人员与非管理人员的差别方面，在经济地位自评、享有的社会保障方面，管理人员要高于非管理人员；同时不同学历的员工相比，在经济地位自评、个人月收入、家庭年收入以及各类耐用消费品的拥有率上来看，高学历的员工要高于较低学历的员工；在员工拥有的耐用消费品原产国方面，日系车在汽车领域一家独大，摩托车绝大部分产自印度，而手机、电视机和冰箱等主要进口自中国。

第 十 章

斯里兰卡中资企业斯籍员工的
社会交往和企业认同

　　社会交往是人与人通过交往与相互作用而形成的直接的心理关系，它反映了个人或群体满足其社会需要的心理状态。所谓人际关系，就是人们依赖一定的媒介，通过个性交往而形成的思想、物质与情感交流关系，是人类社会关系具体而现实的反应。

　　本章通过梳理在斯中资企业斯里兰卡籍企业员工的社会交往情况，分析员工的心理与社会需求，进而了解其对企业的认知和认同情况。

第一节　社会交往

一　斯里兰卡中资企业内的斯籍员工拥有中国朋友的数量差异

　　斯里兰卡中资企业的员工拥有中国朋友数量往往能够反映出他们对华人的态度和距离。问卷中具体问题为"你在本企业有几个中国朋友"。从样本总体来看，斯里兰卡中资企业员工在本企业内人均拥有5.70个中国朋友，标准差为9.23。

　　从性别差异来考察斯里兰卡中资企业的员工在本企业内拥有中国朋友的数量。从表10-1中可以看出，男性与女性在企业内拥有中国朋友的差异较小。女性员工中，人均拥有5.85个中国朋友，略高于男性员工的5.66个，并且在男性员工与女性员工拥有中国朋友的最大值和最小值均相同情况下，女性员工的标准差为 8.30，男性员工为 9.48，女性员工标准差更小，表明在企业内部，女性员工之间拥有中国朋友的数量差异波动会比男性员工小，并且女性员工比男性员工所拥有的中国朋友数量相对较多。由于在中资企业，大多数女性员工都是属于办公人员，与中国员工接触更多，而男性员工中工人数量较多，这部分人与中国员工接触少，所以女性员工会比男性员工在本企业内拥有更多的中国朋友。

表 10 - 1　　　　　性别划分的员工在本企业拥有的中国朋友数量差异　　　（单位：个）

性别	样本量	均值	标准差	最小值	最大值
男	548	5.66	9.48	0	100
女	153	5.85	8.30	0	100
合计	701	5.70	9.23	0	100

职位高的斯里兰卡中资企业的员工在本企业内拥有中国朋友的数量较职位低的会更多。从表 10 - 2 中可以看出，管理人员，人均拥有 10.51 个中国朋友，远远高于非管理员工的 4.35 个。但从波动性来看，管理人员的标准差为 12.92，而非管理人员为 7.37，表明了在管理人员中，拥有中国朋友数量差异的波动性更大。

表 10 - 2　　　管理人员与非管理人员在本企业拥有的中国朋友数量差异　　（单位：个）

是否是管理人员	样本量	均值	标准差	最小值	最大值
是	153	10.51	12.92	0	100
否	548	4.35	7.37	0	60
合计	701	5.70	9.23	0	100

从年龄差异来看，如表 10 - 3 所示，26—35 岁的斯里兰卡员工在本企业中拥有中国朋友数量均值最高，约为 6.62 个，其次是 36 岁以上

的斯里兰卡员工，约为 5.78 个。最后是 17—25 岁的斯里兰卡员工，仅约为 3.43 个。从波动性上看，36 岁及以上员工的中国朋友数量的波动性最大，其标准差约为 10.50，其次是 26—35 岁的员工，标准差约为 9.05。而 17—25 岁的员工波动性最小，标准差约为 5.41。表明 26—35 岁的员工与 36 岁以上的员工相对比 17—25 岁的员工拥有中国朋友的数量会更多，但是波动性远大于 17—25 岁的员工。

表 10 - 3 　　　　按年龄组划分的员工在本企业拥有的中国朋友数量差异　（单位：个）

年龄	样本量	均值	标准差	最小值	最大值
17—25 岁	126	3.43	5.41	0	35
26—35 岁	286	6.62	9.05	0	50
36 岁及以上	289	5.78	10.50	0	100
合计	701	5.70	9.23	0	100

从受教育程度上看，本科及以上学历的员工在本企业内拥有中国朋友的数量远高于其他学历群体。具体数据如表 10 - 4 所示，本科及以上学历的斯里兰卡员工在本企业内拥有的朋友均值最高为 9.36 个，其次是未受教育的员工，他们在本企业内人均拥有 5.33 个中国朋友，而小学学历和中学学历的员工拥有中国朋友的均值低于 4，分别为 3.39 个和 3.88 个。但是本科及以上学历的员工的中国朋友数量波动性最大，而小学学历员工的波动性最小。

表 10 - 4 　　　　按受教育程度划分的员工在本企业拥有的
中国朋友数量差异　（单位：个）

性别	样本量	均值	标准差	最小值	最大值
未受教育	24	5.33	7.25	0	25
小学学历	46	3.39	6.24	0	30
中学学历	401	3.88	7.36	0	60
本科及以上	230	9.36	11.50	0	100
合计	701	5.70	9.23	0	100

　　从城乡划分上看，城市员工拥有中国朋友的数量会更多。具体数据如表 10 - 5 所示，来自城市的员工在本企业内人均拥有中国朋友的数量约为 6. 25 个，而来自农村的员工在本企业内人均拥有 5. 13 个中国朋友。从波动性上看，城市员工的标准差为 9. 39，农村员工为 8. 99，相差不大。

表 10 - 5　　　　按城乡划分的员工在本企业拥有的中国朋友数量差异　　（单位：个）

性别	样本量	均值	标准差	最小值	最大值
城市	329	6. 25	9. 39	0	50
农村	371	5. 13	8. 99	0	100
合计	701	5. 70	9. 23	0	100

　　斯里兰卡中资企业的员工本企业内拥有中国朋友数量方面，女性员工、来自城市的员工、管理人员在企业内都比其对比的男性员工、来自农村员工和非管理人员拥有更多的中国朋友，26—35 岁的员工和 36 岁以上员工拥有中国朋友的数量差距不大，但是远超过 17—25 岁的员工，本科及其以上学历的员工拥有中国朋友数量也远超其他学历的员工。并且这四个群体（女性员工、管理人员、26—35 岁员工、36 岁以上员工、城市员工、本科及以上学历员工）标准差均较高，表明了在斯里兰卡中资企业中，大部分女性员工、管理人员、26 岁及以上城市员工和本科及以上学历员工在企业内外都更容易与华人成为朋友。

二　斯里兰卡中资企业斯籍员工拥有公司以外的中国朋友的数量差异

　　为了进一步调查斯里兰卡中资企业的员工对于和中国人交往的态度，本研究又对员工在本企业外拥有的中国朋友数量进行调查，问卷中具体问题为"你在本企业外拥有多少个中国朋友"。从样本总体来看，如表 10 - 6 所示，在本企业外，斯里兰卡中资企业的员工人均拥有 2. 92 个中国朋友，且标准差为 8. 92。

　　在企业外，女性员工拥有的中国朋友数量会高于男性员工。从表

10 - 6 中可以看出，女性员工在企业外人均拥有 3. 56 个中国朋友，男性员工则人均拥有 2. 74 个中国朋友，并且男性员工与女性员工拥有中国朋友的最大值和最小值均相同。从标准差上看，男性员工的标准差为 8. 25，低于女性员工的 10. 97，表明了大部分女性员工在工作之外比男性员工更愿意去结交中国朋友，但是还是存在一部分女性员工几乎没有在企业外结交中国朋友。

表 10 - 6　　　　按性别划分的员工在企业外拥有的中国朋友数量差异　（单位：个）

性别	样本量	均值	标准差	最小值	最大值
男	547	2. 74	8. 25	0	100
女	154	3. 56	10. 97	0	100
合计	701	2. 92	8. 92	0	100

　　职位高的员工在企业外拥有中国朋友的数量比职位低的更多。从表 10 - 7 中可以看出，企业管理人员在企业外人均拥有 5. 47 个中国朋友是非管理员工的人均中国朋友数量的两倍多（2. 20 个）。但管理人员的标准差为 11. 36 大于非管理员工的 7. 97，总体来看，管理人员在企业外拥有中国朋友的数量远高于非管理人员，但是其标准差也大于非管理人员，表明了有部分管理人员在企业外几乎没有或拥有中国朋友数量极少，而大部分管理人员在企业外都拥有数量较多的中国朋友。

表 10 - 7　　　管理人员与非管理人员在企业外拥有的中国朋友数量差异　（单位：个）

是否是管理人员	样本量	均值	标准差	最小值	最大值
是	154	5. 47	11. 36	0	100
否	547	2. 20	7. 97	0	100
合计	701	2. 92	8. 92	0	100

　　从年龄差异来看，如表 10 - 8 所示，36 岁以上的斯里兰卡员工在本企业外拥有中国朋友数量均值最高，约为 3. 31 个，其次是 26—35 岁

的斯里兰卡员工本企业外拥有中国朋友数量均值约为 3.23 个。最后是
17—25 岁的斯里兰卡员工，仅约为 1.32 个。从波动性上看，36 岁及以
上员工的中国朋友数量的波动性最大，其标准差约为 10.18，其次是
26—35 岁的员工，标准差约为 8.89，而 17—25 岁的员工波动性最小，
标准差约为 4.85。表明年龄越大，在本企业外拥有中国朋友数量就越
多，并且其波动性也越高。

表 10 - 8　　　　按年龄组划分的员工在企业外拥有的中国朋友数量差异　　（单位：个）

年龄	样本量	均值	标准差	最小值	最大值
17—25 岁	127	1.32	4.85	0	50
26—35 岁	287	3.23	8.89	0	100
36 岁及以上	287	3.31	10.18	0	100
合计	701	2.92	8.92	0	100

从受教育程度上看，具体数据如表 10 - 9 所示，本科及以上学历的
斯里兰卡员工在本企业外拥有的朋友均值最高为 5.99 个，之后是小学
学历、中学学历和未受教育的员工，他们在本企业外人均分别拥有
1.95 个、1.70 个和 1.33 个中国朋友，小学学历、中学学历和未受教育
的员工在本企业外拥有中国朋友数量的差异不大，但本科及以上学历
的员工在本企业外拥有中国朋友的数量远高于其他学历群体。同时本
科及以上学历的员工的中国朋友数量波动性最大，而未受教育的员工
的波动性最小。

表 10 - 9　　　　　　按受教育程度划分的员工在本企业外拥有的
中国朋友数量差异　　（单位：个）

性别	样本量	均值	标准差	最小值	最大值
未受教育	24	1.33	2.42	0	10
小学学历	46	1.95	4.71	0	25
中学学历	401	1.70	4.92	0	50

续表

性别	样本量	均值	标准差	最小值	最大值
本科及以上	230	5.99	13.63	0	100
合计	701	2.92	8.92	0	100

从城乡划分上看，城市员工拥有中国朋友的数量会略高于农村员工。具体数据如表 10 - 10 所示，来自于城市的员工在本企业外人均拥有中国朋友的数量约为 3.12 个，而来自于农村的员工在本企业外人均拥有 2.73 个中国朋友。从波动性上看，城市员工的标准差为 7.69，农村员工为 9.89。

表 10 - 10　　按城乡划分的员工在本企业外拥有的中国朋友数量差异　　（单位：个）

性别	样本量	均值	标准差	最小值	最大值
城市	330	3.12	7.69	0	50
农村	371	2.73	9.89	0	100
合计	701	2.92	8.92	0	100

斯里兰卡中资企业的员工在本企业外拥有中国朋友数量情况与本企业内相似，相比较来说，女性员工、管理人员、26 岁及以上城市员工和本科及以上学历员工在企业内外都更容易与华人成为朋友。

三　斯里兰卡中资企业的斯籍员工与外国人之间的社会距离

本次调查询问了中资企业的斯里兰卡员工对于让他们和外国人（主要有中国人、美国人、印度人和日本人）一起工作、生活的态度，以此测量斯里兰卡中资企业的员工与外国人之间的社会距离。

从图 10 - 1 中可以看出，大部分斯里兰卡人与除印度外的外国人社会距离较近，斯里兰卡人与外国人的社会交往较密切。大部分的斯里兰卡人都愿意与外国人成为伴侣、朋友、邻居或同事，但是愿意与外国人成为邻居或者和印度人结婚的斯里兰卡人较少。另外，斯里兰卡

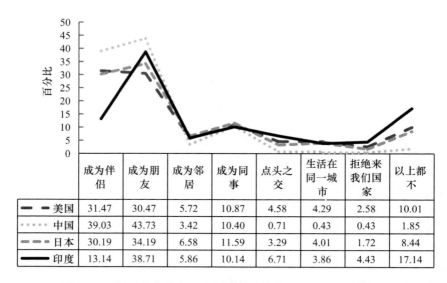

	成为伴侣	成为朋友	成为邻居	成为同事	点头之交	生活在同一城市	拒绝来我们国家	以上都不
——美国	31.47	30.47	5.72	10.87	4.58	4.29	2.58	10.01
⋯⋯中国	39.03	43.73	3.42	10.40	0.71	0.43	0.43	1.85
——日本	30.19	34.19	6.58	11.59	3.29	4.01	1.72	8.44
——印度	13.14	38.71	5.86	10.14	6.71	3.86	4.43	17.14

图 10-1　员工与中美印日四国民众的社会距离分布（N=700）

人对三个国家的外国人的社会距离均较近，斯里兰卡人与美国人、中国人的社会交往距离差距较小，均表现为大部分斯里兰卡人愿意与其成为伴侣、朋友、邻居和同事。与日本人、印度人的社会交往距离较大，绝大部分斯里兰卡人愿意与日本人成为伴侣、朋友、邻居和同事，但是只有近六成的斯里兰卡人愿意与印度人成为伴侣、朋友、邻居和同事，特别是愿意与印度人成为伴侣的比例较小。

　　具体数据显示，均有超过一半的斯里兰卡员工愿意与外国人保持如伴侣、朋友和邻居这些社会距离较近的社会关系，愿意与美国人保持较近社会距离的斯里兰卡员工约占 67.66%，愿意与日本人保持较近社会距离的斯里兰卡员工约占 70.96%，愿意与中国人保持较近社会距离的斯里兰卡员工约占 86.18%，愿意与印度人保持较近社会距离的斯里兰卡员工约占 57.71%。其中愿意与美国人成为伴侣、朋友和邻居的斯里兰卡员工分别约为 31.47%、30.47% 和 5.72%，其中愿意与日本人成为伴侣、朋友和邻居的斯里兰卡员工分别约为 30.19%、34.19% 和 6.58%，其中愿意与中国人成为伴侣、朋友和邻居的斯里兰卡员工分别约为 39.03%、43.73% 和 3.42%，其中愿意与印度人成为伴侣、朋友和邻居的斯里兰卡员工分别约为 13.14%、38.71% 和 5.86%。可以看出，斯里兰卡员工更愿意与中国人建立较近的社会关系，而且愿意与印度人结成伴侣的人数较少。

而还有部分斯里兰卡员工不愿意与外国人建立较近的社会关系，只愿意保持较远的社会关系如同事、点头之交、生活在同一个城市和只能接受来到他们国家。数据显示，只愿意与美国人建立较远的社会关系的斯里兰卡员工约为 29.75%，其中成为同事、点头之交、生活在同一个城市和只能接受来到他们国家分别约为 10.87%、4.58%、4.29% 和 10.01%。只愿意与日本人建立较远的社会关系的斯里兰卡员工约为 27.33%，其中成为同事、点头之交、生活在同一个城市和只能接受来到他们国家分别约为 11.59%、3.29%、4.01% 和 8.44%。只愿意与中国人建立较远的社会关系的斯里兰卡员工约为 13.39%，其中成为同事、点头之交、生活在同一个城市和只能接受来到他们国家分别约为 10.40%、0.71%、0.43% 和 1.85%。只愿意与印度人建立较远的社会关系的斯里兰卡员工约为 37.85%，其中成为同事、点头之交、生活在同一个城市和只能接受来到他们国家分别约为 10.14%、6.71%、3.86% 和 17.14%。

另外，约有 2.58% 的斯里兰卡员工不愿意美国人到本国，约有 1.72% 的斯里兰卡员工不愿意日本人到本国，约有 0.43% 的斯里兰卡员工不愿意中国人到本国，约有 4.43% 的斯里兰卡员工不愿意印度人到本国。

四　斯里兰卡中资企业的员工收看收听外国节目

首先，通过询问斯里兰卡受访者对外国（主要包括华语、日本、韩国、美国及印度）电影/电视剧观看频率和外国音乐的喜爱程度来观察斯里兰卡中资企业的员工接触外国文化以及受外国文化影响的程度。为了方便描述，将原始问卷中的"从不"和"很少"合并成"频率低", 将 "经常" 和 "很频繁" 合并成 "频率高"。如表 10 – 11 所示，约有 15.44% 的斯里兰卡员工经常或很频繁观看华语电影/电视剧，有过一半（50.42%）的员工表示有时会看华语电影/电视剧，还有 34.13% 的员工观看频率低。斯里兰卡员工观看日本电影/电视剧频繁的人数超过一成（10.79%），有 38.64% 的员工表示有时会看日本电影/电视剧，还有约超过一半（50.57%）的员工观看日本电影/电视剧频率低。而对于韩国电影/电视剧，斯里兰卡员工中观看频繁的约为 13.07%，有时观看的约为 36.22%，观看频率低的约为 50.71%。斯里兰卡员工观看印度电影/电视剧频繁约为 38.15%，有近四成（39.15%）的员工表示有时会看印度电影/电视剧，还有约 22.69% 的员工观看频率低。在观看美国电影/电视剧的频率问题上，斯里兰卡员工观看频繁约为 32.91%，有时观看的约占 38.44%，还有约 28.65% 的员工观看频率低。

按照观看频繁和有时观看相加，从高到低依次排序。排序结果为印度电影/电视剧（77.30%）、美国电影/电视剧（71.35%）、中国电影/电视剧（65.86%）、日本电影/电视剧（49.43%）和韩国电影/电视剧（49.29%）。相比较而言斯里兰卡员工更喜欢印度和美国的电影/电视剧。表明他们更容易接受印度和美国的文化。

表 10 – 11　　　　员工观看不同国家的电影/电视剧的频率分布　　　　（单位：%）

频率	华语电影/电视剧	日本电影/电视剧	韩国电影/电视剧	印度电影/电视剧	美国电影/电视剧
从不	19.26	37.50	39.77	15.46	21.42
很少	14.87	13.07	10.94	7.23	7.23
有时	50.42	38.64	36.22	39.15	38.44
经常	11.47	8.38	9.09	22.55	20.57
很频繁	3.97	2.41	3.98	15.60	12.34

$N = 706$。

对音乐的喜爱程度结果与对电影/电视剧的观看频率结果几乎相同，如表10－12所示，将"非常喜欢"和"喜欢"两项进行加总后，按照从高到低的比例排序，依次为印度音乐（77.81%）、美国音乐（54.74%）、华语音乐（54.10%）、日本音乐（34.16%）、韩国音乐（30.39%）。同时将"不喜欢"和"非常不喜欢"两项进行加总后，按照从高到低依次排序。排序结果为韩国音乐（41.24%）、日本音乐（34.00%）、美国音乐（21.84%）、华语音乐（16.87%）和印度音乐（9.82%）。

总体显示，斯里兰卡员工最喜欢的音乐是印度音乐，最不喜欢的是韩国音乐。另外，斯里兰卡员工喜欢华语音乐和美国音乐人数差异很小，但是非常喜欢美国音乐的员工人数占比（11.64%）高于华语音乐（8.51%）5个百分点左右，即相对于华语音乐，斯里兰卡员工更喜欢美国音乐。

表10－12　　　　　　员工对不同国家音乐喜爱程度的频率分布　　　　　（单位：%）

喜欢程度	华语音乐 N = 658	日本音乐 N = 647	韩国音乐 N = 645	印度音乐 N = 703	美国音乐 N = 696
非常喜欢	8.51	2.32	2.48	23.90	11.64
喜欢	45.59	31.84	27.91	53.91	43.10
一般	29.03	31.84	28.37	12.38	23.42
不喜欢	14.29	29.21	36.28	8.68	19.68
非常不喜欢	2.58	4.79	4.96	1.14	2.16

以上分析表明了中资企业的斯里兰卡员工更容易接受也更喜欢印度的节目，最不喜欢和不能接受韩国节目。并且中资企业的斯里兰卡员工较容易接受中国节目，还有较多员工喜欢中国节目。

第二节　企业认同

企业情感认同能够更好地让员工参与、支持企业的各项工作。为了解员工对于中资企业的认同情况，问卷调查了斯里兰卡中资企业员工对于企业在风俗习惯、晋升制度、作息时间和宗教信仰给予员工的感受。

一 斯里兰卡中资企业在风俗习惯上给予员工的感受

本部分展开的是企业在风俗习惯上给予员工的感受调查，具体问题为"是否同意本企业尊重本地风俗习惯"，问题选项有"完全不同意""不同意""一般""基本同意"和"完全同意"。为了方便描述，将"完全不同意"和"不同意"合并成不同意，将"基本同意"和"完全同意"合并成同意。从样本总体来看，有过七成（73.04%）的员工同意"本企业尊重本地风俗习惯"的说法，仅有3.00%的员工不同意"本企业尊重本地风俗习惯"的说法。表明绝大多数员工认同本企业对当地风俗习惯的尊重，仅有极少部分员工不同意，另有23.97%的员工认为一般（见表10-13）。

从性别差异来看，女性员工会比男性员工更加同意"本企业尊重本地风俗习惯"的说法。具体数据为，女性员工中同意本企业尊重本地风俗习惯约占79.74%，男性员工中约有71.17%同意本企业尊重本地风俗习惯。女性员工中同意本企业尊重本地风俗习惯的人数占比高出男性员工约8个百分点，即女性员工更认同"本企业尊重本地风俗习惯"这一说法。另外，女性员工和男性员工中不同意本企业尊重本地风俗习惯均低于4个百分点，分别约有3.26%和2.91%。

表10-13　　　　按性别划分的是否同意"本企业尊重本地风俗习惯"　　（单位：%）

性别	完全不同意	不同意	一般	基本同意	完全同意	合计
男	1.09	1.82	25.91	29.56	41.61	100
女	0.65	2.61	16.99	31.37	48.37	100
合计	1.00	2.00	23.97	29.96	43.08	100

不同族群对于是否"本企业尊重本地风俗习惯"这一问题看法具

有明显差异。具体数据如表 10-14 所示，将各族群同意"本企业尊重本地风俗习惯"说法的人员占比从高到低排序，依次为僧伽罗族（73.44%）、泰米尔族（69.23%）、其他（62.50%）和摩尔族（62.50%），即各族群同意"本企业尊重本地风俗习惯"说法的比例均在六成以上，其中摩尔族员工中完全同意的仅占比为 12.50%，远低于僧伽罗族（42.94%）、泰米尔族（53.85%）和其他族群（50.00%）。

将各族群不同意"本企业尊重本地风俗习惯"说法的人员占比按照从低到高排序，排序结果依次为僧伽罗族（2.43%）、泰米尔族（7.69%）、摩尔族（12.50%）和其他族群（25.00%）。其中泰米尔族和摩尔族完全不同意"本企业尊重本地风俗习惯"说法人员占比最低，均约为 0，其他族群最高，约有 12.50%。

另外，各族群中选择一般的人员占比从高到低排序分别为摩尔族（25.00%）、僧伽罗族（24.13%）、泰米尔族（23.08%）和其他族群（12.50%），总体来看，族群差异对于是否同意"本企业尊重本地风俗习惯"说法存在影响，其中僧伽罗族员工相比较更容易同意"本企业尊重本地风俗习惯"说法，而其他族群更难同意"本企业尊重本地风俗习惯"说法。

表 10-14　　　按族群划分的是否同意"本企业尊重本地风俗习惯"　　（单位：%）

族群	完全不同意	不同意	一般	基本同意	完全同意	合计
僧伽罗族	0.91	1.52	24.13	30.50	42.94	100
泰米尔族	0.00	7.69	23.08	15.38	53.85	100
摩尔族	0.00	12.50	25.00	50.00	12.50	100
其他	12.50	12.50	12.50	12.50	50.00	100
合计	1.00	2.00	23.97	29.96	43.08	100

$N = 701$。

宗教对于民众来说，一直在影响着他们的生活，经过长期的历史演变之后,有些宗教现象甚至成为一个民族生活中的重要内容。受访者中宗教信仰的不同在一定程度上会导致其对于是否同意"本企业尊重本地风俗习惯"这一问题的见解截然不同。具体数据如表10-15所示,不信仰任何宗教的受访者几乎全部完全同意"本企业尊重本地风俗习惯"。14.29%的伊斯兰教受访者不同意"本企业尊重本地风俗习惯",从统计学角度来看,较高于持相同观点的佛教(1.59%)、印度教(5.26%)、基督教(6.67%)以及天主教(0%)的总和。

所有宗教的受访者中,持"一般"观点的斯里兰卡籍员工的比例均明显高于持反对意见的比例,6.67%的基督教受访者对上述问题持"基本同意"意见,显著低于佛教(30.14%)、印度教(21.05%)、伊斯兰教(35.71%)以及天主教(45.83%),但66.67%的基督教受访者完全同意"本企业尊重本地风俗习惯",是所有有新信仰受访者中占比最高的,这反映出相较于其他存在宗教信仰的受访者,基督教的斯里兰卡籍员工对于本企业的认同感更高。

表 10-15　　　　按宗教信仰划分的是否同意"本企业尊重本地风俗习惯"　　　　(单位:%)

宗教信仰	完全不同意	不同意	一般	基本同意	完全同意	合计
佛教	1.12	1.59	24.24	30.14	42.90	100
印度教	0.00	5.26	31.58	21.05	42.11	100
基督教	0.00	6.67	20.00	6.67	66.67	100
伊斯兰教	0.00	14.29	21.43	35.71	28.57	100
天主教	0.00	0.00	16.67	45.83	37.50	100
不信仰任何宗教	0.00	0.00	0.00	0.00	100.00	100
合计	1.00	2.00	23.97	29.96	43.08	100

$N = 701$。

数据如表 10 – 16 所示，非管理人员是否同意"本企业尊重本地风俗习惯"的趋势与总体近似相同，管理人员是否同意"本企业尊重本地风俗习惯"的趋势与总体大致相同。管理人员中有 1.32% 的受访者表示"完全不同意"本企业尊重本地风俗习惯，较高于非管理人员持相同意见的受访者的占比（0.91%）。管理人员中有 2.63% 的受访者"不同意"本企业尊重本地风俗习惯，较高于平均水平（2.00%）。非管理人员有 28.78% 的受访者基本同意上述问题，接近平均水平（29.96%）。除此之外，17.11% 的管理人员保持"一般"意见，显著低于非管理人员的 25.87%。34.21% 的管理人员基本同意本企业尊重本地风俗习惯，44.74% 的管理人员完全同意本企业尊重本地风俗习惯。在这两项上，28.78% 的非管理人员表示"基本同意"，42.62% 的非管理人员表示"完全同意"。

表 10 – 16　　　　　管理人员与非管理人员是否同意"本企业尊重

本地风俗习惯"　　　　　　（单位：%）

是否是 管理人员	完全 不同意	不同意	一般	基本 同意	完全 同意	合计
是	1.32	2.63	17.11	34.21	44.74	100
否	0.91	1.82	25.87	28.78	42.62	100
合计	1.00	2.00	23.97	29.96	43.08	100

$N = 701$。

二　斯里兰卡中资企业在宗教信仰上给予员工的感受

此次调查还对中资企业的斯里兰卡员工对企业是否尊重其宗教信仰进行询问，问卷中具体问题为"是否同意本企业尊重我的宗教信仰"，选项分为"完全不同意""不同意""一般""基本同意""完全同意"。为方便描述，将"完全不同意"和"不同意"合并成不同意，将"基本同意"和"完全同意"合并成同意。从样本总体来看，具体数据如表 10 – 17 所示，完全不同意本企业尊重其宗教信仰的斯里兰卡员工约为 0.57%，不同意本企业尊重其宗教信仰的比例约为 1.00%，认为本企业尊重其宗教信仰一般的员工约为 20.66%，基本同意本企业尊重其宗教信仰的员工约为 28.63%，完全同意本企业尊重其宗教信仰的员工比例近一半（49.15%）。

总体表明了大多数斯里兰卡员工还是认为中资企业尊重他们的宗教信仰，只有极少数的员工认为企业不尊重他们的宗教信仰。

表 10 – 17　　　　　　按性别划分的员工是否同意"本企业尊重我的
宗教信仰"　　　　　　　　　　　　（单位：%）

性别	完全不同意	不同意	一般	基本同意	完全同意	合计
男	0.55	0.73	22.08	27.01	49.64	100
女	0.65	1.95	15.58	34.42	47.40	100
合计	0.57	1.00	20.66	28.63	49.15	100

族群差异对企业是否尊重宗教有较大的影响，不同的族群其宗教信仰也有区别。将原始问卷中的"完全不同意"和"不同意"合并成不同意，将"基本同意"和"完全同意"合并成同意。将不同意按照从低到高排序，具体数据如表 10 – 18 所示，其他族群员工不同意本企业尊重我的宗教信仰的比例约为 0.00%，僧伽罗族员工不同意本企业尊重我的宗教信仰的比例约为 1.36%，泰米尔族员工不同意本企业尊重我的宗教信仰的比例约为 3.85%，而摩尔族员工不同意本企业尊重我的宗教信仰的比例过一成（12.50%）。表明其他族群中几乎没有人认为本企业不尊重他们的宗教信仰，僧伽罗族和泰米尔族认为本企业不尊重他们的宗教信仰这一比例较少，摩尔族相对较多。

将同意选项按照从高到低排序，具体数据如表 10 – 18 所示，僧伽罗族员工中约有 78.03% 的员工同意本企业尊重我的宗教信仰这一说法，其次是泰米尔族，约有 76.92% 的员工同意本企业尊重我的宗教信仰，然后是摩尔族和其他族群，分别约有 75.00% 和 62.50% 的员工同意本企业尊重我的宗教信仰。僧伽罗族、泰米尔族和摩尔族中同意本企业尊重我的宗教信仰的人数比例均过七成，而其他族群员工同意本企业尊重我的宗教信仰的人数比例略低于这三个种族。

族群差异对是否同意"本企业尊重我的宗教信仰"有较大影响，僧伽罗族和泰米尔族中同意"本企业尊重我的宗教信仰"的人数比例均十分接近，高于其他两个族群，而不同意"本企业尊重我的宗教信仰"的人数比例也十分接近，并且略低于另两个族群。摩尔族中不同意"本企业尊重我的宗教信仰"的人数比例远高于其他三个族群，而其他族群同意"本企业尊重我的宗教信仰"的人数比例低于另三个族群。总体表明，僧伽罗族、泰米尔族和摩尔族中大部分人都同意"本企业尊重我的宗教信仰"这一说法，但是摩尔族中不同意的人数会略高。而其他族群几乎没有不同意"本企业尊重我的宗教信仰"这一说法，但是同意的人数也相对较低，近四成（37.50%）的其他族群员工选择一般。

表10-18　　　按族群划分的是否同意"本企业尊重我的宗教信仰"　　（单位：%）

族群	完全不同意	不同意	一般	基本同意	完全同意	合计
僧伽罗族	0.45	0.91	20.61	29.39	48.64	100
泰米尔族	0.00	3.85	19.23	15.38	61.54	100
摩尔族	12.50	0.00	12.50	25.00	50.00	100
其他	0.00	0.00	37.50	12.50	50.00	100
合计	0.57	1.00	20.66	28.63	49.15	100

$N = 702$。

宗教差异对于员工是否同意"本企业尊重我的宗教信仰"这一说法也有较大影响。具体数据如表10-19所示，伊斯兰教员工不同意"本企业尊重我的宗教信仰"说法的员工比例约为7.14%，印度教员工中不同意"本企业尊重我的宗教信仰"说法约为5.26%，佛教员工中不同意的人数约为1.44%，而基督教、天主教和不信仰任何宗教的员工不同意"本企业尊重我的宗教信仰"这一说法的均约为 0.00% 。在中资企业中，企业的各项安排都不会让基督教、天主教和不信仰任何宗教的员工认为企业不尊重他们的宗教信仰，而佛教、印度教和伊斯兰教的员工有极少部分员工会认为企业不尊重他们的宗教信仰。

　　将同意选项按照从高到低排序，首先是不信仰任何宗教的员工，同意"本企业尊重我的宗教信仰"这一说法的比例约为100%；其次是天主教员工，同意"本企业尊重我的宗教信仰"说法的比例超过八成（83.34%），然后是基督教的员工，这一比例约为80.00%。随后是印度教员工、佛教员工和伊斯兰教员工，分别约为78.94%、77.71%和64.29%。不信仰任何宗教的员工同意这一说法的最多，而伊斯兰教员工同意"本企业尊重我的宗教信仰"说法的比例远低于其他宗教信仰的员工。基督教、天主教、印度教和佛教均在八成上下，没有较大差距。

　　总体表明，宗教信仰对于员工是否同意"本企业尊重我的宗教信仰"说法有较大影响。如果认同"本企业尊重我的宗教信仰"说法，容易增加员工对于企业的认可，反之则减少员工对于企业的认可。斯里兰卡中资企业的安排对于不同宗教有着不同的影响。正面影响如不信仰任何宗教的员工，几乎100%同意"本企业尊重我的宗教信仰"说法，而信仰印度教、佛教、基督教和天主教的员工中也有大部分同意这一说法。伊斯兰教同意的比例最少，但也超过了六成。在不同意"本企业尊重我的宗教信仰"说法调查中，各个宗教均只有极少部分员工不同意"本企业尊重我的宗教信仰"说法，甚至基督教、天主教和不信仰任何宗教员工这一比例还约为 0.00%。天主教、基督教和不信仰任何宗教的员工更容易认同"本企业尊重我的宗教信仰"这一说法，而伊斯兰教员工相对最不容易认同"本企业尊重我的宗教信仰"说法。表明了斯里兰卡中资企业在尊重宗教信仰方面给予信仰伊斯兰教员工的认同感最低，而其他宗教相差不大。

表 10 – 19　　　　　　按宗教信仰划分的是否同意"本企业尊重我的

宗教信仰" （单位：%）

宗教信仰	完全不同意	不同意	一般	基本同意	完全同意	合计
佛教	0.48	0.96	20.86	28.82	48.89	100
印度教	0.00	5.26	15.79	21.05	57.89	100
基督教	0.00	0.00	20.00	13.33	66.67	100
伊斯兰教	7.14	0.00	28.57	14.29	50.00	100
天主教	0.00	0.00	16.67	41.67	41.67	100
不信仰任何宗教	0.00	0.00	0.00	100.00	0.00	100
合计	0.57	1.00	20.66	28.63	49.15	100

$N = 702$。

从企业阶层差距来看，如表 10 – 20 所示，管理人员中同意"本企业尊重我的宗教信仰"说法的员工比例约为 78.29%，而非管理人员中这一比例约为 77.63%。同意"本企业尊重我的宗教信仰"说法中，两个阶层的差距很小。非管理人员中不同意"本企业尊重我的宗教信仰"说法的人数约为 1.09%，管理人员中不同意的人数比例约为 3.29%，略高于非管理人员。而在选择一般的比例中，管理人员约为 18.42%，非管理人员约为 21.27%。整体来看企业阶层差距对是否同意"本企业尊重我的宗教信仰"说法的影响不大，但是在企业管理人员中不同意这一说法的比例会略高于非管理人员。

表 10 – 20　　　　　管理人员与非管理人员是否同意"本企业尊重我的

宗教信仰" （单位：%）

是否是管理人员	完全不同意	不同意	一般	基本同意	完全同意	合计
是	1.32	1.97	18.42	29.61	48.68	100
否	0.36	0.73	21.27	28.36	49.27	100
合计	0.57	1.00	20.66	28.63	49.15	100

$N = 702$。

三　斯里兰卡中资企业在作息时间上给予员工的感受

为了进一步了解员工对中资企业的制度看法，问卷调查了员工对于企业作息时间安排的满意程度。具体问题为"是否同意喜欢本企业工作时间作息"，选项有 5 个，分别是"完全不同意""不同意""一般""基本同意""完全同意"。将原始问卷中的"完全不同意"和"不同意"合并成不同意，将"基本同意"和"完全同意"合并成同意。从样本总体来看，如表 10 - 21 所示，超过七成（74.15%）的员工同意"喜欢本企业工作时间作息"的说法，其中完全同意的员工约有 44.46%。仅有 3.69% 的员工不同意这一说法，另外还有 22.16% 的员工选择"一般"。即大部分员工还是喜欢中资企业的工作时间作息安排，仅有极小部分员工不喜欢。

从性别差异来看，男性员工和女性员工在工作时间作息上差异不大。具体数据如下，男性员工中同意"喜欢本企业工作时间作息"的说法的约有 73.40%，女性员工则约有 76.77% 同意"喜欢本企业工作时间作息"的说法，即女性员工高出男性员工 3 个百分点左右。另男性员工中不同意"喜欢本企业工作时间作息"的说法约有 3.82%，而女性员工不同意"喜欢本企业工作时间作息"的说法约有 3.23%。表明女性员工相对会更喜欢中资企业的工作作息时间，但是差异不大。

表 10 - 21　　　按性别划分的是否同意"喜欢本企业工作时间作息"　（单位：%）

性别	完全不同意	不同意	一般	基本同意	完全同意	合计
男	0.91	2.91	22.77	29.14	44.26	100
女	0.65	2.58	20.00	31.61	45.16	100
合计	0.85	2.84	22.16	29.69	44.46	100

按族群划分的是否同意"喜欢本企业工作时间作息"如表 10 - 22 所示。可以看出僧伽罗族的受访人员针对这一问题的看法趋势与受访者总体几乎完全相同。数据表明，只有少部分的僧伽罗族和泰米尔族

受访者较不满意本企业作息时间安排，其中，0.90%的僧伽罗族受访者完全不同意本企业的作息时间，而其他所有族群持"完全不同意"看法的比例均在0.00%左右，而对于"不同意"这一项，泰米尔族的斯里兰卡籍员工中有4.00%的受访者赞同，同时2.87%的僧伽罗族受访者持相同意见。

对比不同族群持"完全同意"观点人数占比发现，52.00%的泰米尔族受访者完全同意企业的作息时间，略高于僧伽罗族（44.34%），较高于摩尔族（37.50%）以及其他民族（37.50%），证明泰米尔族员工对本企业的满足度较高，绝大部分员工认可本企业的作息时间安排。

从对上述问题持积极赞同态度的角度来看，87.50%的其他族群赞同本企业的作息安排，84.00%的泰米尔族喜欢本企业的工作时间作息，75.00%的摩尔族以及73.60%的僧伽罗族较认可本企业的作息时间，表明了其他民族的员工对于作息时间的实际感受最优，相应地，员工的满意度最高，摩尔族与僧伽罗族的员工满意度接近。

表 10 - 22　　　按族群划分的是否同意"喜欢本企业工作时间作息"　（单位：%）

族群	完全不同意	不同意	一般	基本同意	完全同意	合计
僧伽罗族	0.90	2.87	22.62	29.26	44.34	100
泰米尔族	0.00	4.00	12.00	32.00	52.00	100
摩尔族	0.00	0.00	25.00	37.50	37.50	100
其他	0.00	0.00	12.50	50.00	37.50	100
合计	0.85	2.84	22.16	29.69	44.46	100

$N = 704$。

从宗教信仰差异来看，印度教、伊斯兰教和不信仰任何宗教的员工相对更容易喜欢中资企业工作时间作息安排。如表 10 - 23 所示，在印度教、伊斯兰教和不信仰任何宗教的员工中，不同意"喜欢本企业工作作息"这一说法均约为 0.00%。而信仰基督教员工不同意"喜欢本企业工作作息"比例最高，约占 13.33%，其次是天主教员工和佛教员工，分别约有 8.33% 和 3.49%。

　　将同意"喜欢本企业工作作息"这一说法的族群员工按从高到低顺序排列，排序结果为信仰天主教的员工（83.34%）、信仰印度教的员工（83.33%）、信仰基督教的员工（80.00%）、信仰伊斯兰教的员工（78.57%）和信仰佛教的员工（73.22%）。

　　总体显示，信仰印度教的员工相对更容易喜欢中资企业的工作时间作息并且不会对中资企业工作时间作息产生反感，而信仰佛教的员工喜欢本企业工作时间作息的人数较少。总体而言，各宗教信仰的员工大部分都喜欢本企业工作时间作息，差异性不大。但相对而言，印度教的员工更容易去适应并且喜欢本企业工作时间，而信仰佛教的员工相对更难。

表 10－23　　　　　按宗教信仰划分的是否同意"喜欢本企业
工作时间作息"　　　　　　　　　（单位：%）

宗教信仰	完全不同意	不同意	一般	基本同意	完全同意	合计
佛教	0.95	2.54	23.30	29.00	44.22	100
印度教	0.00	0.00	16.67	38.89	44.44	100
基督教	0.00	13.33	6.67	20.00	60.00	100
伊斯兰教	0.00	0.00	21.43	42.86	35.71	100
天主教	0.00	8.33	8.33	41.67	41.67	100
不信仰任何宗教	0.00	0.00	0.00	0.00	100.00	100
合计	0.85	2.84	22.16	29.69	44.46	100

$N = 704$。

　　从员工职位差异来看，将原始问卷中的"完全不同意"和"不同意"合并成不同意，将"基本同意"和"完全同意"合并成同意。如表 10－24 所示，管理人员中同意"喜欢本企业工作作息"这一说法的人数约为 79.22%，而非管理人员中同意"喜欢本企业工作作息"这一说法约为 72.73%。管理人员中不同意"喜欢本企业工作作息"这一说法的人数约为 5.85%，非管理人员中不同意"喜欢本企业工作作息"这一说法的人数约占 3.09%。总体来看，管理人员中同意和不同意"喜欢本企业工作作息"这一说法的人数比例均比非管理人员多，但是两者之间差异并不大。只是管理人员对于"喜欢本企业工作作息"这一说法的态度比非管理人员态度更鲜明。

表 10 - 24　　　　　管理人员与非管理人员是否同意"喜欢本企业
工作时间作息"　　　　　　　　　（单位：%）

是否是管理人员	完全不同意	不同意	一般	基本同意	完全同意	合计
是	1.30	4.55	14.94	35.71	43.51	100
否	0.73	2.36	24.18	28.00	44.73	100
合计	0.85	2.84	22.16	29.69	44.46	100

$N = 704$。

四　斯里兰卡中资企业在晋升制度上给予员工的感受

此次调查，对中资企业的斯里兰卡员工是否同意"中外员工晋升制度一致"说法进行询问，问题选项分为"完全不同意""不同意""一般""基本同意""完全同意"。现将"完全不同意"和"不同意"加总为不同意，将"基本同意"和"完全同意"加总为同意，从样本总体来看，具体数据如表 10 - 25 所示，可以发现在被调查斯里兰卡员工中有近三成（29.40%）不同意"中外员工晋升制度一致"这一说法，有近四成（39.70%）员工同意"中外员工晋升制度一致"说法，另外 30.90% 的员工选择一般。总体来说，同意"中外员工晋升制度一致"说法的员工数量最多，比不同意的员工高出 10 个百分点左右。

从性别差异上看，女性员工会略比男性员工同意这一观点。具体数据如下，男性员工中同意"中外员工晋升制度一致"说法约有 39.08%，而女性员工中约有 41.88%。而在不同意回答中，男性员工

约有 29.25% 不同意"中外员工晋升制度一致"说法，女性员工则有
29.92% 不同意这一说法。总体来看，男性员工和女性员工不同意人数
比例几乎一致，而女性员工同意"中外员工晋升制度一致"说法的比
例高出男性员工近 3 个百分点。

表 10-25　　　按性别划分的员工是否同意"中外员工晋升制度一致"

是否同意	完全不同意	不同意	一般	基本同意	完全同意	合计
男	7.91	21.34	31.65	19.66	19.42	100
女	6.84	23.08	28.21	21.37	20.51	100
合计	7.68	21.72	30.90	20.04	19.66	100

从族群差异来看，如表 10-26 所示，不同族群对"中外员工晋升
制度一致"说法态度有所差异，将"完全不同意"和"不同意"加总
为不同意后排序，依次为僧伽罗族（29.98%）、泰米尔族（25.00%）、
其他（20.00%）和摩尔族（12.50%），即各族群不同意"中外员工晋
升制度一致"说法的比例均在三成以下，其中僧伽罗族及泰米尔族
"不同意"的比例均在三成左右。如果把持"一般"态度的人员比例加
入"不同意"类型，则可以说，对"中外员工晋升制度一致"持异议
的人，在各个族群中都超过半数。

将"基本同意"和"完全同意"加总为同意后进行排序，排序结
果为摩尔族（50.00%）、泰米尔族（45.83%）、其他（40.00%）和僧
伽罗族（39.23%）。即各个族群同意"中外员工晋升制度一致"说法
的员工比例均不超过五成。

各族群内，如果排除持"一般"意见的人，同意"中外员工晋升
制度一致"说法的人均超过不同意的人数，其中以僧伽罗族同意与不
同意人数差距最小，仅为 9.25%，以摩尔族差距最大，差距约
为 37.50%。

表 10 - 26　　　　按族群划分的是否同意 "中外员工晋升制度一致"　　（单位: %）

族群	完全不同意	不同意	一般	基本同意	完全同意	合计
僧伽罗族	7.85	22.13	30.78	19.11	20.12	100.00
泰米尔族	8.33	16.67	29.17	33.33	12.50	100.00
摩尔族	0.00	12.50	37.50	25.00	25.00	100.00
其他	0.00	20.00	40.00	40.00	0.00	100.00
合计	7.68	21.72	30.90	20.04	19.66	100.00

$N = 534$。

从宗教信仰来看，如表 10 - 27 所示，不同宗教信仰对员工是否同意 "中外员工晋升制度一致" 的回答有点差异，将 "基本同意" 和 "完全同意" 加总为同意后进行排序，排序结果为印度教 （50.00%）、伊斯兰教 （41.67%）、天主教 （40.00%）、佛教 （39.21%） 和基督教 （36.36%），即各宗教信仰员工同意 "中外员工晋升制度一致" 说法的比例均在三成以上。另将 "完全不同意" 和 "不同意" 加总为不同意后排序，依次为基督教 （36.36%）、佛教 （29.98%）、印度教 （27.78%）、天主教 （20.00%） 和伊斯兰教 （16.67%），其中基督教、伊斯兰教和天主教员工中完全不同意 "中外员工晋升制度一致" 的人数占比为 0.00%。各宗教信仰不同意 "中外员工晋升制度一致" 说法的比例均在四成以下。

表 10 - 27　　　　按宗教信仰划分的是否同意 "中外员工晋升制度一致"　　（单位: %）

宗教信仰	完全不同意	不同意	一般	基本同意	完全同意	合计
佛教	8.18	21.80	30.82	19.29	19.92	100.00
印度教	11.11	16.67	22.22	38.89	11.11	100.00
基督教	0.00	36.36	27.27	18.18	18.18	100.00
伊斯兰教	0.00	16.67	41.67	25.00	16.67	100.00

续表

宗教信仰	完全不同意	不同意	一般	基本同意	完全同意	合计
天主教	0.00	20.00	40.00	13.33	26.67	100.00
不信仰任何宗教	0.00	0.00	0.00	100.00	0.00	100.00
合计	7.68	21.72	30.90	20.04	19.66	100.00

$N = 534$。

　　总的来说，各宗教信仰员工大多认为，中外员工晋升制度是存在差异的，同意"中外员工晋升制度一致"的人数少于不同意的人。其中基督教同意与不同意人数占比差距最小，约为0.00%。以伊斯兰教差距最大，约为25.00%。但宗教信仰员工中同意"中外员工晋升制度一致"说法的均不超过一半。

　　从是否为管理人员来看，管理人员中同意和不同意"中外员工晋升制度一致"说法的人数比例均高于非管理人员，具体数据如表10-28所示，管理人员中同意"中外员工晋升制度一致"说法的约占40.45%，非管理人员中同意这一说法的约有39.46%，仅相差1个百分点。而管理人员中不同意"中外员工晋升制度一致"说法的约占31.30%，非管理人员中不同意"中外员工晋升制度一致"说法约占28.78%。总体来看，在同意和不同意选项中，管理人员均高于非管理

表10-28　　　　管理人员与非管理人员是否同意"中外员工晋升

制度一致"

（单位：%）

是否是管理人员	完全不同意	不同意	一般	基本同意	完全同意	合计
是	6.87	24.43	28.24	23.66	16.79	100.00
否	7.94	20.84	31.76	18.86	20.60	100.00
合计	7.68	21.72	30.90	20.04	19.66	100.00

$N = 534$。

人员，但不超过 3 个百分点，即是否为管理人员对"中外员工晋升制度一致"说法回答有影响，但差异性不大。

五　斯里兰卡中资企业的斯籍员工对企业开展社会援助的认知和期望

企业在本地开展援助项目有助于增加员工对于企业的认同感，在员工对本企业在当地开展的援助项目类型的认知状况调查中，援助项目类型主要分为"教育援助""培训项目""卫生援助""基础设施援助""修建寺院""水利设施""电力设施""文化体育设施""社会服务设施"和"以钱或实物形式进行公益慈善捐赠"。具体认知情况如表 10－29 所示，所有援助项目类型员工中知道本企业在当地开展过的均超过五成，其中知道企业有开展教育援助、基础设施援助、修建寺院、水利设施援助、社会服务设施和以钱或实物形式进行公益慈善捐赠的员工均超过六成，分别为 66.71%、67.00%、62.61%、62.18%、60.20% 和 68.79%。而员工中知道本企业有在本地开展培训项目、卫生援助、电力设施和文化体育设施的人数占比均超过五成，分别约为 56.09%、59.35%、51.13% 和 59.77%。

另外，员工中知道本企业在当地没有开展培训项目、卫生援助、修建寺院、电力设施、文化体育设施和社会服务设施均超过两成，分别约为 28.47%、22.38%、21.53%、23.80%、21.10% 和 21.25%。而员工中选择本企业在当地没有开展教育援助、基础设施援助、水利设施和以钱或实物形式进行公益慈善捐赠的人数均超过一成，分别为 16.15%、18.98%、17.14% 和 14.89%。

总体看来，斯籍员工对中资企业在当地开展的社会援助，印象最深的是公益捐赠和基础设施援助，但也有四成左右的员工对中资企业在当地开展的社会援助没有印象。

表 10 - 29　　　　　　员工对企业在本地开展援助项目类型的认知状况　　　　（单位：%）

援助项目类别	有	没有	不清楚	合计
教育援助	66.71	16.15	17.14	100.00
培训项目	56.09	28.47	15.44	100.00
卫生援助	59.35	22.38	18.27	100.00
基础设施援助	67.00	18.98	14.02	100.00
修建寺院	62.61	21.53	15.86	100.00
水利设施	62.18	17.14	20.68	100.00
电力设施	51.13	23.80	25.07	100.00
文化体育设施	59.77	21.10	19.12	100.00
社会服务设施	60.20	21.25	18.56	100.00
以钱或实物形式进行公益慈善捐赠	68.79	14.89	16.31	100.00

$N = 706$。

在对员工最希望本企业在本地开展的援助项目类型调查中，原始问卷中援助类型主要分为"卫生援助""基础设施援助""修建寺院""水利设施援助""文体教育援助""文化体育设施""社会服务设施"和"慈善捐赠"。具体数据如图 10 - 2 所示，员工中最希望本企业在本

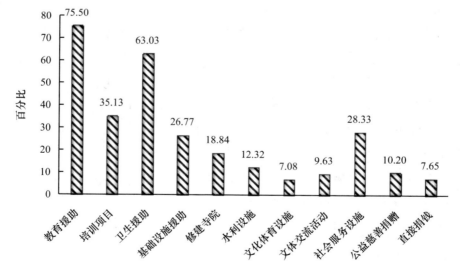

图 10 - 2　员工最希望本企业在本地开展的援助类型分布（多选题）（$N = 706$）

地开展的援助类型是教育援助，占比高达 75.5%，其次是卫生援助，占比为 63.03%，第三为培训项目，占比 35.13%。接下来的两项"社会服务设施援助"（28.33%）和"基础设施援助"（26.77%）占比均接近三成。相比之下，文化体育设施、文化交流活动及公益捐赠等都占比不高。可见，对斯里兰卡籍员工而言，他们在教育、医疗卫生及基础设施建设领域，有更多的发展诉求。

第十一章

斯里兰卡中资企业斯籍员工
对中国的认知

第一节　对中国的整体认知

随着"一带一路"倡议的不断推进，中国给予斯里兰卡的帮助也在不断增加，斯里兰卡人民对中国的认知也在这个过程中不断加深。本问卷询问了斯里兰卡中资企业中的斯籍员工对中国及中国投资的认知，通过了解他们的信息来源渠道、对中国品牌的认知、对中资企业的认知及对中国相关新闻的认知，来认识和分析中资企业在斯里兰卡的形象。

一　斯籍员工了解中国信息的渠道

为了解斯里兰卡中资企业员工如何去了解中国信息，调查询问了过去一年内斯里兰卡中资企业的员工了解中国信息的渠道分布。具体问题为"过去一年通过哪种渠道了解到中国信息"，选项有"电视""网络""报纸杂志""中国新媒体""中国传统媒体""企业内部资料"和"企业内部员工"。

从样本总体来看，如图 11 - 1 所示，超过七成的斯里兰卡员工通过本国电视来了解中国的信息，也就是说电视仍然是该国的主要宣传媒介。另外，有近一半的员工（42.92%）还通过本国的报刊杂志了解中国的信息，说明传统媒体在斯里兰卡民众的日常生活中占据重要地位。同时，有近四成（38.10%）的员工通过网络了解中国，还有近三成（25.64%）的人通过企业内部员工了解中国信息。只有少部分人会通过中国媒体了解中国。

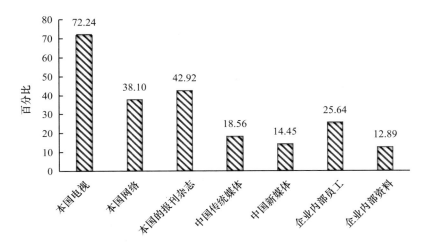

图 11 - 1 近一年内员工了解中国信息的渠道分布（多选题）（N = 706）

从性别差异来看，如图 11 - 2 所示，女性员工通过企业内部资料了解中国信息的比例高于男性员工。女性员工中有 20% 的人通过企业内部资料了解中国信息，而男性员工这一比例只有 10.89%。而男性在"通过本国电视了解中国信息"这一点上，占比要明显高于女性，说明男性电视受众群体要多于女性电视受众群体。通过其他渠道了解中国信息的人员比例，男女差异并不算明显。性别差异主要表现在企业内部资料，主要因为男性员工有部分属于工人无法了解到企业内部资源，女性员工大多为办公人员，接触企业资料较多。但无论男性员工还是女性员工大部分都通过企业内部和国内媒体了解中国信息。

年龄差异对于了解中国信息的渠道选择也有影响。年龄越小的越

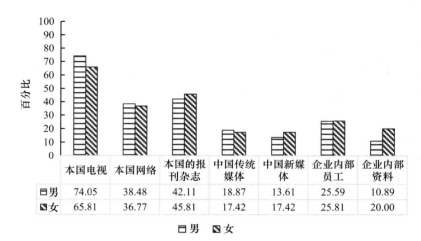

图 11 - 2　按性别划分的近一年内员工了解中国信息的渠道分布

（多选题）（N = 706）

容易通过网络和中国媒体去了解中国信息。具体数据如图 11 - 3 所示，17—25 岁的员工中，有近半数（47.24%）的人通过网络了解中国，到了 26—35 岁这个群体，该占比降为四成左右（42.21%），而超过 35 岁及以上的群体，该占比进一步降为三成（30%）。因此可见，网络新媒体的主要受众对象是年轻群体。

但是在电视渠道方面，年龄越大越容易通过电视了解中国信息。17—25 岁的员工中只有 11.90% 会通过电视渠道去了解中国信息，26—35 岁的员工中约有 15.28% 表示会通过电视渠道了解中国信息，36 岁及以上的员工约有 19.72% 的员工会通过电视渠道了解中国信息。

在本国报刊杂志、中国媒体、企业内部员工等几个维度上，各个年龄群体的差异不大。

如图 11 - 4 所示，未受教育的斯里兰卡员工最容易通过中国新媒体了解中国信息，这一比例约为 25.00%，远高于其他的受教育群体。小学学历的斯里兰卡员工通过电视和中国传统媒体了解中国信息的频率

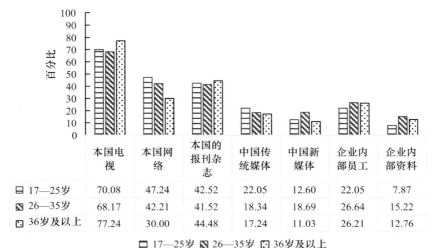

	本国电视	本国网络	本国的报刊杂志	中国传统媒体	中国新媒体	企业内部员工	企业内部资料
17—25岁	70.08	47.24	42.52	22.05	12.60	22.05	7.87
26—35岁	68.17	42.21	41.52	18.34	18.69	26.64	15.22
36岁及以上	77.24	30.00	44.48	17.24	11.03	26.21	12.76

□ 17—25岁 ▨ 26—35岁 ▨ 36岁及以上

图11-3 按年龄组划分的近一年内员工了解中国信息的渠道分布
（多选题）（N = 706）

最高，约为24.44%，通过企业内部资料了解中国信息的频率最小，约为2.22%。中学学历的斯里兰卡员工通过报纸杂志了解中国信息的频率最高，约为24.56%，通过中国新媒体了解中国信息的频率最小，约为4.76%。而本科及以上学历的斯里兰卡员工通过企业内部员工了解中国信息的频率最高，约为24.35%，通过电视渠道了解中国信息的频率最少，约为4.78%。

受教育程度对于了解中国信息的渠道分布的差异也很大，受教育程度越高的斯里兰卡员工越容易从企业内部员工渠道了解中国信息。如图11-4所示，从企业内部员工渠道了解中国信息的本科及以上受教育程度的受访者约有23.51%，中学学历的受访者这一比例约为23.51%，小学学历为19.57%，而未受教育的受访者仅为4.17。但有九成的未受教育员工是通过本国电视了解中国的信息的，是所有学历群组中占比最高的，其他学历群体在该选项的占比均低于八成，大部分七成不到。受教育程度较高的斯里兰卡员工英语水平较高，理解能力与沟通交流能力较强，所以这一群体通过与企业内部员工交流去了

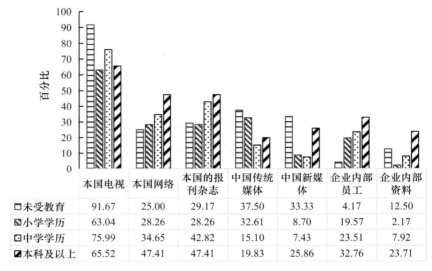

	本国电视	本国网络	本国的报刊杂志	中国传统媒体	中国新媒体	企业内部员工	企业内部资料
未受教育	91.67	25.00	29.17	37.50	33.33	4.17	12.50
小学学历	63.04	28.26	28.26	32.61	8.70	19.57	2.17
中学学历	75.99	34.65	42.82	15.10	7.43	23.51	7.92
本科及以上	65.52	47.41	47.41	19.83	25.86	32.76	23.71

日 未受教育 ☒ 小学学历 ☐ 中学学历 ☑ 本科及以上

图 11 – 4　按受教育程度划分的近一年内员工了解中国
信息的渠道分布（多选题）（N = 706）

解中国信息的频率高，而受教育程度低的员工则通过媒体去了解中国信息的频率高。

月收入对于员工了解中国信息的渠道选择也有影响，如图 11 – 5 所示，月收入在 12700—34000（500—1300 元）卢比之间的斯里兰卡员工通过电视渠道了解中国信息的人数占比最多，约为 77.69%，通过企业内部资料了解中国信息的人数占比最少，仅约为 5.79%。月收入在 34001—40000（1300—1550 元）卢比的受访者，通过本国电视了解中国信息的人也很多，占 74.31%，其次是通过本国的报刊杂志，占比为 37.19%，通过中国新媒体了解中国信息的人数占比最小，仅约为 5.71%。月收入在 40001—52000（1550—2000 元）卢比的受访者中，通过电视了解中国信息的人数占比最多，约为 67.72%，但是与其他几个渠道差距较小。月收入在 52001—90000（2000—3500 元）卢比的受访者也与前面的分组群体差异不大。而月收入在 90001（3500 元以上）卢比以上

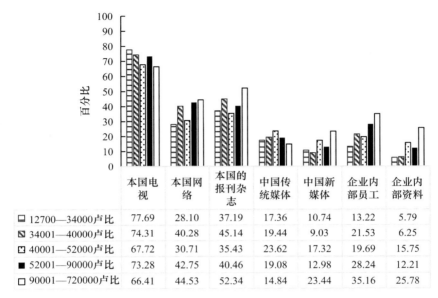

	本国电视	本国网络	本国的报刊杂志	中国传统媒体	中国新媒体	企业内部员工	企业内部资料
□ 12700—34000卢比	77.69	28.10	37.19	17.36	10.74	13.22	5.79
▨ 34001—40000卢比	74.31	40.28	45.14	19.44	9.03	21.53	6.25
▤ 40001—52000卢比	67.72	30.71	35.43	23.62	17.32	19.69	15.75
■ 52001—90000卢比	73.28	42.75	40.46	19.08	12.98	28.24	12.21
□ 90001—720000卢比	66.41	44.53	52.34	14.84	23.44	35.16	25.78

□ 12700—34000卢比　　▨ 34001—40000卢比　　▤ 40001—52000卢比
■ 52001—90000卢比　　□ 90001—720000卢比

图 11 - 5　按月收入划分的近一年内员工了解中国信息的
渠道分布（多选题）（N = 651）

的受访者，通过企业内部资料了解中国信息的人数占比最多，约为
25.78％，通过中国传统媒体了解中国信息的人数最少，约
为 14.84％。

　　总体来说，受访者月收入的不同对他们选择了解中国信息的渠道
有影响，月收入越高的群体就越能够通过企业内部（企业内部员工和
企业内部资料）了解中国信息。月收入越低的受访者则越会通过国内
媒体（电视和报纸杂志）了解到中国信息。

二　斯籍员工对中国品牌的认知

　　为进一步了解中国品牌在斯里兰卡的被认知情况，问卷对本企业
外的中国产品品牌认知状况进行了调查，具体问题为"是否知道除本
企业外的中国产品品牌"。从样本总体来看，有较多的民众对本企业外

的中国产品有所认知，具体数据如图 11 - 6 所示，有过一半
（52.47%）的受访者表示认识本企业外的中国产品品牌。

受教育程度的不同对本企业外的中国产品品牌认知状况有较大
的影响，受教育程度高的员工中，对本企业外的中国产品品牌认知
率会更高。如图 11 - 6 所示，本科及以上学历的受访者中，约有
77.43% 的人认识本企业外的中国产品品牌，但在受教育程度较低
的群体如未受教育和小学学历群体中，对本企业外的中国产品品牌
有认知的仅约有 30.43% 和 20.00%。而中学学历的受访者中，这一
比例约为 43.15%。这一现象表明受教育程度高的群体，越会在生活中
接触或了解到除本企业外的中国产品品牌，而受教育程度低的群体这
一比例则较少。

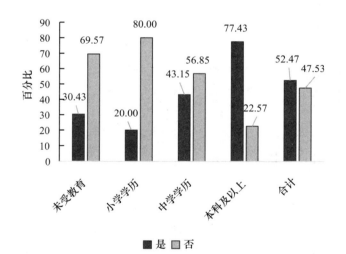

**图 11 -6　按受教育程度划分的员工对本企业外的中国产品品牌的
认知状况（N = 688）**

性别差异对本企业外的中国产品品牌认知状况有较小的影响，如
图 11 - 7 所示，男性员工中，认识本企业外的中国产品品牌的人数占
比约为 53.45%，而女性员工约为 49.01%。表明男性员工中认识一些

本企业外的中国产品品牌会比女性员工多，但是差距不大。

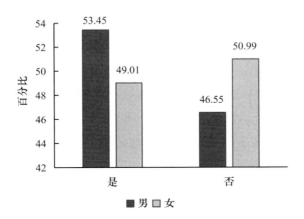

图 11 - 7　按性别划分的员工对本企业外的中国产品
品牌的认知状况（N = 688）

　　员工在企业内的职位也会对本企业外的中国产品品牌认知状况有所影响，职位高的员工对除本企业外的中国产品品牌有认知的比例会更高。具体数据如图 11 - 8 所示，管理人员中有超过八成（81.33%）的受访者认识除本企业外的中国产品品牌。而在非管理人员中，这一比例仅约为 44.42%。

　　员工上网频率的不同对本企业外的中国产品品牌的认知状况也有一定影响。将选项"是"按照降序排序，如表 11 - 1 所示，依次为几乎不（83.33%）、一个月至少一次（66.67%）、一天几个小时（66.32%）、一天半小时到一小时（62.12%）、一年几次（57.14%）、一天至少一次（33.33%）、从不（19.49%）和一周至少一次（15.00%）。

　　对本企业外的中国产品品牌认知比例最高的是几乎不上网的群体（83.33%），最少的是一周至少一次的员工群体（15.00%）。不同上网频率会导致对本企业外的中国产品品牌认知状况有所不同，上网频率高的员工普遍会对本企业外的中国产品品牌有所认

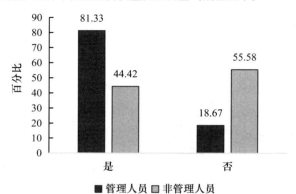

图 11 - 8 管理人员与非管理人员对本企业外的中国产品品牌的认知状况（N = 688）

知。也就是说，斯籍员工对中国产品品牌的认知是较高的，且与是否上网关系不明显。在调研过程中，很多员工通过口口相传，对中国品牌进行了解。

表 11 - 1　　　按上网频率划分的员工对本企业外的中国产品品牌的认知状况　　　（单位：%）

上网频率	是	否
一天几个小时	66.32	33.68
一天半小时到一小时	62.12	37.88
一天至少一次	33.33	66.67
一周至少一次	15.00	85.00
一个月至少一次	66.67	33.33
一年几次	57.14	42.86
几乎不	83.33	16.67
从不	19.49	80.51
合计	52.55	47.45

N = 687。

三　斯籍员工印象最深的中国企业分布

为了解当前在斯里兰卡中哪个中国企业让斯里兰卡当地员工印象

最深，问卷还对哪个中国企业印象最深进行调查，具体问题为"你对哪个中国企业印象最深"。

从男性员工的角度看印象最深的中国企业问题，男性员工有近一半（47.91%）表示不知道且没有回答。约有29.40%对华为印象最深刻，对小米和OPPO印象最深刻的均约为2.18%，对vivo印象最深刻的仅约为0.54%，另外还有约17.79%（见图11－9）的员工选择了其他中国企业。在男性员工中，对华为印象最深刻的人数比例最高，并且有过一半的男性员工对中国企业有认知。

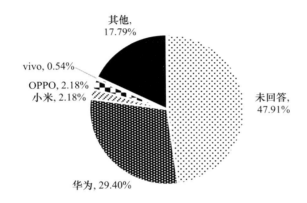

图11－9 男性员工印象最深的中国企业分布（*N* =551）

女性员工印象最深的中国企业分布如图11－10所示，有过一半（52.26%）的女性员工没有回答。在女性员工中，将华为选为印象最深的中国企业的人数占比约有27.74%，将OPPO选为印象最深的中国企业的人数占比约为2.58%，对vivo印象最深的中国企业的人数占比约有1.94%。另外还有15.48%的女性员工选择了其他中国企业。在女性员工中，对华为印象最深刻的人数比例最高，并且对中国企业有印象的不足一半。

印象最深的中国企业问题中，男性员工未回答的比例（47.91%）低于女性员工未回答的比例（52.26%），表明男性员工会比女性员工对中国企业有深刻印象的比例更高。并且在男性员工和女性员工中，

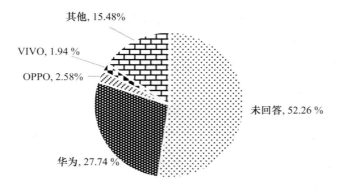

其他, 15.48%

VIVO, 1.94 %

OPPO, 2.58%

未回答, 52.26 %

华为, 27.74 %

图 11 - 10   女性员工印象最深的中国企业分布（N = 155）

华为均为印象最深的中国企业。表明了在斯里兰卡，华为的品牌知名度较高。

　　不同上网频率的斯里兰卡员工对印象最深的中国企业有不同回答。如表 11 - 2 所示，在未回答选项中，比例最低的三个上网频率群体为几乎不（28.57%）、一个月至少一次（33.33%）和一天几个小时（34.86%）。表明这三个上网频率的员工群体对中国企业的认识比例会高点。并且从不上网和一周至少一次上网的斯里兰卡员工选择不回答的比例远高于其他上网频率，均超过八成，分别为 81.15% 和 85.71%。

　　只有上网频率较高（一天几个小时）的员工才对小米与 vivo 有印象，选择比例约为 3.05% 和 1.53%，其他上网频率群体均对中国其他品牌缺乏印象，表明了上网频率高有助于加深对中国企业的印象。在 OPPO 选项中，只有一天至少上网一次以上的员工对 OPPO 有印象，从不上网的员工也有少数认识 OPPO，但他们基本都是属于年纪偏大，且工作很少接触电脑的老年员工，他们部分人在中国企业工作时间长，对中国企业的印象深刻选择会多，但大部分还是未回答。除了从不上网的群体，其他几个选择 OPPO 为印象最深刻的员工群体都是上网频率偏高的，表明上网频率越高，对中国企业了解会更多，进而对中国企业的印象就越深。

　　除了以上几个品牌之外，其他的中国品牌也给不少员工留下深刻印象,从表中可看出,选择"其他"的员工,占比最高的超过四成,为"几乎不上网"的员工类型,说明有的中国品牌已经扎根当地,不需要通过网络提升自身认知度;另外,有超过三成的员工也对华为等以外的品牌,有较深印象,他们分别为上网频率为每天半小时到一小时的员工,以及一个月至少一次的员工;其他的上网频次中,选择"其他"的占比也在15%左右。

综合来看,对"印象最深的中国企业"的回答,有近半数的(48.79%)员工未回答,剩下的一半当中,有超过一半的人对"华为"印象深刻,另一半对"其他"品牌印象深刻。说明一些中资企业品牌,特别是大型知名企业品牌,在斯里兰卡获得了认同,但是,中国企业品牌的认知度仍然还有不少提升空间。

表11-2　　　　　按上网频率划分的员工印象最深的中国企业分布　　　　（单位：%）

上网频率	未回答	华为	小米	OPPO	vivo	其他
一天几个小时	34.86	40.46	3.05	2.80	1.53	17.30
一天半小时到一小时	40.58	24.64	0.00	2.90	0.00	31.88
一天至少一次	67.47	16.87	0.00	2.41	0.00	13.25
一周至少一次	85.71	4.76	0.00	0.00	0.00	9.52
一个月至少一次	33.33	33.33	0.00	0.00	0.00	33.33
一年几次	42.86	42.86	0.00	0.00	0.00	14.29
几乎不	28.57	28.57	0.00	0.00	0.00	42.86
从不	81.15	6.56	0.00	0.82	0.00	11.48
合计	48.79	29.08	1.70	2.27	0.85	17.30

$N = 705$。

四　斯籍员工收看中国相关新闻的状况

问卷中询问了员工近一年内从斯里兰卡媒体收看中国相关新闻的情况,具体问题为"近一年内,你在斯里兰卡媒体中看到过哪类新闻",选项有4个。分别为"中国大使馆对本国的捐赠新闻""中国援助本国修建道路、桥梁、医院和学校的新闻""本国学生前往中国留学的新闻"和"中国艺术演出的新闻"。从样本总体来看，对"中国援助本国修建道路、桥梁、医院和学校的新闻"和"斯里兰卡学生前往中国留学的新闻"两类新闻了解的人数最多。具体数据如表 11－3 所示，近一年内，员工在斯里兰卡媒体上收看到中国援助本国修建道路、桥梁、医院和学校的新闻约占 94.03%，员工在斯里兰卡媒体上收看过斯里兰卡学生前往中国留学的新闻也超过九成（90.38%）。而员工中在斯里兰卡媒体上收看过中国大使馆对本国的捐赠新闻和中国艺术演出的新闻相对较少，但也均超过七成，分别约为 75.18% 和 77.31%。这表明斯里兰卡媒体对于中国基础建设的援助和教育方面援助报道更多，而对于文化演出和捐赠新闻报道相对较少。

表 11－3　　　　　近一年内员工是否从斯里兰卡媒体收看中国
相关新闻的状况　　　　　　　　　（单位：%）

有关中国的新闻	样本量	是	否
中国大使馆对本国的捐赠新闻	693	75.18	24.82
中国援助本国修建道路、桥梁、医院和学校的新闻	704	94.03	5.97
本国学生前往中国留学的新闻	686	90.38	9.62
中国艺术演出的新闻	661	77.31	22.69

五　斯籍员工对中国国家形象和影响力的认知

（一）斯籍员工对中国国家形象的认知

除了对中资企业产品在斯里兰卡的认可度进行对比分析外，调研组还收集整理了民众对七个国家的国家形象的印象分数，涉及美国、中国、日本、印度、法国、德国、英国。

同"中资企业产品在斯里兰卡的认可度对比表"一般，民众用数字"1"到"10"来给他们心中的各国形象打分，1 分最低，10 分最高。

以平均值为标准，日本的国家形象得分最高，达 8.05 分；英国的国家形象得分居第二位，为 7.94 分；中国国家形象居于第三名的，得分 7.60 分；而得分最低的国家是印度，为 5.15 分，与第一名的日本平均值相差近 3 分。

通过对表 11-4 进行分析可知，在斯里兰卡民众心中，中国的国家形象排名第三，仅次于日本和英国，且与第一名日本的平均值仅相差 0.45 分，国家形象的树立较为成功。

表 11-4		国家形象打分对比		（单位：分）
	均值	标准差	最大值	最小值
美国	6.50	1.46	10	5
中国	7.60	1.18	9	5
日本	8.05	0.94	9	6
印度	5.15	1.72	9	3
法国	6.35	1.15	8	5
德国	6.14	1.29	8	4
英国	7.94	1.26	9	5

基于对中资企业产品以及中国国家形象在斯里兰卡认可度的分析，可知斯里兰卡民众对中资企业产品以及中国国家形象的认可度较高，那么，当地民众对中资企业到斯里兰卡进行投资是持怎样的态度呢？

图 11-11 显示，绝大多数（85.00%）的斯里兰卡居民欢迎中资企业在斯里兰卡进行投资。其中，60.00% 的当地居民对于中资企业在斯里兰卡的投资持"欢迎"态度；25.00% 的斯里兰卡民众持"比较欢迎"态度；剩余 15.00% 的居民称，"无所谓"中资企业是否来斯里兰卡进行投资，只关注自身的发展和生活。

（二）斯籍员工对中国影响力的认可度

除了对中资企业形象的认可度进行调查，调研组还对中资企业中的斯里兰卡籍员工对中国影响力的认可程度展开调研。

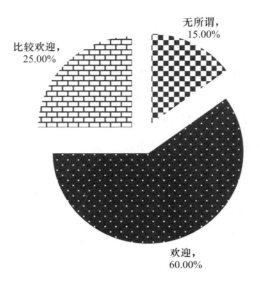

图 11 - 11   当地居民对于中国公司在斯里兰卡投资的态度

表 11 - 5   按性别划分的员工认为哪个国家在亚洲的影响力最大   （单位：%）

性别	中国	日本	美国	印度	其他
男	71.94	6.21	15.44	5.08	1.32
女	67.81	8.22	12.33	10.96	0.68
合计	71.05	6.65	14.77	6.35	1.18

$N = 677$。

表 11 - 6   按年龄组划分的员工认为哪个国家在亚洲的影响力最大   （单位：%）

年龄组	中国	日本	美国	印度	其他
17—25 岁	71.20	10.40	14.40	3.20	0.80
26—35 岁	67.88	6.20	15.33	8.76	1.82
36 岁以上	74.10	5.40	14.39	5.40	0.72
合计	71.05	6.65	14.77	6.35	1.18

$N = 677$。

表 11 - 7　　　　按族群划分的员工认为哪个国家在亚洲的影响力最大　（单位：%）

族群	中国	日本	美国	印度	其他
僧伽罗族	71.54	6.92	14.47	5.82	1.26
泰米尔族	65.38	0.00	15.38	19.23	0.00
摩尔族	87.50	0.00	12.50	0.00	0.00
其他	28.57	14.29	42.86	14.29	0.00
合计	71.05	6.65	14.77	6.35	1.18

$N = 677$。

表 11 - 8　　　　按受教育程度划分的员工认为哪个国家在亚洲的
影响力最大　（单位：%）

受教育程度	中国	日本	美国	印度	其他
未受过教育	66.67	8.33	12.50	4.17	8.33
小学学历	79.55	9.09	11.36	0.00	0.00
中学学历	69.53	8.07	16.41	5.73	0.26
本科及以上	72.44	3.56	12.89	8.89	2.22
合计	71.05	6.65	14.77	6.35	1.18

$N = 677$。

表 11 - 9　　　　按在本企业工作时长划分的员工认为哪个国家在
亚洲的影响力最大　（单位：%）

工作时长	中国	日本	美国	印度	其他
一年	69.10	7.87	15.73	7.30	0.00
两年	75.93	6.02	12.04	5.09	0.93
三年	72.65	5.13	16.24	5.13	0.85
四年	63.64	10.91	18.18	5.45	1.82
五年	64.29	7.14	7.14	10.71	10.71
六年到十年	67.50	5.00	18.75	8.75	0.00
十年以上	66.67	0.00	0.00	0.00	33.33
合计	71.05	6.65	14.77	6.35	1.18

$N = 677$。

在 677 个有效员工样本中，无论将中资企业中的斯籍员工按照性别、年龄、族群，还是受教育程度、工作时长标准进行划分，不难发现，在斯里兰卡籍员工看来，在亚洲最具影响力的国家排名分别是：中国、美国、日本、印度、其他国家（影响力由高到低）。

71.05% 的员工认为，中国在亚洲的影响力最大，超越美国（14.77%）近五倍；14.77% 的员工认为在亚洲影响力最大的国家是美国；认为日本和印度在亚洲影响力最大的员工比重相近，仅相差 0.30%，其中，6.65% 的员工认为日本在亚洲的影响力最大，6.35% 的员工认为在亚洲影响力最大的国家是印度，选择日本的人数比重要略大于印度；还有少部分员工（1.18%）认为在亚洲影响力最大的国家不在上述中、美、日、印四个国家之中。

而关于斯籍员工对斯里兰卡未来发展需要借鉴国家的看法，图 11 - 12 可以做一个较为准确的阐释。

如图 11 - 12 所示，认为斯里兰卡未来发展需要借鉴哪个国家发展经验的斯籍员工人数占比从高到低依次是：中国、日本、美国、印度。

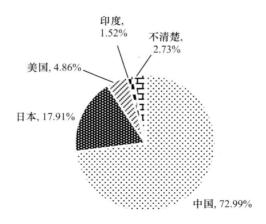

图 11 - 12　员工认为斯里兰卡未来发展需要借鉴的国家分布（N = 659）

在 659 个有效样本中，72.99% 的斯籍员工选择中国，是选择日本人数百分比（17.91%）的四倍。此外，选择美国、印度、不清楚哪个国家的人数比重很低，均不到 5%。其中，4.86% 的员工选择美国，2.73% 的员工"不清楚"应该选哪个国家，选择印度的人数比重最小，仅为 1.52%。

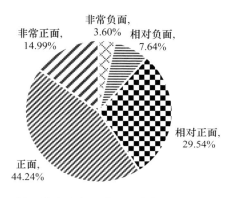

图 11-13　员工认为的中国对斯里兰卡的影响好坏（N = 694）

　　总体上来看，斯籍员工对中国在斯里兰卡的影响是持正面态度的，图 11-13 显示，有近九成（88.77%）的斯籍员工认为中国对斯里兰卡的影响是正面的，其中 14.99% 的人认为非常正面，44.24% 的人认为是正面，29.54% 的人认为是相对正面，持负面看法的仅占一成。

　　另外，由于印度是中斯关系中的重要的影响因素，调研组还对印度对中斯关系的影响进行了调研。从图 11-14 可以看出，近四成（38.04%）的斯籍员工认为，斯里兰卡应该在中印两国之间寻求一种平衡，然而有意思的是，认为印度在很大程度上会影响中斯关系的员工，与认为印度只会在很小程度上影响中斯关系的员工，占比基本接近，都是两成，同时还有一成多的员工认为，中斯关系的发展不用太考虑印度因素。

　　因此，可以说，在衡量印度因素时，每个人的看法是差异很大的，图 11-15 至图 11-18 继续按照性别、是否是管理人员、族群和受教育程度，来分析斯籍员工对这一问题的看法。

　　图 11-15 显示，从男女比例来看，相对于男性（35.12%），更多

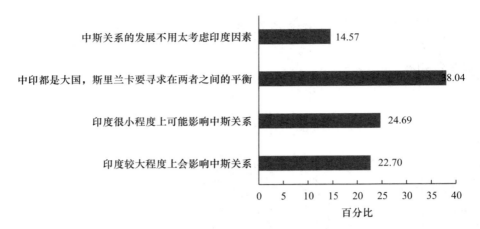

图 11 – 14　不同员工认为的印度在中斯关系中的角色定位（$N = 652$）

的女性（49.62%）认为斯里兰卡应该采取平衡的策略，而更多的男性（26.30%）认为印度只能在很小程度上影响中斯关系。总体上看，男性认为印度因素不大的比例，比女性的要高。

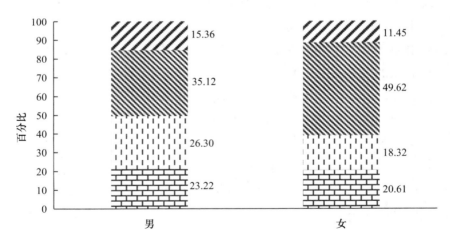

◻ 印度较大程度上会影响中斯关系
ᵎ 印度很小程度上可能影响中斯关系
◖ 中印都是大国，斯里兰卡要寻求在两者之间的平衡
◿ 中斯关系的发展不用太考虑印度因素

图 11 – 15　不同性别的员工认为的印度在中斯关系中的
角色定位（$N = 652$）

按照是否是管理人员分类，可以看出，大部分斯籍管理人员认为印度因素不会在很大程度上影响中斯关系，这个比例要高于非管理类斯籍人员。

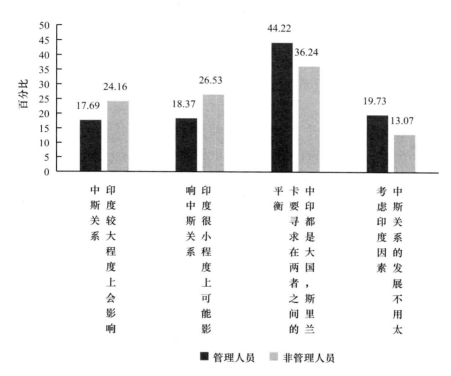

图 11 – 16　管理人员与非管理人员认为的印度在中斯关系中的
角色定位（N = 652）

从族群分布来看，在"印度会较大程度上影响中斯关系"一类中，泰米尔人占了最高比例（28.00%），这与泰米尔人与印度的紧密联系的关系相契合，但是，也有 22.75% 的僧伽罗族持此意见。但是总体来看，大部分的泰米尔族和僧伽罗族都认为，斯里兰卡应该在中印间寻求平衡。

最后，从受教育程度来分析，可以发现受过本科及以上教育的斯籍员工，更倾向于认为中印两国都是大国，斯里兰卡应该寻求两者间

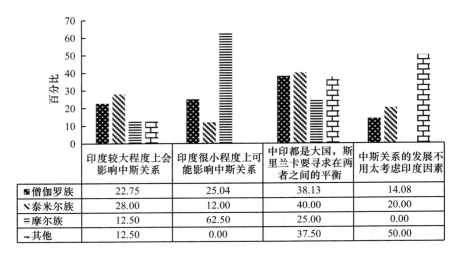

	印度较大程度上会影响中斯关系	印度很小程度上可能影响中斯关系	中印都是大国，斯里兰卡要寻求在两者之间的平衡	中斯关系的发展不用太考虑印度因素
僧伽罗族	22.75	25.04	38.13	14.08
泰米尔族	28.00	12.00	40.00	20.00
摩尔族	12.50	62.50	25.00	0.00
其他	12.50	0.00	37.50	50.00

图 11 - 17　不同族群的员工认为的印度在中斯关系中的
角色定位（N = 652）

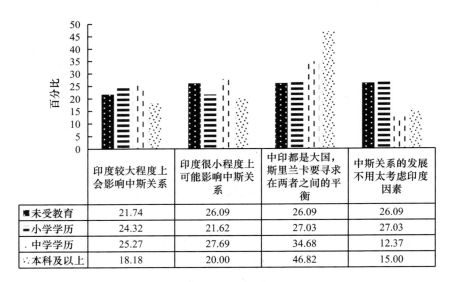

	印度较大程度上会影响中斯关系	印度很小程度上可能影响中斯关系	中印都是大国，斯里兰卡要寻求在两者之间的平衡	中斯关系的发展不用太考虑印度因素
未受教育	21.74	26.09	26.09	26.09
小学学历	24.32	21.62	27.03	27.03
中学学历	25.27	27.69	34.68	12.37
本科及以上	18.18	20.00	46.82	15.00

图 11 - 18　不同受教育程度的员工认为的印度在中斯关系中的
角色定位（N = 652）

的平衡。而受教育程度相对低的，则在此问题上的判断呈现平均分布的趋势，即对各个观点的认知，没有明显的差别。

第二节　对中国投资的认知

随着近些年中国在斯里兰卡的投资不断增加，投资的问题也不断凸显。在本问卷中，调研组具体询问了斯里兰卡中资企业的员工对中资企业投资的益处和不利之处的看法、选择中资企业的原因以及对中国投资是债务陷阱的看法。

一　对中资企业投资的益处看法

本处考察员工对中资企业在斯里兰卡投资的看法评价，在问卷中体现的问题是"中资企业在斯里兰卡的投资益处"，回答分为 7 个选项，分别为"增加收入""促进经济增长""改善基础设施""提升生活水平""提升斯里兰卡与其他国家的谈判能力""居民逐渐支持中资企业投资"以及"其他"。

从整体样本来看，如表 11 – 10 所示，近八成的员工（76.77%）认为中国的投资能给他们增加收入，近七成的员工认为中国的投资能促进当地经济增长，六成以上的员工认为中国的投资能改善斯里兰卡的基础设施。因此从该数据来看，中国在斯里兰卡的投资提升了当地的经济发展，也同时惠及了当地民生，取得了比较理想的效果。但是，从另一方面来看，仅有两成的员工（24.08%）认为斯里兰卡当地的居

表 11 – 10　　　　员工对中资企业投资的益处的看法（多选题）　　　　（单位：%）

增加收入	促进经济增长	改善基础设施	提升生活水平	提升本国与其他国家谈判能力	居民逐渐支持中资企业投资	其他
76.77	68.70	63.74	38.67	24.65	24.08	0.42

N = 706。

民逐渐支持中资企业的投资，说明在西方国家"债务陷阱"炒作下，当地民众对中国在斯里兰卡的投资确实存在一定疑虑。

　　对性别差异而言，男性员工和女性员工在对中资企业在斯里兰卡的投资益处看法差距较小，除了在"提升生活水平"这一问题上，男性员工占比（42.65%）要明显高于女性员工占比（24.52%）之外，其他各选项的差异都不大，并且与总体样本相似。无论男女员工，都认为中资企业的投资在增加当地就业、促进经济增长、改善基础设施方面有积极作用，都在"居民逐渐支持中资企业的投资方面"持谨慎态度。因此，性别差异对该系列问题的看法影响不大。

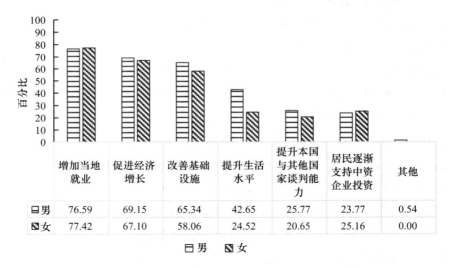

	增加当地就业	促进经济增长	改善基础设施	提升生活水平	提升本国与其他国家谈判能力	居民逐渐支持中资企业投资	其他
男	76.59	69.15	65.34	42.65	25.77	23.77	0.54
女	77.42	67.10	58.06	24.52	20.65	25.16	0.00

图 11 - 19　按性别划分的员工对中资企业投资的益处的看法

（多选题）（N = 706）

　　从族群来看，认为中国投资增加了当地就业的，占比最高的为摩尔族，近九成（87.50%），僧加罗族及泰米尔族则有近八成的人赞同此观点；但是，相比之下，只有近七成的僧伽罗族和五成的摩尔族认为中国的投资促进了经济增长；在"改善基础设施建设"上，三个族群近六成的人都赞同此观点。但是，三个族群在其它几个指标如"提升生活水平""提升本国与其它国家谈判能力"方面，认同人数占比大多不到一半。

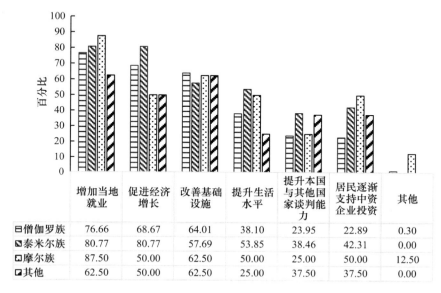

	增加当地就业	促进经济增长	改善基础设施	提升生活水平	提升本国与其他国家谈判能力	居民逐渐支持中资企业投资	其他
僧伽罗族	76.66	68.67	64.01	38.10	23.95	22.89	0.30
泰米尔族	80.77	80.77	57.69	53.85	38.46	42.31	0.00
摩尔族	87.50	50.00	62.50	50.00	25.00	50.00	12.50
其他	62.50	50.00	62.50	25.00	37.50	37.50	0.00

□ 僧伽罗族　■ 泰米尔族　□ 摩尔族　■ 其他

图 11 - 20　按族群划分的员工对中资企业投资的益处的看法
（多选题）（N = 706）

是否是管理人员对于中资企业在斯里兰卡投资的益处选择存在一定差异，如图 11 - 21 所示，管理人员在"中资企业的投资能增加就业"方面的认同度要明显低于非管理人员，这与中资企业在当地投资主要以基础设施建设为主有关，基础设施投资可以提供大量的一线工人、行政、后勤等非管理人员职位，相比之下，管理类职位则相对少。但是，管理人员在"中资企业投资能改善基础设施""能提升生活水平和提升本国与其他国家谈判能力"方面持更多的赞同态度，特别是在"居民逐渐支持中资企业的投资"方面，管理人员赞同的比例（40.26%）要明显高于非管理人员的比例（19.57%），这从侧面说明，管理者层面对中资企业投资的态度，更少受一些负面信息的影响，有更加积极的态度或体会。

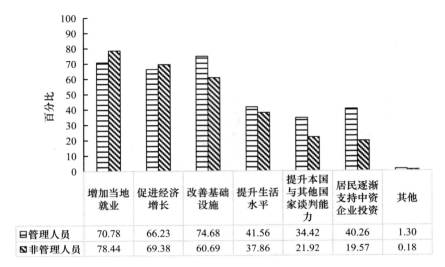

	增加当地就业	促进经济增长	改善基础设施	提升生活水平	提升本国与其他国家谈判能力	居民逐渐支持中资企业投资	其他
管理人员	70.78	66.23	74.68	41.56	34.42	40.26	1.30
非管理人员	78.44	69.38	60.69	37.86	21.92	19.57	0.18

囗 管理人员 ▨ 非管理人员

图 11 – 21 管理人员与非管理人员对中资企业投资的益处的看法
（多选题）（N = 706）

从家庭是否联网来看，如图 11 – 22 所示，家庭能够联网的员工选择"居民逐渐支持中资企业投资"的约占 32.45%，而家庭没有联网的员工仅有 12.29%，两者相差约 20 个百分点，表明联网的员工可以更全面的看到关于中国投资的信息和相关评价，因此正面看法增加。另外家庭联网用户比家庭未联网用户在"改善基础设施""提升斯里兰卡与其他国家的谈判能力"和"提升生活水平"选项上均持更多的赞同态度。总体而言，家庭联网的员工比不联网的员工对中国的投资持更加积极的态度，体现出关于中资企业在斯投资的一些正面的网络信息，对当地联网民众起到了积极影响。

二 对中资企业投资的不利之处的看法

为了进一步了解员工对于中资企业投资的评价，本次问卷还对

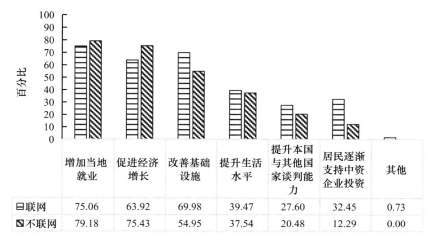

	增加当地就业	促进经济增长	改善基础设施	提升生活水平	提升本国与其他国家谈判能力	居民逐渐支持中资企业投资	其他
联网	75.06	63.92	69.98	39.47	27.60	32.45	0.73
不联网	79.18	75.43	54.95	37.54	20.48	12.29	0.00

□ 联网　　 不联网

图 11 - 22　家庭是否联网与对中资企业投资的益处的不同看法
（多选题）（N = 706）

员工如何看待中资企业在斯里兰卡投资的不利之处进行了询问，问卷中的问题是"中资企业在斯里兰卡投资的不利之处"，回答分别为"破坏环境""农民失去土地""增加斯里兰卡债务负担""中资企业具有政治目的""中资企业具有军事目的""民众质疑较多"以及"其他"。

从总体样本的分布来看，如表 11 - 11 所示，排名第一的为"破坏环境"，占比为 51.13%；第二位的是"增加斯里兰卡债务负担"，占比为 47.45%；第三为"农民失去土地"，占比接近四成为 42.49%。在这个背景下，"民众的质疑"也较多，占比为 26.49%。认为中国投资有政治目的的也有 16.43% 的占比，但是认为有军事目的的占比不足一成。可以看出，斯籍员工对中国在兰卡的投资还是存在一定疑虑，而主要的不满感知受到"债务陷阱"论的影响较大，"债务陷阱"论确实对当地民众造成了一定负面影响。

表 11-11　　　员工对中资企业投资的不利之处的看法（多选题）　　（单位：%）

破坏环境	农民失去土地	增加斯里兰卡债务负担	中资企业具有政治目的	中资企业具有军事目的	民众质疑较多	其他
51.13	42.49	47.45	16.43	7.79	26.49	1.84

N=706。

对从性别来看，男性员工和女性员工的认知存在差异。除了"民众质疑较多"一项，男性员工比女性员工占比低外，在其他所有选项上，男性员工的占比都高于女性员工占比。其中，在中国投资会使"农民失去土地"这个问题上，有 45.37% 的男性员工投了赞成票，而只有 32.26% 的女性认同此项；在"中资企业具有政治目的"和"中资企业具有军事目的"两个选项上，男性占比比女性占比分别高 10 个百分点和 5 个百分点。总的来看，男性员工对于中资企业投资的负面认知要高于女性员工。

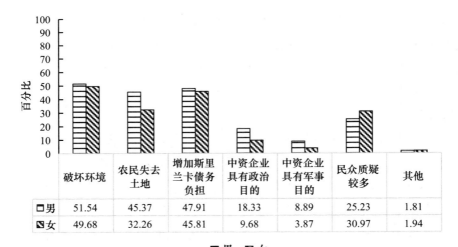

	破坏环境	农民失去土地	增加斯里兰卡债务负担	中资企业具有政治目的	中资企业具有军事目的	民众质疑较多	其他
男	51.54	45.37	47.91	18.33	8.89	25.23	1.81
女	49.68	32.26	45.81	9.68	3.87	30.97	1.94

□ 男　▧ 女

图 11-23　按性别划分的员工对中资企业投资的不利之处的看法（多选题）（N=706）

从族群差异来看，不同族群对中资企业在斯里兰卡投资的不利之处差异较大。具体数据如图 11-24 所示，选择"破坏环境"选项的摩尔族员工最多，为75%，僧加罗族员工和泰米尔族员工的选择均只占五成左右；同时，选择"增加斯里兰卡债务负担"、"中资企业具有政治目的"、"中资企业具有军事目的"选项的也是摩尔族员工占比最高，相比之下，三个选项中，泰米尔族员工占比第二，僧加罗族员工占比相对最低。这一方面可能与摩尔族员工样本相对较少有关，另一方面也可能是摩尔族作为斯里兰卡占比较少的少数民族，对自身利益有更多的关注和担忧。

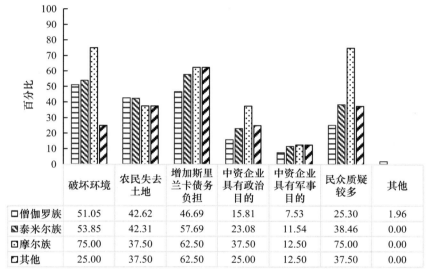

	破坏环境	农民失去土地	增加斯里兰卡债务负担	中资企业具有政治目的	中资企业具有军事目的	民众质疑较多	其他
□僧伽罗族	51.05	42.62	46.69	15.81	7.53	25.30	1.96
▨泰米尔族	53.85	42.31	57.69	23.08	11.54	38.46	0.00
▤摩尔族	75.00	37.50	62.50	37.50	12.50	75.00	0.00
□其他	25.00	37.50	62.50	25.00	12.50	37.50	0.00

□僧伽罗族 ▨泰米尔族 ▤摩尔族 ▥其他

图11－24 按族群划分的员工对中资企业投资的不利之处的看法（多选题）（$N=706$）

是否为管理人员对于"中资企业在斯里兰卡投资的不利之处"的回答有较大差异，如图11－25所示，在"破坏环境"和"农民失去土地"两个选项上，管理人员的认同度比非管理人员认同度低，也就是说，更多的非管理人员认为，中资企业的投资可能会导致环境的破坏和农民失去土地。相反的，在理解中资企业在兰卡的投资意图时，管理类人员的负面认知比非管理类人员高，而且差距较大，均在十个百分点点以上。特别是"增加斯里兰卡债务负担"和"民众质疑较多"两个选项上，管理人员占比都比非管理人员高出二十个百分点左右。

因此根据数据分析的结果，管理人员对中资企业在斯里兰卡投资的负面认知主要集中在投资意图上，而非管理人员则集中在投资产生的结果上。

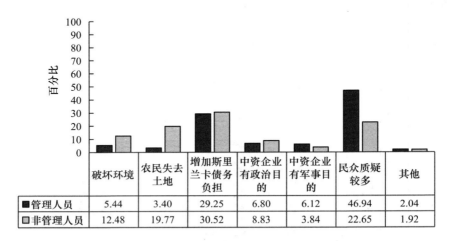

	破坏环境	农民失去土地	增加斯里兰卡债务负担	中资企业有政治目的	中资企业有军事目的	民众质疑较多	其他
■ 管理人员	5.44	3.40	29.25	6.80	6.12	46.94	2.04
□ 非管理人员	12.48	19.77	30.52	8.83	3.84	22.65	1.92

图 11 – 25　理人员与非管理人员对中资企业投资的不利之处的看法（多选题）（N = 706）

从家庭是否联网来看，如图 11 – 26 所示，联网的员工在"破坏环境"和"农民失去土地"两个选项的选择占比要低于不联网的员工，而在后面的几个选项上，联网员工的占比都高于不联网员工。特别是"民众质疑较多"这个选项，联网员工的占比较不联网员工高出 25 个百分点。

三　对债务陷阱的看法

债务陷阱是指一方贷款给另一方，并规定借款方只能将资金用于贷款方所指定的毫无意义的劳民伤财的项目以致使借款方对贷款方背上不必要的债务并受其追债，控制。西方国家宣称中国在斯里兰卡的投资是为了让斯里兰卡掉进债务陷阱，针对这一话题调研组展开了调查。问卷中的具体问题是"是否认同债务陷阱的观点"，选项有"非常认同""一般认同""不太认同"和"完全不认同"。为了便于描述，

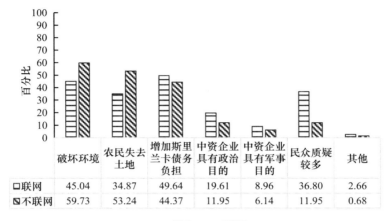

	破坏环境	农民失去土地	增加斯里兰卡债务负担	中资企业具有政治目的	中资企业具有军事目的	民众质疑较多	其他
□联网	45.04	34.87	49.64	19.61	8.96	36.80	2.66
▨不联网	59.73	53.24	44.37	11.95	6.14	11.95	0.68

□联网　▨不联网

图11-26　家庭是否联网与对中资企业投资的不利之处的不同看法（多选题）（N=706）

将原始问卷中的"非常认同"和"一般认同"合并成"认同"，将"不太认同"和"完全不认同"合并成"不认同"。

从样本总体来看，绝大多数员工认同中国的投资是债务陷阱这一观点，具体数据如图11-27所示，认同债务陷阱观点的员工约有

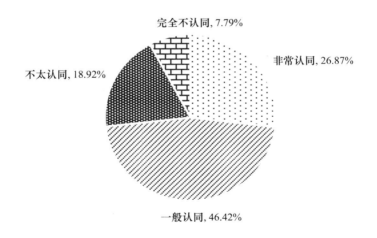

完全不认同，7.79%

不太认同，18.92%

非常认同，26.87%

一般认同，46.42%

图11-27　是否认同"债务陷阱"的观点（N=629）

73.29%，其中46.62%为一般认同，26.87%是非常认同，而不认同债务陷阱观点的员工不足三成（26.71%）。可见，"债务陷阱"这一概念在斯籍员工中引起了高度关切。

从性别上来看，男性员工比女性员工更加不认同债务陷阱的观点。具体数据如表11-12所示，男性员工不认同债务陷阱观点的约有27.88%，而女性员工不认同债务陷阱观点的约有22.39%。并且，在态度鲜明的"非常认同"和"完全不认同"选项中，男性员工选择比例均高于女性员工，男性员工中约有28.28%非常认同债务陷阱观点，而女性员工约有21.64%非常认同。另外，男性员工中完全不认同债务陷阱观点的约有9.09%，而女性员工仅有2.99%完全不认同，男性员工均高出女性员工6个百分点以上。总体来说，男性员工认同债务陷阱的比例低于女性员工，但是女性员工在问题的回答上不如男性员工态度鲜明。

表11-12　　　　　　　按性别划分的员工是否认同债务陷阱的观点　　　　　（单位：%）

性别	非常认同	一般认同	不太认同	完全不认同	合计
男	28.28	43.84	18.79	9.09	100.00
女	21.64	55.97	19.40	2.99	100.00
合计	26.87	46.42	18.92	7.79	100.00

从族群上来看，如表11-13所示，将各族群不认同的员工人数比例从高到低进行排序，排序结果为僧伽罗族（27.00%）、泰米尔族（25.00%）、其他（25.00%）和摩尔族（12.50%）。数据显示族群差异对是否同意债务陷阱观点有一定影响，摩尔族不认同债务陷阱的观点均低于僧伽罗族、泰米尔族和其他族群10个百分点以上，并且摩尔族员工中，不认同的员工均选择"不太认同"选项。而在"一般认同"选项中，摩尔族高出僧伽罗族、泰米尔族和其他族群均12个百分点以上。表明僧伽罗族、泰米尔族和其他族群在是否认同债务陷阱观点回答上差异不大，但是摩尔族中不认同的人数比例会略高，并且摩尔族

员工在本问题的回答上不如僧伽罗族、泰米尔族和其他族员工态度鲜明。

表 11 - 13　　　　按族群划分的员工是否认同债务陷阱的观点　　　　（单位：%）

族群	非常认同	一般认同	不太认同	完全不认同	合计
僧伽罗族	26.83	46.18	19.02	7.98	100.00
泰米尔族	29.17	45.83	20.83	4.17	100.00
摩尔族	25.00	62.50	12.50	0.00	100.00
其他	25.00	50.00	12.50	12.50	100.00
合计	26.87	46.42	18.92	7.79	100.00

　　从宗教信仰上看，宗教信仰对员工是否认同债务陷阱观点有一定影响。具体数据如表 11 - 14 所示，将各宗教信仰员工不认同债务陷阱观点的人数占比按照从高到低依次排序，排序结果为不信仰任何宗教（100%）、基督教（30.77%）、印度教（29.41%）、佛教（26.91%）、天主教（21.74%）和伊斯兰教（14.28%）。数据显示，伊斯兰教员工中不认同债务陷阱观点的人数占比最少，即伊斯兰教员工认同债务陷阱观点比例最高。另外，基督教员工非常认同债务陷阱观点的人数比例高于其他宗教信仰，基督教员工中约有 46.15% 选择了"非常认同"，这一比例均高于其他宗教 10 个百分点以上。

表 11 - 14　　　　按宗教信仰划分的员工是否认同债务陷阱的观点　　　　（单位：%）

宗教信仰	非常认同	一般认同	不太认同	完全不认同	合计
佛教	26.56	46.52	19.07	7.84	100.00
印度教	29.41	41.18	23.53	5.88	100.00
基督教	46.15	23.08	23.08	7.69	100.00
伊斯兰教	28.57	57.14	7.14	7.14	100.00
天主教	21.74	56.52	17.39	4.35	100.00

续表

宗教信仰	非常认同	一般认同	不太认同	完全不认同	合计
不信仰任何宗教	0.00	0.00	0.00	100.00	100.00
合计	26.87	46.42	18.92	7.79	100.00

　　从是否是管理人员的情况来看，管理人员不认同债务陷阱观点的占比会略高于非管理人员。具体数据如表 11-15 所示，管理人员中不认同债务陷阱观点的占比超过三成（31.76%），而非管理人员中不认同债务陷阱观点的人数占比 25.16%。在"非常认同"和"完全不认同"这两个态度鲜明的选项回答中，管理人员与非管理人员也差距不大。

表 11-15　　　　　管理人员与非管理人员是否认同债务陷阱的观点　　　（单位：%）

是否是管理人员	非常认同	一般认同	不太认同	完全不认同	合计
是	25.00	43.24	22.30	9.46	100.00
否	27.44	47.40	17.88	7.28	100.00
合计	26.87	46.42	18.92	7.79	100.00

　　从家庭是否联网来看，家庭是否联网对债务陷阱观点的回答有点影响。具体数据如表 11-16 所示，家庭联网的员工中不认同债务陷阱观点的约占比 29.23%，而家庭未联网的员工不认同债务陷阱观点的约占 23.05%，低于家庭联网用户 6 个百分点左右。另外，在家庭联网的员工非常认同债务陷阱观点的约占 20.91%，而家庭未联网用户非常认同债务陷阱观点的约占比 35.55%，高出家庭联网员工近 15 个百分点，表明家庭未联网员工对债务陷阱的认同度会高于家庭联网员工。

表 11 – 16　　　　　　　家庭联网和家庭不联网员工是否认同债务陷阱的观点　　　（单位：%）

是否联网	非常认同	一般认同	不太认同	完全不认同	合计
是	20.91	49.87	20.38	8.85	100.00
否	35.55	41.41	16.80	6.25	100.00
合计	26.87	46.42	18.92	7.79	100.00

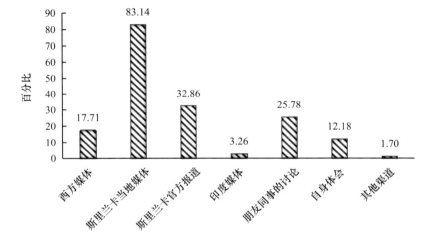

图 11 – 28　债务陷阱"信息的渠道（多选题）（*N* = 706）

获得信息的渠道对了解斯籍员工对"债务陷阱"的认知有一定启示意义。从图 11 – 28 来看，超过八成（83.14%）的人是通过斯里兰卡当地媒体了解该信息，其次 32.86% 的人通过斯里兰卡官方报道了解该信息，排名第三的渠道是朋友同事间的讨论，占 5.78%，第四为西方媒体，占比 17.71%，印度媒体的报道占比并不高。可见，斯里兰卡当地媒体和官方也较为关注"债务陷阱"问题，该问题也在员工中引发了一些讨论。

四　对债务陷阱影响中斯贸易的看法

为了进一步了解债务陷阱对斯里兰卡中资企业员工的影响，问卷对债务陷阱的影响进行了询问，具体问题为"你认为债务陷阱对中国—斯里兰卡经济贸易是否有影响"，回答的选项有4个，分别是"影响非常大""影响一般""基本没影响""根本没影响"。为了方便描述，将"影响非常大"和"影响一般"合并成有影响，将"基本没影响"和"根本没影响"合并成没影响。

从样本总体来看，如图11-29所示，超过七成（75.00%）的员工认为债务陷阱对中国—斯里兰卡经济贸易有影响，其中约有25.79%的员工认为影响非常大；而认为债务陷阱对中国—斯里兰卡经济贸易没影响的员工约有25.00%，其中认为根本没影响的员工仅有9.02%。

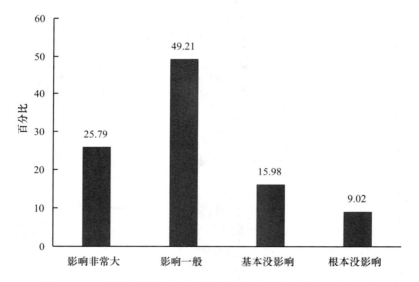

图 11-29 "债务陷阱"这一说法是否会对中斯之间未来的经贸合作造成影响（N=632）

从性别上来看，女性员工更容易认为债务陷阱会影响中国—斯里兰卡经济贸易。具体数据如下，女性员工中认为中国—斯里兰卡经济贸易会受债务陷阱影响的超过八成（81.34%），其中认为影响非常大的约有23.13%。而男性员工中认为债务陷阱会影响中国—斯里兰卡经济贸易的约有 73.30%，其中认为影响非常大的约有 26.51%。即女性员工中认为债务陷阱说法会影响中国—斯里兰卡经济贸易的人数比例高出男性员工约 8 个百分点，但其中认为影响非常大的约有 26.51%，即男性员工中认为债务陷阱对中国—斯里兰卡经济贸易影响非常大的人数占比高于女性员工。

表 11-17　　　　　按性别划分的员工对债务陷阱对中斯经济贸易
是否有影响回答分布　　　　　　（单位：%）

性别	影响非常大	影响一般	基本没影响	根本没影响	合计
男	26.51	46.79	17.47	9.24	100.00
女	23.13	58.21	10.45	8.21	100.00
合计	26.87	46.42	18.92	7.79	100.00

族群差异表现为绝大多数摩尔族和其他族群员工中认为债务陷阱对中国—斯里兰卡经济贸易影响，而僧伽罗族和泰米尔族这一比例会低于摩尔族和其他族群。具体数据如表 11-18 所示，将各族群中认为债务陷阱对中国—斯里兰卡经济贸易有影响的比例按照从高到低排序，排序结果为摩尔族（100.00%）、其他（87.50%）、僧伽罗族（74.74%）、泰米尔族（69.57%）。其中摩尔族认为影响非常大的比例远高于其他族群、僧伽罗族和泰米尔族。另外，摩尔族和其他族群中认为债务陷阱对中国—斯里兰卡经济贸易根本没影响的比例均约为0.00%，而僧伽罗族和泰米尔族这一比例分别约为8.92%和17.39%。总体表明，摩尔族员工基本上对债务陷阱是否能影响中国—斯里兰卡经济贸易均抱有不乐观的看法，而其他族群绝大多数也认为债务陷阱会影响中国—斯里兰卡经济贸易现状，而僧伽罗族和泰米尔族的回答情况接近整体样本，无很大差异。

表 11-18　　　　按族群划分的员工对债务陷阱对中斯经济贸易
是否有影响回答分布　　　　　（单位：%）

族群	影响非常大	影响一般	基本没影响	根本没影响	合计
僧伽罗族	25.25	49.49	16.33	8.92	100.00
泰米尔族	26.09	43.48	13.04	17.39	100.00
摩尔族	57.14	42.86	0.00	0.00	100.00
其他	37.50	50.00	12.50	0.00	100.00
合计	26.87	46.42	18.92	7.79	100.00

从宗教信仰的差异上看，具体数据如表 11-19 所示，将各宗教信仰中认为债务陷阱对中国—斯里兰卡经济贸易有影响的人数比例按照从高到低的顺序排列，排序结果为伊斯兰教（100.00%）、天主教（79.17%）、印度教（75.00%）、佛教（74.69%）、基督教（61.54%）和不信仰任何宗教（0.00%）。其中伊斯兰教员工中有超过五成（53.85%）员工认为债务陷阱对中国—斯里兰卡经济贸易影响非常大，没有员工认为债务陷阱对中国—斯里兰卡经济贸易有根本影响，即伊斯兰教员工对债务陷阱观点赞同并且对中国—斯里兰卡经济贸易抱有不乐观的看法。

表 11-19　　　　按宗教信仰划分的员工对债务陷阱对中斯经济贸易
是否有影响回答分布　　　　　（单位：%）

宗教信仰	影响非常大	影响一般	基本没影响	根本没影响	合计
佛教	25.13	49.56	16.46	8.85	100.00
印度教	25.00	50.00	6.25	18.75	100.00
基督教	30.77	30.77	23.08	15.38	100.00
伊斯兰教	53.85	46.15	0.00	0.00	100.00
天主教	25.00	54.17	12.50	8.33	100.00
不信仰任何宗教	0.00	0.00	100.00	0.00	100.00
合计	26.87	46.42	18.92	7.79	100.00

　　从是否是管理人员的差异上看，管理人员中认为债务陷阱对中国
—斯里兰卡经济贸易有非常大影响的比例高出非管理人员。具体数据
如表 11 - 20 所示，管理人员中约有 76.03% 的员工认为债务陷阱对中
国—斯里兰卡经济贸易有影响，其中认为影响非常大的管理人员约有
34.25%，而非管理人员中认为债务陷阱对中国—斯里兰卡经济贸易有
影响的约有 74.69%，其中约有 23.25% 的员工认为债务陷阱对中国—
斯里兰卡经济贸易影响非常大。从整体上来看，管理人员与非管理人
员认为债务陷阱对中国—斯里兰卡经济贸易有影响和没影响的人数比
例差异很小，但是管理人员中认为债务陷阱对中国—斯里兰卡经济贸
易影响非常大的比例高出非管理人员约 10 个百分点，即管理人员会更
认同"债务陷阱"观点，更容易认为债务陷阱会对中国—斯里兰卡经
济贸易产生巨大影响。

表 11 - 20　　　　管理人员与非管理人员对债务陷阱对中斯经济贸易
是否有影响回答分布　　　　　　　（单位：%）

是否是管理人员	影响非常大	影响一般	基本没影响	根本没影响	合计
是	34.25	41.78	15.07	8.90	100.00
否	23.25	51.44	16.26	9.05	100.00
合计	26.87	46.42	18.92	7.79	100.00

结　　语

　　斯里兰卡历来与中国有良好的关系，2005 年后，斯里兰卡逐渐把国家建设的重心放到经济发展上来，中资企业开始大量进入斯里兰卡投资，帮助当地实现了基础设施建设的发展。随着"一带一路"倡议的推进，斯里兰卡更是成为我国在南亚的重要合作伙伴，斯方对中方的投资和建设都持欢迎态度，双方在各个领域的合作不断推进。

　　为了进一步理解在斯中资企业的投资环境和生产经营状况，促进我"走出去"企业在斯里兰卡的持续发展，本次调研从宏观、中观（企业层面）、微观（员工层面）三个方面推进，利用社会学、人类学、统计学分析框架，从中资企业及其员工的视角，对在斯中资企业的发展做出总结和分析，调研的主要成果总结如下。

一　斯里兰卡营商环境总体良好

　　斯里兰卡在水、电、网等基本基础设施方面能实现正常供应，偶有断水、断网情况发生，但断电情况比较常见，不过每次断电时间不长，总体不影响生产经营。企业在申请水、电、网、建筑许可的过程中，以及在税务机构检查的过程中，偶尔会遇到非正规支付情况，这方面服务业企业比工业企业遇到的更多。

　　斯里兰卡的劳动力市场规则政策、税率等也会对企业生产经营造成中等程度的妨碍，服务业企业受到的束缚比工业企业更多。但是，相比之下，斯里兰卡政治的不稳定、腐败现象的存在，是影响企业长期发展的内在隐患，是企业管理者更加担心的因素；同时，在政治因素之外，市场竞争和同行竞争的压力，也是企业管理者认为面临的主要挑战。

在斯里兰卡，企业面临一定程度的用工压力，优质的技术人员、管理人员、专业人员相对缺乏，会降低企业生产效率。斯里兰卡各式各样的工会也会在一定程度上给企业施压，但不会造成大的影响；在斯中资企业对女性员工较为友好，很多企业有女性高管，女性高管在控制企业生产成本方面有积极作用。总体而言，斯里兰卡的经济开发区在以上各个方面都发挥出了相对优势，管理较为规范，能规避更多的风险。

二　中资企业在斯里兰卡经营情况良好，但是竞争压力大

大部分中资企业进驻斯里兰卡已经有一段时间，很多企业实力雄厚，国内有母公司为在斯企业提供充足经费，在兰卡的中资企业大多已经有较为坚实的根基，与当地股东合作态势良好，并且生产经营产品主要服务于当地市场。

但是，很多企业认为市场竞争十分激烈，企业产品在兰卡的市场份额还有很大提升空间。中资企业主要承担了斯里兰卡的基础设施建设项目，在这个过程中，斯里兰卡政府履约程度较好，双方合作顺畅。

大部分中资企业注重企业社会责任的履行，制定了专门的规章制度，用于履行社会责任的支出逐年增加，社会责任的履行主要以实物形式的公益援助、捐钱和教育援助为主，援助形式多样。

中资企业为其员工提供了基本的社会保障，但是一些一线员工和合同工的社会保障相对欠缺，大部分中资企业不存在工资拖欠问题，半数企业有较好的企业福利，但是大部分企业都存在加班情况。

大部分员工认为中资企业尊重其宗教文化信仰，但是在员工个人发展、技能培训方面，中资企业还有提升空间。

三 中资企业在斯里兰卡形象较为正面，与政府保持良好关系

中资企业大多通过传统媒体在兰卡当地进行企业品牌和形象的宣传，并在当地员工心中树立了较好的形象，成为当地人选择工作的主要去向之一。中资企业吸引当地员工的主要原因是薪酬待遇，以及工种对自身未来发展有帮助，但是当地员工对中资企业的文化认同还不高，对企业发展前景还有一定疑虑。

在斯中资企业与当地同类企业高管间有交流，在服务业的企业，以及在经开区的企业，高管之间的交流十分频繁。中资企业也十分注重加强与当地政府的联系，与当地行政长官和主要领导保持较多的往来，但是对斯里兰卡的政党斗争、政治生态表现出担忧。

四 斯籍员工与中国人的社会距离感较近，但斯籍员工期待更多晋升空间

中资企业中的当地员工，特别是一线工人，在企业的时长大多为1—3年，流动性较大。在中资企业工作后，大部分斯籍员工认为中资企业尊重其信仰和文化，认同企业规章制度和作息时间，一些中高层员工与中国同事成为朋友，斯籍员工对中国人持正面态度，相比其他国家，斯籍员工与中方员工之间的社会距离感较近，对中国人较为信任。

但是斯籍员工普遍认为晋升空间有限，中外员工在晋升机会上不一致，意味着斯籍员工期待在企业获得晋升空间的提升。

五 "债务陷阱"论在斯里兰卡国内产生了不少负面认知，但尚未影响到当地员工对中国投资的信心

绝大多数员工对"债务陷阱"这一观点深表担忧，但在这种担忧下，多数员工认为债务陷阱对中斯经贸合作无影响。绝大多数（85%）的斯里兰卡劳工仍然欢迎中资企业在斯里兰卡进行投资。72.99%的斯

籍员工还认为，斯里兰卡未来发展需要借鉴中国的发展经验，可见，虽然民众十分关注"债务陷阱"问题，但是他们不认为"债务陷阱"和中国投资之间有直接关系，也未因此而改变对中资的欢迎态度。西方和印度借"债务陷阱"污名化中国在舆论和认知上对当地员工造成不少负面影响，但是尚未影响到中斯之间投资和经贸关系发展的总体向好趋势。

六　深化推进中国对斯里兰卡投资的几点思考

第一，积极把握中斯友好发展态势，利用斯里兰卡良好的营商环境和我国在斯投资的积极态势，进一步推进中资企业在兰卡的投资。拉贾帕克萨政府重新上台后，中斯合作前景被看好，中资企业未来可能会有一段良好的发展时机。但是，在这个过程中，也要注意中资企业过快过多进入兰卡而造成的内部竞争加剧，企业进入市场前，一定要展开充分的前期调研。

第二，中资企业投资斯里兰卡要仔细考量专业技术人员短缺和政治不稳定这两大因素。虽然整体营商环境良好，但是斯里兰卡政治局面不稳定，党派斗争激烈，社会安全存在隐患，这些都为中资企业在兰卡的持续发展带来影响；同时，很多企业管理者表示，企业在当地难以找到比较优质的专业技能人员、管理人才，这也是制约企业发展的另一重要因素，需要企业仔细考量并做好长期的人才培养的机制。

第三，要积极改善我对斯里兰卡投资结构。应进一步优化我国对斯投资结构。截至 2018 年底，中方对斯里兰卡直接投资存量为 4.8 亿美元，中国企业在斯里兰卡的累计工程承包额 234.2 亿美元，中企对斯里兰卡直接投资存量和工程承包额差距较大。针对这一特点，一方面应加大对斯里兰卡的直接投资，另一方面要突出中企工程承包对斯里兰卡就业、工人技能提升、税收、创业等领域的重要贡献。同时，应该鼓励更多民营企业赴斯里兰卡投资。调查显示，近年，中国民营企业赴斯里兰卡的投资也发展迅速，投资内容涉及酒店、旅游、自行车、仓储物流等多个领域。应该鼓励民营企业进入这些惠及当地民生的行业中，拓展中国对斯投资的领域。

第四，我方应积极推动与斯在对外宣传方面的合作，对中资企业投资的成果、对当地社会经济发展的帮助，共同发声。我在斯企业对斯合作的正面效应并未得到较好的宣传，甚至部分企业还停留在"只做不说"的阶段。从对中资企业主的调研看，36.84%的中资企业为当地直接提供过教育援助，有26.32%的中资企业向当地提供过卫生援助，21.05%的中资企业斥资为当地民众修建过清真寺、教堂等与宗教信仰活动相关的场所，说明斯里兰卡的中资企业在履行社会责任时，较为重视文化建设方面的投入，并非如西方媒体所说的中方只重视基础设施的建设。中资企业在企业经营、企业价值、企业社会责任等方面都赢得当地员工的认同。斯里兰卡的探路者基金会、科伦坡运输学院等智库学者也表示，斯里兰卡客观评价中方投资的声音一直被淹没在"债务陷阱"论后面，斯方期待中方与其共同发声，反对将中斯经贸合作污名化。

参考文献

一 中文文献

（一）专著

高锟、张敏秋主编：《南亚政治经济发展研究》，北京大学出版社 1995 年版。

何道隆：《当代斯里兰卡》，四川人民出版 2000 年版。

刘兴武：《斯里兰卡》，上海辞书出版社 1984 年版。

任佳等主编：《"中国·南亚书系"南亚国家经贸指南》，云南人民出版社 2010 年版。

佟加蒙：《殖民统治时期的斯里兰卡》，社会科学文献出版社 2015 年版。

王兰：《斯里兰卡》，社会科学文献出版社 2004 年版。

［美］帕特里克·皮布尔斯，《斯里兰卡史》，王琛译，中国出版集团东方出版中心 2013 年版。

（二）期刊报纸

Jkrishanthi Maka、赵宏中：《小额信贷—斯里兰卡贫民经济赋权措施》，《时代金融》2018 年第 1 期。

杜敏、李泉：《斯里兰卡新政府的内政外交政策及其挑战》，《南亚研究季刊》2015 年第 4 期。

宁胜男：《斯里兰卡外债问题现状、实质与影响》，《印度洋经济体研究》2018 年第 4 期。

唐鹏琪：斯里兰卡成为印度洋经济中心的可能性分析，《南亚研究季
　　刊》2016 年第 3 期。

杨思灵：《内战结束后斯里兰卡的僧泰冲突》，《南亚研究季刊》2012 年
　　第 3 期。

二　英文文献

Nira Wickramasinghe, "Sri Lanka in 2013: Post-war Oppressive Stability",
　　Asian Survey, 2014, 54 (1), pp. 199 – 205.

Sanjaya Lall, Senake Bibile, "Political Economy of Controlling Transnation-
　　al: Pharmaceutical Industry in Sri Lanka, 1972 – 76", *World Develop-
　　ment*, 1977, 5 (8), p. 1419.

Raufdeen Rameezdeen, Thanuja Ramachandra, "Construction Linkages in a
　　Developing Economy: the Case of Sri Lanka", *Construction Management
　　& Economics*, 2008, 26 (5), p. 499.

三　网络文献

世界银行数据库，https://data. worldbank. org/indicator/NY. GDP. MK-
　　TP. CD? locations = LK&view = chart。

斯里兰卡财政部：Ministry of Finance Sri Lanka: Annual Report 2017, ht-
　　tp://www. treasury. gov. lk/documents/10181/12870/2017. pdf/
　　2bce4f3d-ebde – 4409 – b2b5 – c8a0801b3edc。

斯里兰卡统计与数据部：Department of Census and Statistics: Household
　　Income and Expenditure Survey – 2016，http://repo. statistics. gov. lk/
　　handle/1/786。

Human Development Indices and Indicators: 2018 Statistical Update, http://
　　hdr. undp. org/sites/all/themes/hdr_ theme/country-notes/LKA. pdf.

中华人民共和国驻斯里兰卡民主社会主义共和国大使馆经济商务参赞
　　处：《斯主要产业发展情况，http://lk. mofcom. gov. cn/article/ddgk/

201709/20170902645116. shtml。

斯里兰卡财政部：Annual Report 2017，http：//www. treasury. gov. lk/docu-
ments/10181/12870/2017. pdf/2bce4f3d-ebde － 4409 － b2b5 － c8a0801b3edc。

后　记

　　斯里兰卡位于印度洋枢纽地区，和中国素来有着良好的关系。近年，斯里兰卡政府将经济作为国家发展的重心，积极引入中国的投资，中国企业在斯里兰卡成功推进了很多大型项目，斯里兰卡也成为"一带一路"倡议在南亚发展的关键国家。为了能够深入了解在斯中资企业的真实生存状况和投资情况，项目组对中国驻斯里兰卡的中资企业开展了为期20多天的深入调研，在密集的行程安排下，调研组走进园区、深入工地、甚至多次走进集装箱，与当地一线工人进行交流，并最终圆满完成了725份斯籍员工问卷和21份企业问卷任务。

　　调研过程中，项目组得到了中国驻斯里兰卡大使馆、斯里兰卡中国企业商会的大力支持，得到了众多在斯中资企业的热情接待，许多企业在赶工期、人手紧的情况下，仍然专门为项目组安排了问卷调研和员工问答的场地和机会，他们的无私帮助和经验分享，让我们感动不已，他们的敬业、拼搏、友善让我们感受到中国"走出去"企业的精神风貌。没有他们的支持，本次调研不可能完成。

　　本书通过问卷的量化数据和可视化图表，对在斯中资企业的情况展开分析，旨在为对斯里兰卡进行研究的学者、相关政府人员和准备去斯里兰卡投资的企业提供一些信息和帮助。

　　本书各章撰稿者为：

　　胡潇文：第三章，第四章第三、四节，第十一章第二节，全书统稿、审校

赵婷：第一章，第二章第四节，第五章

支天越：第二章第一节至第三节，第四章第一、二节

肖婷：第六章

李怡：第七章，第八章

郝栋男：第九章以及第九、十、十一章的所有图表制作

王锦坤：第十章，第十一章第一节、第二节

张志伟：第五、六、七、八章的所有图表制作

由于各种主管和客观条件的限制，本书必然有许多不足之处，希望各位学界专家、商业人士不吝赐教。

胡潇文

2020 年 5 月